老科学家学术成长资料采集工程
中国科学院院士传记丛书

扎根大地 仰望苍穹

俞鸿儒 传

张志会 ◎ 著

1928年	1946年	1949年	1956年	1979年	1991年	2012年
出生于江西广丰	考入同济大学	考入大连大学工学院（现大连理工大学）	考入中国科学院力学研究所攻读研究生	访问德国亚琛工业大学	当选中国科学院学部委员	JF-12激波风洞通过验收

老科学家学术成长资料采集工程
中国科学院院士传记丛书

扎根大地 仰望苍穹

俞鸿儒传

张志会 ◎ 著

中国科学技术出版社
·北京·

图书在版编目（CIP）数据

扎根大地　仰望苍穹：俞鸿儒传/张志会著. --北京：中国科学技术出版社，2023.2

（老科学家学术成长资料采集工程丛书. 中国科学院院士传记丛书）

ISBN 978-7-5046-9878-0

Ⅰ. ①扎… Ⅱ. ①张… Ⅲ. ①俞鸿儒—传记 Ⅳ. ① K826.11

中国版本图书馆 CIP 数据核字（2022）第 220789 号

责任编辑	何红哲
责任校对	邓雪梅
责任印制	李晓霖
版式设计	中文天地

出　　版	中国科学技术出版社
发　　行	中国科学技术出版社有限公司发行部
地　　址	北京市海淀区中关村南大街 16 号
邮　　编	100081
发行电话	010-62173865
传　　真	010-62173081
网　　址	http://www.cspbooks.com.cn

开　　本	787mm×1092mm　1/16
字　　数	335 千字
印　　张	21.75
彩　　插	2
版　　次	2023 年 2 月第 1 版
印　　次	2023 年 2 月第 1 次印刷
印　　刷	北京顶佳世纪印刷有限公司
书　　号	ISBN 978-7-5046-9878-0 / K·343
定　　价	135.00 元

（凡购买本社图书，如有缺页、倒页、脱页者，本社发行部负责调换）

老科学家学术成长资料采集工程
领导小组专家委员会

主　任：韩启德
委　员：（以姓氏拼音为序）
　　　　陈佳洱　方　新　傅志寰　李静海　刘　旭
　　　　齐　让　王礼恒　徐延豪　赵沁平

老科学家学术成长资料采集工程
丛书组织机构

特邀顾问（以姓氏拼音为序）
　　　　樊洪业　方　新　谢克昌

编委会
主　编：老科学家学术成长资料采集工程领导小组办公室
编　委：（以姓氏拼音为序）
　　　　定宜庄　董庆九　郭　哲　胡化凯　胡宗刚
　　　　刘晓堪　吕瑞花　潘晓山　秦德继　申金升
　　　　王扬宗　吴善超　熊卫民　姚　力　张大庆
　　　　张　剑　张　藜　周德进

编委会办公室
主　任：孟令耘　杨志宏
副主任：宋维嘉　韩　颖
成　员：（以姓氏拼音为序）
　　　　高文静　李　梅　刘如溪　罗兴波　马　丽
　　　　王传超　余　君　张佳静

老科学家学术成长资料采集工程简介

老科学家学术成长资料采集工程（以下简称"采集工程"）是根据国务院领导同志的指示精神，由国家科教领导小组于2010年正式启动，中国科协牵头，联合中组部、教育部、科技部、工信部、财政部、文化部、国资委、解放军总政治部、中国科学院、中国工程院、国家自然科学基金委员会等11部委共同实施的一项抢救性工程，旨在通过实物采集、口述访谈、录音录像等方法，把反映老科学家学术成长历程的关键事件、重要节点、师承关系等各方面的资料保存下来，为深入研究科技人才成长规律，宣传优秀科技人物提供第一手资料和原始素材。

采集工程是一项开创性工作。为确保采集工作规范科学，启动之初即成立了由中国科协主要领导任组长、12个部委分管领导任成员的领导小组，负责采集工程的宏观指导和重要政策措施制定，同时成立领导小组专家委员会负责采集原则确定、采集名单审定和学术咨询，委托科学史学者承担学术指导与组织工作，建立专门的馆藏基地确保采集资料的永久性收藏和提供使用，并研究制定了《采集工作流程》《采集工作规范》等一系列基础文件，作为采集人员的工作指南。截至2021年8月，采集工程已启动592位科学家的学术成长资料采集项目，获得实物原件资料132922件、数字化资料318092件、视频资料443783分钟、音频资料527093分钟，具有重要的史料价值。

采集工程的成果目前主要有三种体现形式，一是建设"中国科学家博物馆网络版"，提供学术研究和弘扬科学精神、宣传科学家之用；二是编辑制作科学家专题资料片系列，以视频形式播出；三是研究撰写客观反映老科学家学术成长经历的研究报告，以学术传记的形式，与中国科学院、中国工程院联合出版。随着采集工程的不断拓展和深入，将有更多形式的采集成果问世，为社会公众了解老科学家的感人事迹，探索科技人才成长规律，研究中国科技事业的发展历程提供客观翔实的史料支撑。

总序一

中国科学技术协会主席 韩启德

  老科学家是共和国建设的重要参与者，也是新中国科技发展历史的亲历者和见证者，他们的学术成长历程生动反映了近现代中国科技事业与科技教育的进展，本身就是新中国科技发展历史的重要组成部分。针对近年来老科学家相继辞世、学术成长资料大量散失的突出问题，中国科协于2009年向国务院提出抢救老科学家学术成长资料的建议，受到国务院领导同志的高度重视和充分肯定，并明确责成中国科协牵头，联合相关部门共同组织实施。根据国务院批复的《老科学家学术成长资料采集工程实施方案》，中国科协联合中组部、教育部、科技部、工业和信息化部、财政部、文化部、国资委、解放军总政治部、中国科学院、中国工程院、国家自然科学基金委员会等11部委共同组成领导小组，从2010年开始组织实施老科学家学术成长资料采集工程。

  老科学家学术成长资料采集是一项系统工程，通过文献与口述资料的搜集和整理、录音录像、实物采集等形式，把反映老科学家求学历程、师承关系、科研活动、学术成就等学术成长中关键节点和重要事件的口述资料、实物资料和音像资料完整系统地保存下来，对于充实新中国科技发展的历史文献，理清我国科技界学术传承脉络，探索我国科技发展规律和科技人才成长规律，弘扬我国科技工作者求真务实、无私奉献的精神，在全社会营造爱科学、学科学、用科学的良好氛围，是一件很有意义的事情。采集工程把重点放在年龄在80岁以上、学术成长经历丰富的两院院士，以及虽然不是两院院士、但在我国科技事业发展中作出突出贡献的老科技工作者，充分体现了党和国家对老科学家的关心和爱护。

自2010年启动实施以来，采集工程以对历史负责、对国家负责、对科技事业负责的精神，开展了一系列工作，获得大量反映老科学家学术成长历程的文字资料、实物资料和音视频资料，其中有一些资料具有很高的史料价值和学术价值，弥足珍贵。

以传记丛书的形式把采集工程的成果展现给社会公众，是采集工程的目标之一，也是社会各界的共同期待。在我看来，这些传记丛书大都是在充分挖掘档案和书信等各种文献资料、与口述访谈相互印证校核、严密考证的基础之上形成的，内中还有许多很有价值的照片、手稿影印件等珍贵图片，基本做到了图文并茂，语言生动，既体现了历史的鲜活，又立体化地刻画了人物，较好地实现了真实性、专业性、可读性的有机统一。通过这套传记丛书，学者能够获得更加丰富扎实的文献依据，公众能够更加系统深入地了解老一辈科学家的成就、贡献、经历和品格，青少年可以更真实地了解科学家、了解科技活动，进而充分激发对科学家职业的浓厚兴趣。

借此机会，向所有接受采集的老科学家及其亲属朋友，向参与采集工程的工作人员和单位，表示衷心感谢。真诚希望这套丛书能够得到学术界的认可和读者的喜爱，希望采集工程能够得到更广泛的关注和支持。我期待并相信，随着时间的流逝，采集工程的成果将以更加丰富多样的形式呈现给社会公众，采集工程的意义也将越来越彰显于天下。

是为序。

总序二

中国科学院院长　白春礼

由国家科教领导小组直接启动，中国科学技术协会和中国科学院等12个部门和单位共同组织实施的老科学家学术成长资料采集工程，是国务院交办的一项重要任务，也是中国科技界的一件大事。值此采集工程传记丛书出版之际，我向采集工程的顺利实施表示热烈祝贺，向参与采集工程的老科学家和工作人员表示衷心感谢！

按照国务院批准实施的《老科学家学术成长资料采集工程实施方案》，开展这一工作的主要目的就是要通过录音录像、实物采集等多种方式，把反映老科学家学术成长历史的重要资料保存下来，丰富新中国科技发展的历史资料，推动形成新中国的学术传统，激发科技工作者的创新热情和创造活力，在全社会营造爱科学、学科学、用科学的良好氛围。通过实施采集工程，系统搜集、整理反映这些老科学家学术成长历程的关键事件、重要节点、学术传承关系等的各类文献、实物和音视频资料，并结合不同时期的社会发展和国际相关学科领域的发展背景加以梳理和研究，不仅有利于深入了解新中国科学发展的进程特别是老科学家所在学科的发展脉络，而且有利于发现老科学家成长成才中的关键人物、关键事件、关键因素，探索和把握高层次人才培养规律和创新人才成长规律，更有利于理清我国科技界学术传承脉络，深入了解我国科学传统的形成过程，在全社会范围内宣传弘扬老科学家的科学思想、卓越贡献和高尚品质，推动社会主义科学文化和创新文化建设。从这个意义上说，采集工程不仅是一项文化工程，更是一项严肃认真的学术建设工作。

中国科学院是科技事业的国家队，也是凝聚和团结广大院士的大家庭。早在1955年，中国科学院选举产生了第一批学部委员，1993年国务院决定中国科学院学部委员改称中国科学院院士。半个多世纪以来，从学部委员到院士，经历了一个艰难的制度化进程，在我国科学事业发展史上书写了浓墨重彩的一笔。在目前已接受采集的老科学家中，有很大一部分即是上个世纪80、90年代当选的中国科学院学部委员、院士，其中既有学科领域的奠基人和开拓者，也有作出过重大科学成就的著名科学家，更有毕生在专门学科领域默默耕耘的一流学者。作为声誉卓著的学术带头人，他们以发展科技、服务国家、造福人民为己任，求真务实、开拓创新，为我国经济建设、社会发展、科技进步和国家安全作出了重要贡献；作为杰出的科学教育家，他们着力培养、大力提携青年人才，在弘扬科学精神、倡树科学理念方面书写了可歌可泣的光辉篇章。他们的学术成就和成长经历既是新中国科技发展的一个缩影，也是国家和社会的宝贵财富。通过采集工程为老科学家树碑立传，不仅对老科学家们的成就和贡献是一份肯定和安慰，也使我们多年的夙愿得偿！

鲁迅说过，"跨过那站着的前人"。过去的辉煌历史是老一辈科学家铸就的，新的历史篇章需要我们来谱写。衷心希望广大科技工作者能够通过"采集工程"的这套老科学家传记丛书和院士丛书等类似著作，深入具体地了解和学习老一辈科学家学术成长历程中的感人事迹和优秀品质；继承和弘扬老一辈科学家求真务实、勇于创新的科学精神，不畏艰险、勇攀高峰的探索精神，团结协作、淡泊名利的团队精神，报效祖国、服务社会的奉献精神，在推动科技发展和创新型国家建设的广阔道路上取得更辉煌的成绩。

总序三

中国工程院院长　周　济

　　由中国科协联合相关部门共同组织实施的老科学家学术成长资料采集工程，是一项经国务院批准开展的弘扬老一辈科技专家崇高精神、加强科学道德建设的重要工作，也是我国科技界的共同责任。中国工程院作为采集工程领导小组的成员单位，能够直接参与此项工作，深感责任重大、意义非凡。

　　在新的历史时期，科学技术作为第一生产力，已经日益成为经济社会发展的主要驱动力。科技工作者作为先进生产力的开拓者和先进文化的传播者，在推动科学技术进步和科技事业发展方面发挥着关键的决定的作用。

　　新中国成立以来，特别是改革开放 30 多年来，我们国家的工程科技取得了伟大的历史性成就，为祖国的现代化事业作出了巨大的历史性贡献。两弹一星、三峡工程、高速铁路、载人航天、杂交水稻、载人深潜、超级计算机……一项项重大工程为社会主义事业的蓬勃发展和祖国富强书写了浓墨重彩的篇章。

　　这些伟大的重大工程成就，凝聚和倾注了以钱学森、朱光亚、周光召、侯祥麟、袁隆平等为代表的一代又一代科技专家们的心血和智慧。他们克服重重困难，攻克无数技术难关，潜心开展科技研究，致力推动创新发展，为实现我国工程科技水平大幅提升和国家综合实力显著增强作出了杰出贡献。他们热爱祖国，忠于人民，自觉把个人事业融入到国家建设大局之中，为实现国家富强而不断奋斗；他们求真务实，勇于创新，用科技为中华民族的伟大复兴铸就了辉煌；他们治学严谨，鞠躬尽瘁，具有崇高的科学精神和科学道德，是我们后代学习的楷模。科学家们的一生是一本珍贵的教科书，他们坚定的理想信念和淡泊名利的崇高品格是中华民族自强不息精神的宝贵财富，永远值得后人铭记和敬仰。

通过实施采集工程，把反映老科学家学术成长经历的重要文字资料、实物资料和音像资料保存下来，把他们卓越的技术成就和可贵的精神品质记录下来，并编辑出版他们的学术传记，对于进一步宣传他们为我国科技发展和民族进步作出的不朽功勋，引导青年科技工作者学习继承他们的可贵精神和优秀品质，不断攀登世界科技高峰，推动在全社会弘扬科学精神，营造爱科学、讲科学、学科学、用科学的良好氛围，无疑有着十分重要的意义。

中国工程院是我国工程科技界的最高荣誉性、咨询性学术机构，集中了一大批成就卓著、德高望重的老科技专家。以各种形式把他们的学术成长经历留存下来，为后人提供启迪，为社会提供借鉴，为共和国的科技发展留下一份珍贵资料。这是我们的愿望和责任，也是科技界和全社会的共同期待。

周济

序 一

我和俞鸿儒院士的相识是从1978年在合肥举行的第一届全国激波与激波管会议开始的,到今年已经44年了。由于我们所从事的研究工作十分相近,再加上经常一起审查学术会议的稿件,一起出国参加国际会议,一起讨论学术问题、交流思想和工作方法,彼此有了深层次的了解,建立了深厚的友谊。

俞鸿儒院士在科学研究上最大的特点是与众不同的创新思维,敢于去触碰科学研究中的难题,敢于提出新的思想和新的方法,他不仅继承了钱学森、郭永怀等老一辈科学家的优秀品质,还有他自己独特的思想和工作方法,因此在科学研究上特别是在实验研究上取得了突出的成绩和重要的成果。

"爆轰驱动研究"的成功是俞鸿儒院士最重要的贡献。俞鸿儒院士多年来从事多项科学研究,其中最突出、贡献最大的是爆轰驱动研究的成功。

高超声速飞行器的地面模拟是飞行器设计和研制极为重要的环节,为了能同时模拟高空气流的总温、总压和马赫数,这在连续型风洞和暂冲型风洞上是难以做到的,脉冲型风洞如激波风洞可以模拟总温和马赫数,但模拟总压是有困难的,因为一般用氢氧燃烧驱动的激波风洞驱动能力不够，于是人们把目光转向氢氧爆轰驱动，因为爆轰在瞬间能释放出大量的能量，这大大提高了激波风洞的驱动能力。近半个世纪以来，同行学术界经过努力探索，最后失败了。因为用爆轰波来驱动不稳定、不可靠、不安全，试验时间又太短，这样爆轰驱动就被放弃了。在这种情况下，20多年来，俞鸿儒院士带领他的团队在完成各项必要的科研项目的同时，冒着很大的风险潜心研究爆轰驱动的各个方面的问题，在与同组的同志们共同努力下，克服了重重困难，终于研究成功了正向爆轰驱动和反向爆轰驱动两种方式，并建成了正向爆轰驱动激波风洞和反向爆轰驱动激波风洞。这些风洞的建成不但克服了上述爆轰波驱动不稳定、不可靠、不安全、试验时间短的问题，而且研制成功了运行稳定、可靠、可控，试验段的总压也大大提高了的激波风洞，建成了当今世界上第一座和第二座爆轰驱动激波风洞，引起国际和国内学术界的强烈关注和好评，并应邀在德国亚琛工业大学建成了一座爆轰驱动激波风洞。这是俞鸿儒院士在这一领域的重要贡献，是对激波风洞发展的重要贡献。

大胆的创新思维和严谨的科学态度是俞鸿儒院士成功的关键。包括爆轰驱动研究在内，俞鸿儒院士从事的科学研究项目很多。在这些科学研究中，新的发明、新的创造、新的思想无疑是最重要的，是第一位的，他所开展的研究项目往往都是难题，不能用"寻常的思维"方法，必须用大胆创新的思维来解决。例如，在低温风洞研究中，他摒弃了国外所使用的昂贵的液氮降温的方法，采用由激波管泰勒波降温发展而来的热分离器降温，取得了成功，这也是低温风洞上首次采用的新方法，用这种方法建成了新型原理性低温风洞。又如，为了提高爆轰驱动风洞的试验时间，他采用改变壁面边界条件的办法，消除了泰勒波。类似创新的例子很多，他在科学研究活动中创新思维异常活跃，往往使困难的问题变得简单了，问题也迎刃而解。

但是，俞鸿儒院士也清醒地意识到，"新思想新方法"必须谨慎对待，不是简单地思考就能提出来的。他曾说："有的想法和做法看起来是一个大发明，其实闹了一个大笑话。"因为事物是十分复杂的，影响因素众多，例如，按"寻常思维"对气体加热会使气体温度升高，但当温度升高到一定程度时，加热使气体发生电离，而电离过程会吸收大量的能量，导致加热时气体温度反而下降。又如，钝头体、组合体的"气动加热"的研究中，气流从层流变为湍流，边界层的分离和再附、各种类型的激波干扰等都会造成热流率的改变，所以我们在科学研究中对结果的预判和分析一定要谨慎，否则容易犯错误。俞鸿儒院士把大胆的创新和冷静的科学分析结合起来，是他在多个科学项目的研究中少走弯路、少犯错误而取得成功的关键。

深厚的理论基础和丰富的实践经验是俞鸿儒院士成功的保证。俞鸿儒院士在提出新思想、新概念和新方法时，往往经过反复计算，并对计算的结果进行认真分析和思考，再通过局部小型的实验进行验证以后才实施，这得益于他深厚的理论基础。他对空气动力学、高温气体动力学、激波动力学和热力学等学科有深刻的理解，并能灵活运用。很多问题，经过计算和分析后，可以断定哪些工作可以做下去，哪些工作是有意义的；哪些工作是不能做下去的，是没有意义的，这点十分重要，它确保了将要提出的新方法有可靠的科学依据和科学背景。例如，他用热力学的计算判断某一个气动循环过程。虽然流动状态很好，但效率不高，断定是没有价值的。另外，即使计算结果是乐观的，但（多次）实验结果是否定的，因为有可能在理论计算中忽略某些关键因素，这时就必须立即放弃。他说："若在这种情况下还坚持，必然会碰得头破血流。"

"亚声速燃烧冲压发动机增加推力研究"是一个十分吸引人的课题，俞鸿儒院士十分感兴趣。他认为，高速气流进入亚声速燃烧冲压发动机后，首先通过激波后喷洒燃料再燃烧，由于温度太高，所形成高温气体会发生离解和电离，若让这样的高温气流通过尾喷管排出，就太可惜了。若能将高温离解和电离后的气体复合，必然会释放出大量的能量，这会增加冲压发动机的推力。用什么方法能让这种气体复合呢？经过多次试验，最后发现喷水的效果最好，试验证明，复合以后的气流能明显增加推力。以上只是一个例子，说明俞鸿儒院士深厚的理论功底和丰富的实践经验相结合，是他能在科学研究中不断取得成功的保证。

应邀为本书写序，深感荣幸，也感到不安。因为我只是从自身表达自己的感受和心得，远不能代表俞鸿儒院士科学活动的全部。本书是采集小组经过数年的艰苦努力而写成的，凝结着他们的全部心血，我对书中所述内容深有感触，故将此书推荐给大家。

  本书的主体是以中国科学院力学研究所为背景，全面展示了俞鸿儒院士的成长和经历，这也从一个侧面反映了力学研究所老一辈科学家们的精神风貌和活动轨迹；介绍了中青年科学工作者在这样的学术环境中的顽强拼搏和成长的过程，读起来让人倍感亲切。本书记录了力学研究所科研活动的深度和广度、历史和现代，记录了一个个宝贵的、令人难忘的历史瞬间，读起来令人振奋，谨以此文与我国科技事业的后来者共勉。

韩肇元

2022 年 2 月 22 日

序 二

俞鸿儒先生是杰出的空气动力学家,是我十分敬重的学术前辈和人生导师。我是在20世纪80年代末认识俞先生的,那时我还刚刚参加工作不久。有一天我正在实验室做试验,单位领导陪同一位专家前来参观。这位专家平易近人、和蔼可亲,很快就打消了我的紧张和忐忑。他仔细地询问试验的情况,以讨论的方式给予点评和指导,令我感受到他深厚的理论功底和丰富的工程经验。领导介绍说,这位就是中国科学院力学研究所的俞鸿儒研究员。

此后的三十多年,俞先生每年都要到中国气动中心访问。每次来都要到实验室察看试验情况,并与大家面对面座谈交流,并悉心指导。在与俞先生长期交往和相处的过程中,我不仅对他卓越的科学成就有了深入了解,还深切感受到他高尚的人格魅力与优秀品质。

先生勇于创新,学术贡献巨大。俞先生长期致力于激波管和激波风洞研究,为我国创建了多种高性能气动实验装置,在高超声速、高焓流动实验研究等方面取得了多项重要研究成果,被誉为"爆轰驱动方法和原理的发明者""新中国激波管和激波风洞研究的开拓者"。爆轰驱动这个概念早在20世纪50年代就有国外学者提出,但是因为长期没有取得成功而被废弃不用。他在经过反复实验验证和慎重思考后,创造性提出氢氧爆轰驱动新概念，成功建成 JF-10 风洞，为提高试验气体焓值开辟了一条新途径，推动爆轰驱动技术成为世界范围内的研究热点。在俞先生指导下，我国建成了世界上最大、水平位居前列的 JF-12 激波风洞，成功复现 25～40 千米高度、马赫数 5～9 飞行条件，这在风洞史上绝无仅有，也引起了国际学术圈的广泛关注，美国航空航天学会授予这座风洞 2016 年度地面实验奖。

先生善于思考，透过现象看本质。俞先生善于在复杂的现象中提取出本质性、规律性的东西，是一位锐意创新的力学大家。20 世纪 90 年代，低温风洞是世界研究热点，美国、英国都采用液氮制冷的方案来研制低温风洞。为发展我国低温风洞技术，他从热分离器在油气油田回收应用中得到启发，提出利用热分离器制冷，再用热交换器回收冷量的低温风洞设计方案。但是，由于工程经验不足，热分离器的热效率只有百分之三十几，达不到低温设计指标。经过研究分析后，他找到了问题的主要根源是部件匹配导致热效率不高。后来，他指导设计人员对热分离器进行设计改进，分离器的热效率一下就达到了百分之五十几，风洞运行后温度很快就降到零下 130 多摄氏度，满足了制冷要求。在他的指导和带领下，我国新型低温跨声速原理性风洞研制取得圆满成功，从根本上克服了用液氮作为介质的低温风洞带来的价格昂贵、污染环境的严重缺点，开拓了一条具有独特优点的建造低温高雷诺数风洞的新道路。这一创新性成果 1999 年获得了中国科学院发明一等奖，当年《科技日报》头版还专门刊登了这则消息。

先生高屋建瓴，心系国家气动事业。俞先生始终站在国家需要和整个行业发展的制高点来前瞻性地思考问题，身体力行地推动国家气动事业的发展。他非常关心国家空气动力设备规划建设，主持我国多座大型风洞建设方案的研讨、立项评估等工作，对风洞性能的提升提出了很多极具前瞻性、针对性的意见。在参加我负责的一座大型风洞的设计方案研讨时，他提出了采用喷水对高温气体直接冷却的意见。我们按照他提出的意见对技术方案加以完善，大大提高了气体冷却效率，降低了风洞建设成本。

俞先生十分重视空气动力学科和平台建设，并担任中国空气动力学会第三届副理事长、空气动力学国家重点实验室学术委员会主任委员、《空气动力学学报》副主编等职务。他在八十多岁高龄时，仍不辞辛劳远赴四川绵阳，参加国家重大科技基础设施项目的验收，深入试验现场进行把关指导。在他九十多岁高龄时，我们经常在重要学术活动中看到他的身影，令我们这些晚辈十分钦佩。

先生明德笃行，平易近人。 俞先生对事业执着追求，对名利看得很淡。在团队开展具体技术方向的探索时，只要遇到需要攻坚克难的问题，他都会主动站出来带队攻关。而一旦有了解决方案，他就放手让团队的人去干，自己又去找新方向、新难题进行开拓，从不追求奖励和个人荣誉。俞先生为人谦逊、亲和力强。他曾于1968—1974年在中国气动中心工作过6年，与我所在单位长期保持着密切联系与合作。在与大家相处时，他丝毫没有大科学家的架子。当一些年轻的科研人员与他讨论问题时，无不惊讶和感叹先生的平易近人和虚怀若谷。

先生关怀后辈，甘当人梯。 俞先生十分重视和关怀我国力学人才的成长。不论是他亲自指导的研究生还是气动领域的年轻后辈，他总是热情地提供指导和帮助。令我非常幸运的是，在我学术成长的过程中得到了俞先生更多的关爱。他不断鼓励我创新进步，时常通过当面交流或通过电话交谈对我进行针对性的指导。当他得知我正在开展高焓流动模拟的时间尺度问题研究时，还曾专门寄给我他写的相关研究论文，并提醒我需要注意的技术问题和研究重点。每次我向他请教时，他都会用心倾听、仔细察看、耐心讲解，站在提问者的角度认真思考，并给出中肯的启发性建议，让我深受感动。

值此《扎根大地　仰望苍穹：俞鸿儒传》出版之际，重拾记忆深处的片光零羽，以表达我内心对俞鸿儒先生的敬重之情。我将铭记俞先生的教诲，和力学界同仁一起，在科研道路上默默耕耘、上下求索！

唐志共

2022年3月13日

俞鸿儒院士

俞鸿儒院士向采集小组捐赠证书
（左起：俞鸿儒、张志会。2015 年 12 月，张仕忠拍摄）

采集小组和俞鸿儒院士交流讨论
（左起：张志会、李进平、俞鸿儒、赵伟、张晓源。2017 年 12 月 4 日，张仕忠拍摄）

目 录

老科学家学术成长资料采集工程简介

总序一 ……………………………………………………… 韩启德

总序二 ……………………………………………………… 白春礼

总序三 ……………………………………………………… 周　济

序　一 ……………………………………………………… 韩肇元

序　二 ……………………………………………………… 唐志共

导　言 ……………………………………………………………… 1

| 第一章 | 家世与启蒙 ……………………………………………… 11

　　俞氏开化之民风 ……………………………………………… 11
　　民国私立中小学教育 ………………………………………… 14

求真成德……17

第二章 理工融合的本科教育 20

考取同济大学数学系……20
转考解放区新办大学……26
机械系的"万金油"……35

第三章 到中国科学院学习"向科学进军" 39

考取中国科学院力学研究所的研究生……40
担任激波管组组长……44
钱学森促成人才交换留所工作……51

第四章 受力学大师熏陶 54

近距离感受钱学森的风范……54
跟随郭永怀甘当铺路石……65
向林同骥学习为人做事……72
在大师汇集的氛围中成长……77

第五章 早期激波管与激波风洞 82

研制出国内首台激波管……83
建成国内首座激波风洞并自制仪器……85
建造JF-8大型激波风洞……88
转入中国气动中心与型号研制人员直接接触……90

第六章 建成高焓爆轰驱动激波风洞 96

实验中意外认识爆轰……97

发明和完善反向爆轰驱动技术 …………………………… 100
　　建成 JF-10 高焓爆轰驱动风洞 …………………………… 103
　　改善正向爆轰驱动技术品质 ……………………………… 108

| 第七章 | 建造长试验时间激波风洞 ………………………………… 112

　　探索高超声速问题 ………………………………………… 113
　　探索建造长试验时间激波风洞新方法 …………………… 117
　　JF-12 激波风洞的立项与建造 …………………………… 121
　　风洞获得国际同行的认可 ………………………………… 129

| 第八章 | 高温气动与激波管技术应用探索 ………………………… 134

　　深化气动力学基础理论研究 ……………………………… 134
　　为航天器技术难题攻关贡献力量 ………………………… 138
　　开创激波管技术应用的新方向 …………………………… 143
　　尝试产学研合作 …………………………………………… 148

| 第九章 | 独树一帜　一专多能 ……………………………………… 153

　　辩证思维与独特风格 ……………………………………… 153
　　以信念引领科研 …………………………………………… 156
　　改革开放初期恢复研究所科研秩序 ……………………… 160
　　先当博导再评研究员 ……………………………………… 162
　　当选中国科学院学部委员 ………………………………… 163
　　建设国际一流高温气动实验室 …………………………… 164

| 第十章 | 学术交流与合作 …………………………………………… 173

　　与亚琛工业大学的不解之缘 ……………………………… 173

  与日本高山和喜教授的合作 …………………………… 188

  与美国科技界的早期往来 ……………………………… 191

  参加国内首次国际激波会议 …………………………… 194

  国内航空航天学术交流 ………………………………… 196

  社会任职与服务 ………………………………………… 204

第十一章 | 为中国气动中心的发展倾注心力 …………… 208

  为中国气动中心的发展战略把关 ……………………… 209

  合作研制新型原理性低温风洞 ………………………… 211

  指导不同类型风洞研制 ………………………………… 215

  关心新区建设和人才培养 ……………………………… 218

  中国气动中心的"俞鸿儒之问" ……………………… 220

第十二章 | 枫林不晚　科研不息 ……………………………… 228

  把机会让给年轻人 ……………………………………… 229

  增大冲压发动机推力新途径研究 ……………………… 232

  提出高铁摩阻测量新设想 ……………………………… 234

  研制高品质热流传感器 ………………………………… 234

  建言空天安全基础研究 ………………………………… 236

第十三章 | 呕心培育桃李 …………………………………………… 239

  悉心培养年轻人 ………………………………………… 240

  分享如何做科研 ………………………………………… 246

  被邀请匿名推荐诺奖候选人 …………………………… 249

  建言改进科技奖项设立及评审 ………………………… 250

| 第十四章 | 家庭生活与友情 ································ 252

    相伴漫漫人生路 ···································· 252

    浓浓师生校友情 ···································· 256

    倾盖如故的至交 ···································· 258

    一路走来的力学同仁 ································ 261

结　语 ·· 265

附录一　俞鸿儒年表 ···································· 274

附录二　俞鸿儒主要论著目录 ···························· 295

参考文献 ·· 300

后　记 ·· 308

图片目录

图 1-1	俞鸿儒家在广丰杉溪的老宅	12
图 1-2	俞鸿儒高中时期的照片	15
图 2-1	俞鸿儒在同济大学时的照片	22
图 2-2	同济大学数学系二年级第一学期成绩单	23
图 2-3	俞鸿儒 1956 年在大连工学院时的照片	31
图 2-4	俞鸿儒在大连工学院的学籍卡	33
图 2-5	俞鸿儒 1953 年写下的毕业决心书	36
图 3-1	郭永怀与康奈尔大学航空系工程研究生院的同事们	46
图 3-2	俞鸿儒的研究生毕业论文	52
图 3-3	俞鸿儒的研究生毕业证	53
图 4-1	俞鸿儒获得第一届钱学森力学奖	64
图 4-2	俞鸿儒在纪念钱学森先生诞辰 110 周年时作学术报告	65
图 4-3	1999 年俞鸿儒参加郭永怀先生诞辰 90 周年活动	71
图 4-4	俞鸿儒向课题组成员讲授郭永怀的故事	71
图 4-5	十一室先进集体合影	74
图 4-6	俞鸿儒与林同骥等人交谈	75
图 4-7	1984 年中国科学院学部力学小组扩大会议	78
图 4-8	1987 年贺卞荫贵先生八十寿辰合影	79
图 4-9	俞鸿儒在中国空气动力学学会春节座谈会上与卞荫贵和陆士嘉合影	80
图 4-10	俞鸿儒在纪念陆士嘉诞辰 110 周年纪念大会上发言	81
图 5-1	1960 年俞鸿儒开展激波管实验	86
图 5-2	JF-8 大型激波风洞	90
图 5-3	《转换表面温度为表面热流率的热电模拟网络》研究报告	92
图 6-1	JF-10 氢氧爆轰驱动高焓激波风洞	105

图号	说明	页码
图 6-2	JF-10 爆轰驱动激波风洞总体结构示意图	106
图 6-3	1998 年 9 月俞鸿儒向验收专家介绍 JF-10 爆轰驱动激波风洞	107
图 7-1	2006 年中国科学院院士大会上路甬祥和俞鸿儒亲切交谈	114
图 7-2	俞鸿儒与姜宗林参观建造中的 JF-12 激波风洞实验室	125
图 7-3	JF-12 高超声速复现激波风洞	125
图 7-4	JF-12 激波风洞团队主要成员合影	127
图 7-5	姜宗林获得美国航空航天学会 2016 年度地面实验大奖	132
图 7-6	激波风洞研究团队核心成员在人民大会堂领奖时的合影	132
图 7-7	俞鸿儒获中国科学院杰出科技成就奖	133
图 8-1	俞鸿儒参加广州粒子云侵蚀专题讨论时的照片	136
图 8-2	俞鸿儒荣获"献身国防科技事业"荣誉证书	139
图 8-3	航空航天部原部长林宗棠就长征二号捆绑式大推力火箭故障分析与俞鸿儒在中国科学院力学研究所试验现场进行交流	142
图 8-4	1988 年俞鸿儒在第三军医大学激波管实验室讲解原理	147
图 9-1	俞鸿儒的治学格言	154
图 9-2	俞鸿儒誊录孙中山格言	156
图 9-3	俞鸿儒的人生格言	156
图 9-4	俞鸿儒被授予中国科学院（京区）优秀共产党员	157
图 9-5	俞鸿儒在中国科学院力学研究所钱学森国家工程科学实验基地作报告	159
图 9-6	俞鸿儒参加中国科学院力学研究所与国家国防科技工业局直属机关党委的主题党日活动	160
图 9-7	俞鸿儒当选为中国科学院学部委员的通知	164
图 9-8	俞鸿儒在中国科学院力学研究所办公室工作时的照片	167
图 9-9	俞鸿儒被聘为高温气体动力学国家重点实验室第一届学术委员会主任	169
图 9-10	俞鸿儒和高温气体动力学实验室大家庭合影	171
图 9-11	俞鸿儒参加高温气体动力学国家重点实验室 2021 年学术年会暨学术委员会会议时的合影	172
图 10-1	俞鸿儒 1979 年首次访问德国亚琛工业大学时留影	174
图 10-2	1987 年第 16 届国际激波与激波管会议与会者在亚琛市政厅合影留念	175

图 10-3	俞鸿儒在 1987 年国际激波学术会议上作报告	175
图 10-4	1987 年俞鸿儒在参加国际激波学术会议期间参观亚琛工业大学激波管实验室	176
图 10-5	俞鸿儒 1988 年在德国进行合作研究	178
图 10-6	俞鸿儒参加庆祝中德科技合作协议十周年招待会时留影	180
图 10-7	俞鸿儒家人和吕尼希夫妇合影	181
图 10-8	吕尼希夫妇和俞鸿儒等人在中国气动中心合影	181
图 10-9	俞鸿儒夫妇与吕尼希夫妇及苟光贤在四川安县留影	182
图 10-10	俞鸿儒在重庆大学作报告	183
图 10-11	俞鸿儒和吕尼希教授参加南京理工大学博士论文答辩会	183
图 10-12	俞鸿儒和吕尼希夫妇参观南京紫金山天文台	184
图 10-13	俞鸿儒参加中俄超声速流会议	185
图 10-14	俞鸿儒夫妇设宴招待吕尼希夫妇	185
图 10-15	1996 年俞鸿儒与吕尼希夫妇在上海黄浦江畔合影留念	186
图 10-16	俞鸿儒在德国亚琛工业大学进行学术研究	186
图 10-17	俞鸿儒夫妇为哈伯曼夫妇饯行	187
图 10-18	俞鸿儒与日本大阪大学师生聚会	189
图 10-19	俞鸿儒与浦以康、王伯懿参观日本横滨市环境事业局北部工场	189
图 10-20	高山和喜教授到中国科学院力学研究所交流访问	190
图 10-21	俞鸿儒参加日本激波学术会议	190
图 10-22	俞鸿儒向高山和喜教授介绍氢氧爆轰驱动技术进展	191
图 10-23	1979 年吴仲华、林同骥等接待美国国家航空航天局代表团	192
图 10-24	第 15 届国际激波与激波管大会后俞鸿儒等人参观海边水利展览馆	193
图 10-25	1991 年林同骥陪同威廉·希尔斯夫妇参观应用流体实验室	193
图 10-26	俞鸿儒参加第 20 届世界激波与激波管学术会议	194
图 10-27	俞鸿儒在英国白金汉宫前留念	195
图 10-28	俞鸿儒在第 24 届国际激波学术会议上发言的手写稿	196
图 10-29	俞鸿儒负责的"激波风洞应用研究"获全国科学大会奖	196
图 10-30	俞鸿儒在第三届全国激波管会议上发言	197
图 10-31	中国科学院学部委员视察航天六一一研究所	198
图 10-32	俞鸿儒陪同吕尼希教授访问中国气动中心	199

图 10-33　空气动力学研究会聘请俞鸿儒为第一届委员会委员……………200

图 10-34　1992 年 12 月俞鸿儒参加国防科学技术工业委员会气动
专业组工作会议………………………………………………………201

图 10-35　全国航天气动研究学术讨论会暨庆贺俞鸿儒院士七十华诞……202

图 10-36　俞鸿儒参加载人航天工程气动工作总结暨关键问题研讨会……203

图 10-37　俞鸿儒参加中国科学院军工史会议时的合影……………………205

图 11-1　中国气动中心 2.4 米风洞方案设计评审会全体代表合影………216

图 11-2　俞鸿儒参加 2.4 米跨声速风洞性能评审会………………………216

图 12-1　俞鸿儒获得 1995 年度光华科技基金奖一等奖…………………229

图 12-2　俞鸿儒和课题组研究员陈宏讨论问题……………………………231

图 12-3　2009 年中国科学院、中国工程院资深院士联谊会合影…………238

图 13-1　俞鸿儒参加 1988 届自然辩证法研究生论文答辩会……………242

图 13-2　俞鸿儒被评为中国科学院优秀研究生导师………………………244

图 13-3　中国科学院力学研究所博士后报告会提纲"从问题到课题"……247

图 13-4　诺贝尔物理学奖评审委员会致信俞鸿儒请其推荐获奖人………249

图 14-1　1958 年 8 月 3 日俞鸿儒与金生拍摄的结婚照……………………253

图 14-2　1978 年俞鸿儒和家人在颐和园合影………………………………254

图 14-3　1999 年俞鸿儒和夫人金生同游颐和园……………………………254

图 14-4　2001 年 8 月俞鸿儒和夫人金生在山东青岛海边合影……………255

图 14-5　俞鸿儒 88 岁寿辰家宴………………………………………………255

图 14-6　俞鸿儒被聘为大连理工大学兼职教授……………………………256

图 14-7　俞鸿儒与大连理工大学校友聚会时的合影………………………257

图 14-8　俞鸿儒受邀参加大连理工大学建校 50 周年招待会……………257

图 14-9　俞鸿儒到中国科学技术大学近代力学系交流……………………260

图 14-10　1998 年 10 月 10 日俞鸿儒参加中国科学院力学研究所十一室组建
四十周年联谊会………………………………………………………262

图 14-11　2003 年 1 月中国科学院力学研究所春节茶话会上俞鸿儒与
郑哲敏合影……………………………………………………………262

图 14-12　俞鸿儒参加第一届师生纪念工程力学研究班创办
五十周年聚会…………………………………………………………263

图 14-13　中国科学院力学研究所 20 世纪五六十年代的研究生聚会照……263

导 言

　　俞鸿儒是我国激波管和激波风洞研究及其应用的开拓者，是爆轰驱动方法和原理以及新型低温风洞的发明者，为我国航天事业的发展作出了重要贡献，是青年人的良师益友。俞鸿儒从事力学科学研究近70年，他既是一位杰出的科学家，又是一位有远见卓识的科技队伍的组织者和领路人。

　　俞鸿儒作为享誉世界的著名空气动力学家和气动实验专家，长期不遗余力地致力于激波和激波管的理论和实验应用研究，不但走出了中国人自己的创新之路，为我国创造了多种高性能的气动实验装置，而且在高超声速、高焓流动研究方面取得了一些开创性成果，也推动了我国高温气体动力学领域的发展。由俞鸿儒指导，中国科学院力学研究所高温气体动力学国家重点实验室姜宗林研究员、赵伟研究员等人组织建成了高超声速复现激波风洞JF-12可以复现25～40千米、5～9倍马赫的高超声速飞行条件的模拟，为我国的航空航天事业和国防技术现代化作出了卓越贡献。此外，他还致力于培养和提携年轻科研人才，赢得了力学界的赞誉与尊敬。

　　俞鸿儒的至交、中国科学院院士张涵信曾这样概括俞鸿儒的学术成就，认为他是"我国激波管和激波风洞研究及应用的开拓者"，是"我国爆轰驱动原理和方法以及低温风洞新颖制冷方法的发明者""他为我国航天事业的发展作出了重要贡献"。①

俞鸿儒于 1928 年 6 月 15 日出生于江西省上饶专区广丰县（今上饶市广丰区），1946 年考入同济大学数学系，后因家道中落，学业难以为继。1949 年重新考入大连大学工学院机械系，1953 年作为该校首届毕业生留校任教。1956 年中国科学院首次招收副博士研究生，他顺利考入中国科学院力学研究所，先后师从钱伟长、郭永怀、林同骥三位国际知名的力学大师，其中前两位都曾师从气动力学界的科学泰斗冯·卡门（Theodore von Kármán），在美国加州理工学院攻读博士学位。1958 年 2 月，经郭永怀钦点，俞鸿儒以研究生的身份担任激波管研究组组长。在 1962 年的广州科学会议上，钱学森和钱令希两位前辈亲自商定，将俞鸿儒和钟万勰进行人才交换，1963 年俞鸿儒研究生毕业后留在力学研究所工作。

1979 年，俞鸿儒应德国学术交流中心（DAAD）邀请，在德国亚琛工业大学激波实验室工作了 3 个月。1988 年 9 月至 12 月，他作为联邦德国马普学会向中国科学院提名邀请的科学家，在亚琛激波实验室参加高超声速、高焓流动专题研究 4 个月，并出访美国、日本和英国等多个国家。曾任中国科学院力学研究所气体动力学和气动物理联合实验室主任，以及中国科学院高温气体动力学国家重点实验室的学术委员会主任。1991 年，俞鸿儒当选为中国科学院技术科学部的学部委员（现改称院士）。这是自 1980 年以后首批增选院士，充分证明了俞鸿儒的学术水平。

俞鸿儒对科学事业有着执着追求与创新奉献精神，他不慕名利，默默奉献。自 1958 年以来，他在激波管与激波风洞研制以及气动力与气动热基础理论研究领域都取得了丰硕成果。截至 2017 年年底，他先后荣获国家技术发明奖二等奖、中国科学院杰出科技成就奖、何梁何利基金科学与技术

---

① 中国空气动力学会编：《近代高温气体动力学研讨会论文集——祝贺俞鸿儒院士八十华诞》。2008 年，未刊稿。

进步奖、光华科技基金奖一等奖、中国科学院发明奖一等奖、国家科学技术进步奖二等奖、2015年中国力学科学技术奖一等奖、钱学森力学奖等各种科技成果奖共17项。

关于俞鸿儒的学术成长经历，我们尽可能全面检索了所有公开发表的中外文资料，主要包括《中国现代科学家传记》《20世纪中国知名科学家学术成就概览》《当代中国百科大辞典》《中国力学学会史》等书籍，以及《力学进展》《气动物理》《力学与实践》等核心期刊。

之前鲜有关于俞鸿儒的深入系统性报道，自2012年起才有记者写了两篇传记类文章反映俞鸿儒院士的生平，分别是《俞鸿儒：在地面造"天空"的人》和《人不逐名，专心练剑 对话我国高温气体动力学家俞鸿儒院士》。这一年恰好是中国科学院力学研究所高超声速复现激波风洞这座庞然大物建成和通过验收的年份。2015年，《计测技术》发表了《人不逐名，专心练剑 对话我国高温气体动力学家俞鸿儒院士》，《中国科学报》发表了《俞鸿儒：跟随大师的脚步》，社会上对俞鸿儒的报道和关注才逐渐增多。在2008年张涵信主编的《近代高温气体动力学研讨会论文集——祝贺俞鸿儒院士八十华诞》一书中，张涵信的《序》和竺乃宜的《俞鸿儒院士学术成就简介》对俞鸿儒的学术经历做了较为系统的梳理。迄今市面上还尚未有关于俞鸿儒的长篇传记，也甚少关于俞鸿儒学术成长特征或科研风格的专门性学术研究。

采集小组开展了大量深入细致的资料采集工作，通过多次访谈、补充以往缺失的资料，澄清有争议、模糊不清的环节，挖掘在民国时期、中华人民共和国成立初期、"文化大革命"时期、改革开放之后等不同历史时期的社会政治经济背景下，俞鸿儒的学习与科研、实验室管理和人才培养等诸多不同维度的成长经历、关键节点与影响因素。特别挖掘了俞鸿儒这类本土培养、在20世纪90年代初当选中国科学院院士的杰出科技人才的独特成长特征，以及俞鸿儒作为一个不易被理解的气动实验专家的心路历程。

采集工作的顺利完成，最应该感谢的是俞鸿儒院士本人。俞先生对本采集工作一直给予了全力支持。采集小组首先对俞鸿儒院士本人进行了多次口述访谈。按照时间发展脉络,我们从他的出生、中小学受教育经历,谈到他攻读两个大学的奇特经历,之后谈到他在1956年国家"向科学进军"的感召下报考中国科学院力学研究所研究生的历程。每每谈到有资格长期参与"两弹一星"研制工作时,俞鸿儒院士就非常自豪。他还几次感叹,正是在钱学森的斡旋下,1962年他与同在中国科学院力学研究所进行研究生学习的钟万勰进行了一场人才交换,从而得以毕业后留在中国科学院力学研究所工作。他长期致力于激波管与波风洞研究工作,在爆轰驱动激波风洞领域屡建奇功。访谈内容兼顾他与长辈和同事的交往、对国家人才培养和科技评价体制的思考。

之后,采集小组开始了几轮重要的外围访谈。俞鸿儒院士曾于1969—1974年调至中国空气动力研究与发展中心(简称中国气动中心)工作,之后长期对该中心的发展倾注了极大的感情。经该中心唐志共总师安排协调,采集小组于2016年3月专程赴绵阳访谈了中国气动中心原主任阮祥新、技术副总师廖达雄以及与俞鸿儒工作上接触较多的朱涛、李沁、董维中、罗义成、孔荣宗、贾春磊、李贤等人,中国气动中心提供了多件与俞鸿儒院士相关的珍贵音视频、档案和文献资料。

2016年7月,采集小组赴俞鸿儒的母校和曾经任教过的大连工学院(大连理工大学前身),访谈了他的校友金同稷、卢杰持、李玉璇和徐寿霖等,并到校档案馆查到大量珍贵资料。在俞鸿儒的家乡、江西省上饶市广丰区党委宣传部的支持下,赴广丰中学和杉溪调研,并到广丰档案馆查阅民国时期俞鸿儒就读中小学的学籍档案。杉溪小镇的乡亲们以为俞鸿儒也一起去了,一路夹道欢迎,场面令人感动。此行我们还意外地联系到了俞鸿儒初中老师俞观义老师的女儿俞端媛。

之后,我们回到北京,陆续对中国气动中心张涵信院士、中国科学院大学童秉纲院士、大连理工大学钟万勰院士、中国科学技术大学退休教授韩肇元教授,以及中国科学院力学研究所的老所长郑哲敏院士、中国科学院力学研究所老党委书记韩林、潘良儒研究员、陈致英研究员、崔季平研究员、谈庆明研究员、赵伟研究员、陈宏研究员、姜宗林研究员。

访谈的收尾之作是响应课题中期评估时评委们的建议，对俞鸿儒的家人做了补充访谈。俞鸿儒的夫人金生热情招待了我们。在中国科学院工程热物理研究所工作的大儿子俞镔特意从连云港赶回来，二儿子俞锦和小女儿俞铧也提供了重要的素材。当时俞鸿儒还分享了他八十九寿辰时全家其乐融融的合影，俞老已经"四世同堂"，不仅科研颇有成就，家族也人丁兴旺。

除了重要的口述访谈资料，在俞鸿儒院士的支持下，我们采集到了几百件珍贵数字化资料和实物原件，可谓收获颇丰。在此仅按照类别列举最为重要的若干项采集成果，并对其内容和价值做简要说明：

一是证书类。在采集项目刚启动不久，俞鸿儒院士即慷慨捐赠了他所有的证书：1988年国防科学技术工业委员会（简称国防科工委）颁发的"献身国防科技事业奖"证书；1998年第一次获得的中国科学院（京区）优秀共产党员证书；1999年因"借热分离器降低总温的低温风洞"获得的中国科学院发明奖一等奖证书；2016年因"复现高超声速飞行条件激波风洞实验技术"获得的国家技术发明奖二等奖证书，这一技术成果于2017年获得中国科学院杰出科技成就奖。

二是信件类。采集小组从俞鸿儒院士那里共采集到60余封信件，经过仔细甄选后向采集工程数据库提交了46封珍贵信件。在采集到的信件中，有一封1989年国家高技术大型运载火箭及天地往返运输系统专家组的感谢信，高度肯定了俞鸿儒及中国科学院力学研究所在空气动力（热）规划论证组工作中的卓越贡献。这只是他几十年来急国家之所急，对我国航天事业重大科技攻关默默付出的重要一例。这些信件还记录着他和德国亚琛工业大学吕尼希教授长达几十年的默契合作。2000年10月20日，瑞士皇家科学院诺贝尔物理学奖委员会致信俞鸿儒，请他匿名推荐2001年物理学奖候选人。这何尝不是国际科学界对俞鸿儒在空气动力学和激波管技术研究领域的学术成就的一种高度认可？这些信件中还有中国科学院原院长路甬祥与俞鸿儒的多封通信，见证了老院长对他的科研工作的长期关注与支持。俞鸿儒早年曾受到钱学森关于创新思想的深刻影响。在2011年他写给国防科技大学邓小刚校长的信中，提到在阅读了钱学森1995年1月2

日写给王寿云等 6 位同志关于中国科技人员缺乏重大创新成果的信后很有感触。他认为，钱学森 20 世纪末提出的创新至今依然未受重视，希望科学界予以更多的关注。

三是手稿类。采集到的手稿主要分两类，一类是俞鸿儒院士撰写的若干重要科研论文的手写稿件；另一类是他作学术报告的手写提纲或 PPT 稿件，主要承载了他对钱学森、郭永怀等老一辈杰出科学家的科研精神的传承，以及他真诚分享给青年科技人员的科研感悟。

四是著作类。俞鸿儒院士向采集小组捐出了他珍藏的自己在 20 世纪 60 年代的中国科学院研究生毕业论文，论文是在郭永怀、林同骥两位导师指导下完成的，写于 1963 年 3 月，题为《激波管风洞及其在传热实验研究方面的应用》。这是国内关于激波管传热试验的最早探索，论文用蓝印纸复写而成，印证着中国科学院早期研究生教育的发展，史料价值极高。俞先生还向采集小组捐赠了他主编的《向林同骥先生学习为人做事》。未公开出版的《近代高温气体动力学研讨会论文集——祝贺俞鸿儒院士八十华诞》《俞鸿儒论文选》也都是非常难得的史料。除中文著作外，他也曾在 2012 年受邀参与了美国航空航天学会出版的英文著作 *Detonation Driven Shock Tubes and Tunnels* 的撰写。

五是学术评价类。俞鸿儒院士主要从事气动实验研究，且相当一部分是与国防保密工作相关的，因此发表的论文数量并不多。在中国科学院力学研究所高温气体动力学团队赵伟研究员、韩桂来副研究员等人的支持下，采集小组采集到了美国国防部连续三年在国会报告中对 JF-12 风洞的高度评价，《美国宇航》（*Aerospace America*）杂志在 2015 年年底的年度综述中对 JF-12 进行了积极评论。2015 年 10 月 28 日，中国空气动力学会出具了"复现高超声速飞行条件激波风洞实验技术及其应用成果鉴定意见"。中国学者在航天领域的科研成果能得到美国的如此密切关注，从一个侧面印证了俞鸿儒本人高超的学术水平。

六是采集小组发表的科研成果。采集小组组长张志会在本采集项目验收前后，发表了《一场被动的人才交换促成——双中国科学院院士》《俞鸿儒：大音希声》《俞鸿儒院士：我国为什么缺少重大创造性成果？》《为美国制定空军战略规划》以及《俞鸿儒院士：激波管爆轰驱动新方法开创者》5篇论文及报道。特别值得一提的是，张志会还曾在颇具影响力的 East Asian Science, Technology and Society: An International Journal 杂志上发表了论文 China's Detonation-driven Shock Tube Wind Tunnels: A Case Study of Transnational Science in Aeronautics during the Cold War（中国爆轰驱动激波风洞研究：冷战背景下的跨国航空案例研究），在整个全球爆轰驱动技术发展的背景下，对俞鸿儒开拓激波管技术的历程及特征进行了深入挖掘与阐释，在国际科技史界引起了一定关注。

此外，采集小组还有幸采集到一些珍贵的音视频和影像资料、论文和实物等，在此不再列举。

本报告较为翔实地描述了俞鸿儒院士的学术生涯，重点突出了俞鸿儒的学术发展脉络。俞鸿儒院士的人生与学术发展的几个关键节点都与国际国内政治、经济和社会的大背景和时代变迁紧密相连。全书共分为十四章：

第一章主要介绍了俞鸿儒接受的中小学教育。重点介绍了他幼年时长年经商的父亲做事情善于动脑筋，不爱随大溜的做派，逐渐培养出了他遇人遇事"透过现象看本质"的批判性思维能力。中小学教育只为求知的教学方式以及宽容的家庭学习环境，使他养成了自主学习的习惯。在老师们的爱国思想和认真做事的风格影响下，在他内心种下了科学救国的种子，并形成了做事踏实务实的态度。

第二章主要介绍了俞鸿儒的接受大学本科教育的经历。1946年他高中毕业后，考入同济大学，离开家乡到上海学习。在同济大学读到三年级后，他又积极响应政府建设东北的号召，作为第一届学生考入大连大学工学院（1950年改为大连工学院）机械系，之后又作为首届毕业生留校任教。经历了理科和工科两种不同的大学教育的融合，以及在大连工学院机械系"万金油式"的工作经历，他不但具备了扎实的数理基础，还逐渐培养出了自己解决实际问题的工作能力。

第三章主要介绍了1956年俞鸿儒考取了中国科学院力学研究所的研究生，并于1957年年初在钱学森、钱伟长主持创办的清华大学工程力学研究班担任短期助教。1957年3月到中国科学院力学研究所报到后，他被任命为中国科学院力学研究所激波管组组长，开展激波管研究。1962年，在钱学森所长的促成下，他以人才交换的方式留在中国科学院力学研究所工作。

第四章主要介绍了俞鸿儒自1957年起到中国科学院力学研究所攻读副博士研究生及1962年留所工作后，有幸在钱学森所长、郭永怀副所长、林同骥研究员的领导下学习和工作时所受的影响，以及曾受卞荫贵研究员、北京航空学院陆士嘉教授等力学前辈的指点。

第五章主要介绍了1958年俞鸿儒研制出国内第一台激波管，完成"八一"献礼，并参与F-2、F-3超声速风洞研制。1962年他和同事建成JF-4直通型激波风洞，1963年又设计安装了反射型激波风洞JF-4A。1969—1975年，他在第十七研究院五所（即后来的中国气动中心超高速研究所504研究室）工作了六年，与型号研制人员直接接触，改进大型号风洞的传热和测力系统。

第六章主要介绍了20世纪80年代，在高超声速研究热潮下，发达国家纷纷筹建大型自由活塞驱动高焓激波风洞，但这种风洞费用高昂，操作较困难，重复性较差。俞鸿儒创造性地提出了氢氧爆轰驱动的新概念，开辟出一种反向爆轰驱动的实用路径。1998年，俞鸿儒和团队成员建成了爆轰驱动高焓激波风洞JF-10。在此基础上，他继续改善正向爆轰驱动技术的品质，提高其可用性，并攻克了双爆轰驱动技术。

第七章主要介绍为了满足国家对新一代高超声速飞行器研制的需求，俞鸿儒在21世纪初提出了能够复现真实的高超声速飞行条件新颖风洞的设想，推动中国科学院力学研究所高温气动团队克服一系列关键技术难题，在2012年建成长试验时间激波风洞JF-12。

第八章主要介绍了俞鸿儒持续深化气动力学基础理论研究，如非平衡流体力学、粒子云侵蚀等；协助导弹再入现象等航天器的技术难题攻关；开创生物激波管、裂解生产乙烯的气动加热方法等激波管技术应用的新方向。

第九章主要介绍了俞鸿儒与众不同的辩证思维,以对党和国家的坚定信念引领科研。在改革开放初期作为中国科学院力学研究所的副所长,他参与恢复研究所正常的科研秩序。在20世纪50年代末,在钱学森、郭永怀建立的中国科学院力学研究所气动力量基础上,他逐渐率队建立起国际一流的高温气体动力学国家重点实验室。

第十章主要介绍了俞鸿儒在年事已高的情况下,仍坚持在科研第一线,积极开展国际国内学术交流,在空气动力学、激波与激波管等研究领域开展国际合作,与德国亚琛工业大学的吕尼希教授、日本东北大学高山和喜教授保持着长期学术交流,并在专业学会、重要学术机构和社会团体中任职,积极贡献自己的力量。

第十一章主要介绍了俞鸿儒如何为中国气动中心的发展战略把关,与该中心合作研制新型原理性低温风洞,对该中心不同类型的风洞研制尽心尽力地进行指导,以及如何关心该中心科技人才的发展。重点对该中心提出的"俞鸿儒之问"进行了思考和解答。

第十二章主要介绍了俞鸿儒如何关爱年轻人的发展,把机会让给年轻人。重点介绍了他关于增大冲压发动机推力新途径的研究,关于高铁摩阻测量新设想,以及指导研制高品质热流传感器的经历。

第十三章主要介绍了俞鸿儒独特的人才观,如何对青年人启发诱导,培养年轻人一丝不苟的科研精神,还介绍了他向中青年科研人员所传授的关于如何在中国科学院做科研的心得体会。此外,也提及了他被瑞典皇家科学院诺贝尔物理委员会邀请,匿名推荐获奖人。他还与张涵信院士等人一起,积极向国家建言改进科技奖项的设立及评审。

第十四章主要介绍了他与金生相濡以沫的婚姻生活,与母校大连理工大学的学术交流和校友聚会情况。此外,还提及他与乐嘉陵院士、崔尔杰院士和张涵信院士,以及童秉纲院士、韩肇元教授等人的学术友谊;与中国科学院力学研究所十一室、清华大学工程力学研究生班,以及20世纪五六十年代的研究生等力学同仁的情谊。

本书力图较为完整地展现俞鸿儒院士的学术成长历程和他爱国创新的精神风范,帮助读者近距离地了解这样一位为新中国的航空航天事业默默耕耘六十多年，作出了重大贡献的科学家；一位以创新为使命，在九十多岁高龄依然不断自我否定和反思、锐意创新的力学大家；一位低调谦和、提携后辈的老者。

第一章
家世与启蒙

俞氏开化之民风

　　江西省上饶市广丰区山清水秀，人杰地灵，不仅有临近闻名天下的道教圣地三清山，还有唐代广丰籍诗人王贞白脍炙人口的诗句"读书不觉已春深，一寸光阴一寸金"。自唐代以来，俞氏宗族长居依山傍水的杉溪古镇，逐渐繁衍兴旺，成为当地为数不多的大家族。杉溪地处江西、浙江、福建三省交界处，虽地理位置相对偏僻，以山区地貌为主，陆路和水运交通却也便利，成为县城不远处一个非常繁华、热闹的集镇。当地百姓多以做买卖为生，长年走南闯北，民风开化。清末民初留学潮兴起后，一批杉溪人远赴日本留学，走上了救亡图存、振兴中华的道路。留日生俞奋后来曾一度官至国民政府监察院①副院长。

　　作为当地有名望的大姓，俞氏宗族设置有助学、救灾和办公益事业的

---

①　民国时期国民政府五院之一，为全国最高监察机关。

公产。因独特的地理位置，俞氏宗族在中华人民共和国成立以前保留着传统的社会习俗，以氏族自治的方式集资赈灾，修桥补路，创建学校。早年安徽凤阳经常闹饥荒，几百人逃荒到江西，俞氏宗族慷慨地向难民提供救济。一直以来，俞氏家族在当地的口碑代代相传。在县政府开办公立初级中学之前就创办起私立杉江中学及附属小学。俞氏大宗祠内完好地保留着俞氏家族的族谱，记载了自唐朝以来俞氏家族三次搬迁的过程，以及俞鸿儒太祖、父辈与同辈的家族谱系，还有他本人的传略。

1928年6月22日，恰逢当年夏至和端午节，俞鸿儒在杉溪古镇一个普通商人家呱呱坠地。祖父以运输行为生，父亲经营烟叶和肥料生意，秋天把当地产的烟叶运到上海卖掉，从鄱阳运回用于烟叶的肥料再卖给烟农。俞鸿儒的父辈兄弟四人，父亲俞殿臣排行第三。大伯曾任杉溪联保主任和书记，二伯、父亲和四叔都继承了祖业，常年贩卖烟叶，诚信经营，热心帮助乡邻，家庭经济处于小康水平。母亲潘桂兮是一位勤劳朴实的家庭妇女，文化程度不高，一直在家相夫教子。

俞殿臣深知落后和腐败给人民带来的苦难，经常告诫孩子们要好好读书，做一个真正对社会有用的人。虽然赚钱很辛苦，但他坚定地支持孩子们以读书求发展，四个孩子都接受了小学和初中教育，这在当时当地并不多见。不幸的是，大哥罹患肺结核，年纪不大就去世了。二哥读初中时因与父母赌气，在发大水时下河而不幸溺亡。三哥在抗日战争爆发前帮父亲做生意，抗日战争胜利后转行到中学教书，兼任会计。只有俞鸿儒一个人在求学之路上

图1-1 俞鸿儒家在广丰杉溪的老宅（采集小组拍摄）

越走越远。

长年经商的阅历催生了俞殿臣朴素的人生感悟。虽然很少有时间陪伴孩子们,但他总是潜移默化地向孩子们传输做人的道理,例如行事要务实,做事要么不做,要么一定发挥自己的特长,做精做深。他非常注意培养孩子们自强自立的品格,凡事不要依靠别人,要自己深入钻研。有一次,小小的俞鸿儒看别人打算盘,父亲发现后跟他说:这样学不行,要自己钻研。①

俞殿臣头脑灵活,做事情善于动脑筋,不爱随大溜。一般同乡如果今年贩卖烟叶赚钱,明年便扩大生意,因此常常会赔钱。相反,大家一窝蜂干的时候,俞殿臣就缩小规模,别人赔钱了,他却扩大规模,反而比较容易赚钱。再比如,靠募捐来修桥铺路,容易产生贪腐,所以俞殿臣不愿意采用这种办法。他50岁生日时,不像别人那样举办生日庆典,而是将沿河一段崎岖难行的小路改建成平坦的新路,方便行人通行。父亲独辟蹊径的行事方法对俞鸿儒的成长影响很大。

俞殿臣经常通过身边发生的事例教育俞鸿儒,凡事要透过现象看本质。有一次,他家附近有个老板,既盖了新房子,又大摆筵席给母亲祝寿,排场相当气派,周围乡邻很是羡慕。当时父亲却对他说:"这个人快垮台了。"果然不久那个老板就宣告破产了。这件事令俞鸿儒感到很惊奇,便问父亲当时怎么能预料到这一结果?父亲回答说,"此人近年来做生意赔了不少钱,根本没有能力办这些事。他硬撑着摆阔,无非是想让别人相信他还有实力,以便蒙混过关。这种做法必定弄巧成拙,垮得更快。"父亲接着说:"看事情不能被表面现象所迷惑,要弄清其实质。"

有一次,一个邻居被骗了,非常后悔,说以后要辨别骗子的手法,再也不上当了。父亲则对俞鸿儒说:"骗子的骗术千变万化,很难一一识破,按这种思路防骗的话,下次还可能再上当。"俞鸿儒问父亲,究竟有没有防骗的好办法?父亲说:"有。人之所以被骗,源于有贪图便宜的意图。只要不谋额外之利,骗术便难以得逞。就像身体强壮的人,免疫力强,难得

---

① 俞鸿儒访谈,2015年11月5日,北京。资料存于资料采集工程数据库。

传染病一样。"①

这些事情深刻影响了俞鸿儒的人生观和价值观，培养了他艰苦奋斗的作风，以及在工作、生活中的批判性思维和喜好独辟蹊径的风格，能持之以恒地坚持一件事情并做到极致，这都与他日后的成就不无关联。

民国私立中小学教育

广丰人民有着集资办学的光荣传统，私立教育较为发达。杉溪人俞钰在宣统年间（1909—1911年）曾官费留学日本明治大学，受孙中山的影响，参加过同盟会并供职广东护法军政府。他意识到要振兴国家需从教育入手，于1919年创办私立信敬小学，1922年校址迁至四都②（杉溪）宾采局，改名私立杉江小学。1922年秋，广东革命军北伐，进军赣西南，俞钰等积极响应。北伐失败后俞钰出走广州，任广州革命军第七军军部秘书，校务另请他人权代。后因校务废弛，校董函催，他于1924年夏辞职回乡，重整校务。1926年，俞钰出任县教育局局长，仍关心校务进展，设法筹措办学经费。1928年春，俞钰辞职返校，在小学的基础上扩办初中。他组建校董会，以地方公产和校董集资方式解决办学经费，俞鸿儒父亲俞殿臣作为校董慷慨捐资一百大洋。同年秋，私立杉江初级中学成立，俞钰被推举担任校长。学校秉承"智、仁、勇"的校训，尊师好学蔚然成风。凭借优异的教育与管理，杉江中学迅速成绩斐然、声名远扬，多次获得省政府教育资金资助，邻近省县慕名前来的学子就读数目几乎达到学生总人数的四分之一。③ 由于社会动荡，1931年，杉江中学将校址从创办地杉溪迁入县城，校舍四分五裂，两年后方定县城文庙（中华人民共和国成立后成为广

---

① 张涤生等：《共和国院士回忆录（二）》。北京：东方出版社，2012年，第21、22页。
② 当时当地有两种地名，一种是一都、二都、三都、四都，杉溪又名四都。另一种是以当地的地形地貌命名。杉溪是俞鸿儒老家后面的河名，也叫杉江。
③ 张胜棵：《永恒的传奇［广中之本——党政工团篇］（二）》。中国广丰新闻网。

丰县委大院）为校址，生源除本县学生外，上饶、玉山和浙江江山、福建浦城等县学生也到此求学。①

1933年秋，五岁的俞鸿儒入读私立杉江小学（后改为杉江中学附属小学）。这所小学学生很少，一到三年级的学生组成一个班。学习环境很差，但有利条件是外界的干扰较少，俞鸿儒和同学们可以全身心投入学习。老师们教学严格认真，教学质量较高。儿时的俞鸿儒天资聪颖、安静沉稳、谦让有礼貌，有着强烈的求知欲，学习上从来不用父母操心。小学主要有数学、语文和自然三门课，他喜好数学，不喜背诵。②在宽松愉快的学习氛围中，俞鸿儒没有沾染上临时抱佛脚和追名逐利的习性。③

1939年夏，俞鸿儒从杉江中学附属小学毕业，可直接保送到县城的杉江中学初中部上学。母亲不想幼子太早离家，耽误了俞鸿儒的入学报到。因误期不得入学，在父亲的安排下，俞鸿儒先念了半年私塾，父亲看他语文功底差，又找了两个老师教他。其中一位是黄埔四期毕业的学员，此人颇有功底，擅长下棋。另一位是初中部的校长俞钰。初二暑假时，俞鸿儒又跟着校长俞钰补习语文基本功，学习怎样写好文章。④ 1940年春，俞鸿儒到县城续读杉江中学春季班。学校为了保障学生的身体健康，非常重视学生的体育成绩。俞鸿儒的文化课成绩优异，因为个子小，初一体育测试未能及格，校长俞钰想让俞鸿儒留级。得到父亲同意后，他多念了半年初一。⑤⑥

图1-2 俞鸿儒高中时期的照片
（俞鸿儒提供）

---

① 广丰县地方志编纂委员会：《广丰县志》。北京：方志出版社，2005年，第690页。
② 俞鸿儒访谈，2015年11月5日，北京。资料存于资料采集工程数据库。
③ 本卷主编郑杉敏，总主编钱伟长：《20世纪中国知名科学家学术成就概览. 力学卷（第二分册）》。北京：科学出版社，2015年，第338页。
④ 俞鸿儒访谈，2015年11月5日，北京。资料存于采集工程数据库。
⑤ 同④。
⑥ 俞鸿儒：缅怀俞观义先生。《新广中报》，2009年3月28日。

1940年春，中共党员翁耿亮来校任教，在国共第二次合作期积极从事抗日救亡宣传活动。五月间，翁耿亮以"抗日有罪"而不幸被捕，举校哗然，积极营救却遭斥责，这一事件对俞鸿儒产生了一定触动。[1] 1940年秋，杉江中学再次增办高中，初中部设在县城的文庙，高中部设在杉溪[2]。

1941年，日本敌机轰炸广丰县城，杉江中学出于安全考虑又暂时迁回杉溪。虽然局势动荡不安，学校图书馆仍精心保存着约3000册藏书，大大丰富了俞鸿儒和同学们的阅读。初中时期，俞鸿儒看了不少传统文学名著，以小说类居多。值得一提的是，20世纪30年代，杉江中学购买了一套商务印书馆出版的《万有文库》[3]，这套丛书含1721种门类，总共4000册，在当时非常稀有。由于俞鸿儒的父亲与校长俞钰关系颇好，日本人打过来时，学校就把这套《万有文库》放在他家，一两年后学校才取回，因此俞鸿儒平时一有空就去翻看。那时的他还不曾知道，在战火纷飞的年代，这套丛书对民国社会的开启民智、传播文化和普及知识起到了重要的作用，它的社会影响和文化贡献至今没有任何一部丛书能与之比肩。[4] 俞鸿儒如饥似渴地阅读了《万有文库》中的大量世界名著，学了不少历史、政治和经济知识，极大地改变了他的世界观。

由于日本的侵略，1941年秋，杉江与复南两中学合并，成立私立三岩中学，分为东院杉溪、西院西山观两院，俞钰任首任校长。[5] 因校舍和校具受日军严重破坏，三岩中学在1942年一度停止招生，后于1943年秋在西山观恢复高中招生。俞鸿儒1943年初中毕业，[6] 他本打算到上饶中学读

---

[1] 中国人民政治协商会议广丰县委员会文史资料研究委员会：《广丰县文史资料 第一辑》。中国人民政治协商会议广丰县委文史资料研究委员会，1985年，第118页。

[2] 中国人民政治协商会议广丰县委员会文史资料研究委员会：《广丰县文史资料 第三辑》。中国人民政治协商会议广丰县委文史资料研究委员会，1989年，第23-24页。

[3] 《万有文库》由王云五策划并担任主编，商务印书馆出版。从1928年开始筹备，第一集从1929年起陆续出版，收入图书1000种，2000册，附大本参考书10种。第二集从1934年开始出版，收入图书700种，也是2000册，附大本参考书11种，内容增加了《汉译世界名著丛书》和《现代问题丛书》。

[4] 俞鸿儒访谈，2015年11月5日，北京。资料存于采集工程数据库。

[5] 广丰县地方志编纂委员会：《广丰县志》。北京：方志出版社，2005年，第690页。

[6] 广丰县私立杉江初级中学基本情况（1939-1942），未刊稿。存于江西省上饶市广丰区档案馆。

高中，当地一个国民党军官四处盘剥老百姓，与父亲发生矛盾，经调解送三千银圆才作罢。因缺少经济支持，俞鸿儒只好留在广丰，成了私立三岩中学的第一届高中生，1946年从该校中学毕业。[①]

求真成德

自鸦片战争以来，儒家思想走下神坛，中国人开始自觉不自觉地接受西方现代文明的洗礼，力求通过学习，对中国传统社会进行痛苦的反思和重构。从洋务时期的"中体西用"，到维新变法时期的"即中即西"；从辛亥革命的"中西融合"，到五四时期的"以西统中"，人们期望凭借从器物、政治制度再到思想观念的巨大变革，为中国社会寻找出路，这一探索过程对中国现代教育产生了深远影响。在俞钰校长等有识之士的引领下，杉江中学与合并更名后的三岩中学凸显出对"求真之学"和"成德之学"的充分重视。

杉江中学与三岩中学非常重视科学教育，注重向学生传授科学知识。1933年国民政府教育部公布《中学规程》，明确将"培植科学基础"和"真实生活知能"作为中学教育实践的重要内容。民国时期广丰私立中学受政府干涉较少，科学教育在课堂设置中占有相当大的比例。私立杉江初级中学和三岩中学按照《中学章程》开设国语、英文（英语）、算术、代数、几何、公民课、历史、地理、物理、化学、音乐、图画、劳作、体育等课程，并增设了生理卫生、军事训练课。杉江中学尤其以数理科教学见长，为高等学校培养出了以俞鸿儒、鄂栋臣[②]为代表的一批优秀生源。[③]

[①] 江西广丰私立三岩中学毕业生清册（1942—1945），未刊稿。存于江西省上饶市广丰区档案馆。

[②] 鄂栋臣（1939—2019），江西广丰人。曾任原武汉测绘科技大学党委副书记，武汉大学教授、博士生导师。中国南北极测绘科学研究领域的开创者和学术带头人。

[③] 郑招迪：民国广丰县私立中学办学实践及对现代私立中学的启示。南昌：江西师范大学，2005年。

杉江中学还非常重视培养学生的科研探索精神，对于这一点，俞鸿儒至今还感念初中时期化学老师俞观义对自己科学认知的深远影响。1941年秋，正在杉溪上初中二年级的俞鸿儒成为俞观义的第一批学生。在那样艰苦的年代，做演示实验也不易。为了吸引学生的兴趣，俞观义整理学校久未使用的仪器和药品，千方百计补齐演示实验的材料。有一次在筹备制氢实验时缺少锌片，老师让俞鸿儒去找用过的干电池。他兴致勃勃地到乡政府要来电话机用过的大电池，剥下外壳并擦去表面氧化层以备实验。老师俞观义在课堂上的演示实验呈现出了奇妙多姿的化学变化，他至今还清晰地记得，有次老师将一根吹灭的火柴投入充满纯氧的玻璃瓶内，火柴重新生出耀眼的火焰。这种意外发生的助燃现象，深深地留在了俞鸿儒的脑海中，强烈激发了日后他对科学研究的浓厚兴趣。①

科学探索固然重要，但良好的品德乃是实现民族复兴大业的根本。通过合理的德育养成学生爱国、民主的思想，以及健全的人格，乃是广丰私立学校的重要使命。杉江中学的校歌中"五老峰矗矗，杉江②带其麓……博闻能强记，知识增万千；存心兼养性，仁为五常先；……创造新中国，责任在我肩……"的歌词，体现了一种爱国主义和为公精神。杉江中学校长俞钰亲书"校训智仁勇"横匾悬挂在校门顶端。他对孔子"仁者爱人"的思想十分崇尚，经常用《大学》《中庸》《论语》中的格言和警句教育学生，并结合时代背景对其意义进行阐释和转化。③时至今日，已进入耄耋之年的俞鸿儒对那些格言深谙于心，还长期保持着摘抄经典语句的习惯。

那时国民党直接控制下的青年政治组织"三青团"④为壮大规模，自动

---

① 俞鸿儒：缅怀俞观义先生。《新广中报》，2009年3月28日。

② 杉江即杉溪。五老峰位于杉溪东边。

③ 郑招迪：民国广丰县私立中学办学实践及对现代私立中学的启示。南昌：江西师范大学，2005年，第26页。

④ 三青团，"三民主义青年团"的简称，是抗日战争时期国民党成立和直接控制的青年政治组织。1938年4月6—8日，在国民党第五届四中全会决定取消预备党员制，成立三青团。同年7月9日，在武昌正式成立三青团，蒋介石兼任团长，组成中央团部，下设支部、区团部、分团部、区队、分队各级机构，并建立"青年服务队"等各种外围组织。同年秋，总部迁至重庆，在一定程度上充当了蒋介石的独裁工具，同共产党争夺青年。1943年以后，三青团团员发展到54万人。1947年9月，国民党第六届四中全会决定，将三青团并入国民党。参见夏征农、陈至立主编，熊月之等编著：《大辞海·中国近现代史卷》。上海：上海辞书出版社，2013年，第484、485页。

将年满 15 周岁的青年学生列为团员。正在读高一的俞鸿儒恰好 15 岁，在未被征求意见的情况下，他和所有同龄的同学们一样，在本人不知情的情况下被列为国民党三青团成员，但并没有参加什么活动。[①] 这导致后来俞鸿儒在大连工学院的思想改造运动中被反复调查。

当时杉江中学的教学方式只为求知，以培养学生自主学习，提高学生智力水平为目标，父亲对俞鸿儒的学习成绩也没有什么要求。因此，俞鸿儒所处的学习环境非常宽松，他从来不临时抱佛脚和临考开夜车，更不用死记硬背许多解题法以求高分，只求真正掌握和理解所学知识。相对而言，他擅长理科，历史和语文则成绩中等。在抗日战争时期物质生活极其艰苦的条件下，老师们不辞辛苦，把课程讲得有声有色，使俞鸿儒的数理和文科打下了良好的基础，也无形中塑造了他做事认真的态度，同时在他内心埋下了科学救国的种子。

学校秉承从严治校，纪律严明。考试要求很严，每个月一次月考，学生考试时座位分年级排开，如果补考不及格就留级。考试作弊一次记大过，重犯则开除。俞鸿儒每次答卷速度都很快，别人两个小时做完的题目，他半个小时就能完成并提前交卷，他的高中同班同学祝哲生还记得俞鸿儒偶尔逃课、出去玩的往事。但"严格当头，爱在其中"，老师们"以人为本"，平时对学生在生活上给予无微不至的关怀，使得俞鸿儒养成了平易近人、谦恭礼让的性格，即使日后当选中国科学院院士后也没有改变。

1946 年俞鸿儒高中毕业，当年考入同济大学，离开家乡到上海学习，在上海学习的三年中，曾数次于寒暑假期间回家探视父母。1949 年 9 月到大连学习后，因路途遥远，很长时间没有回家。1953 年大学毕业参加工作后，虽然有点工资，但只够父母和自己三人的生活费用，也不能回家。1957 年暑假从北京回家一次。1963 年 10 月借在上海参加会议的机会顺便回杉溪探望父母亲友。1981 年借参加浙江大学研究生答辩的机会又回过广丰一次，在杉溪老家只住了一晚便匆忙赶回工作岗位。后来因父母和其他长辈已不在世，熟悉的同学朋友或出外或离世，再也没有回过老家。

---

① 俞鸿儒访谈. 2015 年 12 月 7 日，北京。资料存于采集工程数据库。

第二章
理工融合的本科教育

　　1946年夏,俞鸿儒高中毕业,恰逢因抗日战争胜利而内迁的大学陆续回到原址招生。同年,他顺利考取同济大学数学系,开启了他难忘的大学生活。与别人不同的是,俞鸿儒先后在两个大学攻读本科。在同济大学读书到大学三年级后,他又积极响应政府建设东北的号召,作为第一届学生考入大连大学工学院(1950年改为大连工学院)机械系,之后又作为首届毕业生留校任教。

　　"理"重在认识世界,"工"重在改造世界。在同济大学的理科学习,使俞鸿儒具备了终身受益的理论功底和科学素养,培养了他对现象进行本质分析和解释的能力。在大连工学院的工科学习则锻炼了他理论联系实际的能力,以及运用科技知识解决实际问题的能力。这种理工融合的受教经历有助于实现"工借理势,理势工发",为他日后的学习和科研提供了宝贵财富。

考取同济大学数学系

　　同济大学前身为德国医生埃里希·宝隆(Erich Paulun)于1907年创

建的德文医学堂,创校初期确立了以"德籍教师、德国学制、德文教材、德语授课"为特色的教育模式。久而久之,同济大学形成了历史悠久的德式教学传统,非常重视教学方法和质量。

同济大学数学系创办后在短时间内便卓有成效。1930年,同济大学决定筹建理学院,1937年7月1日,同济大学理学院正式宣告成立,由王葆仁任院长,该院设生物、化学二系①。这标志着该校中国籍教授已经具有独立办院、办系的能力。1937年8月13日,由于抗日战争爆发,同济大学师生被迫几度搬迁,先后辗转于浙江金华、江西赣州、广西八步、云南昆明。1940年秋,同济大学理学院迁至四川省宜宾市李庄古镇,并开始正式上课,设有化学、生物、数理三系。设立数理系的宗旨为"在于培植学生攻读数学和物理之间的理论"。要实现这一宗旨,必须先有理论精湛的教师和安定的环境与完美的设备,才能逐步深入与数学、物理密切相关的量子力学、相对论等方面的研究。② 1945年,同济大学又将数理系分为数学系和物理系,各系学制均为四年。1946年,全校师生迁回上海的总办公处,重建同济大学,理学院设在其美路(今四平路)前的日本小学内。1946年8月,理学院扩充为文理学院。

1946年9月10日至12日,同济大学在上海招收新生,9月21日、22日举行笔试。18岁的俞鸿儒高中毕业,与几个同学一起坐军车到义乌,再乘火车到上海。因俞鸿儒到达上海时北京大学、清华大学的高考招生考试已经结束,便报考了国立同济大学数学系,被顺利录取。1946年12月1日开学,但是由于搬迁、接收工作尚未完成,各院系直到1947年2月才先后正式授课。③

同济大学规定,没有在同济系统的中学读英文的学生刚入同济大学后要先进新生院一年,该规定一直到1948年同济大学文理学院分开才有所改变。新生院主要是学德文,俞鸿儒所在班的德文教师是一个德国大使馆人

---

① 《同济大学志》编辑部:《同济大学志 1907—2000》。上海:同济大学出版社,2002年,第95页。
② 翁智远:《同济大学史 第1卷 1907—1949》。上海:同济大学出版社,1987年,第83页。
③ 同②。

扎根大地 仰望苍穹 俞鸿儒传

图2-1 俞鸿儒在同济大学时的照片（俞鸿儒提供）

员。进入一年级学习了一些基础课后，后续所学课程全部采用德文教材。

当时大学教育体制有德国派和英美派之分。德国派的学校很强调基础和系统性。德国高等学校是欧洲的大陆学派。[1] 当时国民政府虽然内外交困，对教育却还重视，给很多同学提供公费待遇，国民党称之为"代金"。从名义上讲，这笔钱是要还给政府的，但实际上无法偿还的话，政府也不会强求。

1946年，该校数学系共招收6人，正式生4名，试读生2名。俞鸿儒入学同济大学后，先读了一年新生院，然后进入理学院的数学系。程其襄、杨武之、朱公瑾[2]、樊映川、张国隆、陆振邦等知名学者曾在此任教，并留下了《高等数学》等有全国影响的优秀教材。数学系开设函数论、微积分、高等分析、高等代数、高等几何、微分方程、级数论等必修课，另有变分学、数学物理、抽象代数三门选修课。[3][4] 此外，还开设了英文、社会科学概论和伦理学等课程。

同济大学崇尚自由，很少清规戒律。平常数学系的学生们上课时，就沿着一条长桌围坐一圈，老师们的授课方式灵活，主要讲思想，较少讲解具体方法。[5] 俞鸿儒的年龄最小，但在数学系同级的5位同学中，他的平均分最高。

在这些数学教师中，朱公瑾是俞鸿儒极为仰慕的一位数学家，这位数

---

[1] 金同稷访谈，2016年7月18日，北京。资料存于采集工程数据库。

[2] 朱公瑾（1902—1961），字言均，又名霭如，教授。浙江余姚人。1921年毕业于清华学校。1927年获德国哥廷根大学数学系博士学位。回国后曾任光华大学、私立大同大学、上海交通大学、南京中央大学教授，光华大学教务长、副校长。中华人民共和国成立后，历任上海交通大学、西安交通大学教授。著有《数理丛谈》《高等数学》，译有《实数探原》《柯氏微积分》。

[3] 《同济大学志》编辑部：《同济大学志1907—2000》。上海：同济大学出版社，2002年，第177页。

[4] 朱言钧编译：《柯氏微积分学（上卷）》。上海：中华书局，1950年。

[5] 俞鸿儒访谈，2015年11月5日，北京。资料存于采集工程数据库。

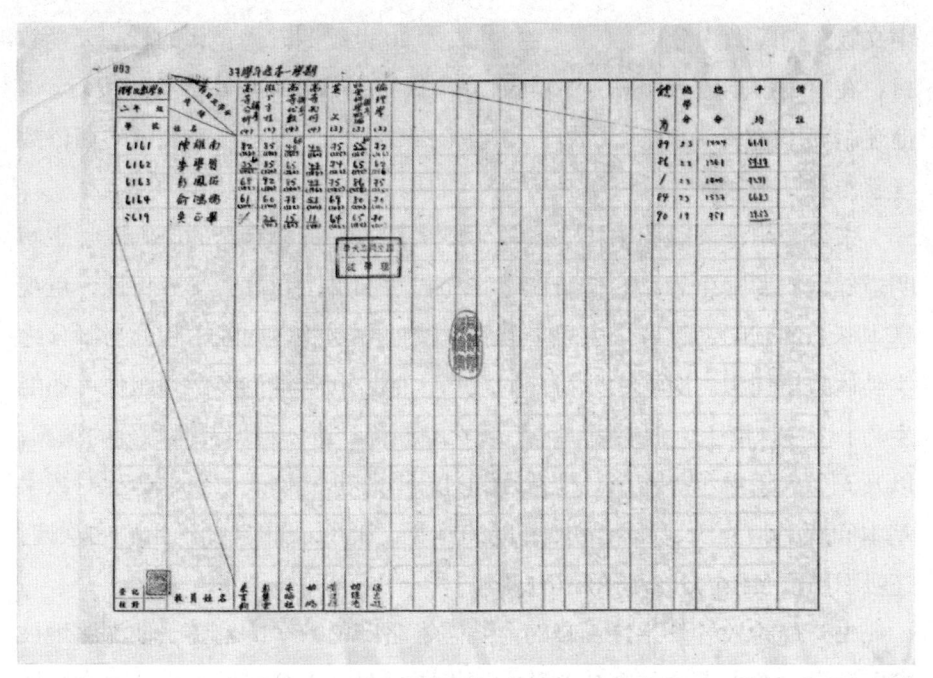

图 2-2　同济大学数学系二年级第一学期成绩单（同济大学档案馆提供）

学名家也曾对吴文俊产生过深远影响。朱公瑾 1922 年进入当时的世界数学中心——哥廷根大学哲学院数学系攻读博士学位，经魏嗣銮的推荐，师从著名数学大师柯朗（Courant，1888—1972），当时世界上第一流的数学家希尔伯特（Hilbert，1862—1943）、龙格（Runge，1856—1927）、兰道（Landau，1877—1938）等大师都曾为其授课。① 朱公瑾承袭了德国哥廷根学派的传统，倡导"推科学之本源，并教之以治学之法"，是我国偏微分方程研究领域的奠基人。他 1927 年获得博士学位后回国，虽然此后没有再做科学研究工作，但在宣传现代数学知识方面颇有建树，对我国数学教育的发展具有一定的促进作用。② 鉴于当时国内数学基础知识相当薄弱，数学书多为外文，朱公瑾翻译了国际一流数学家柯朗的《微积分学教程》，

---

　① 刘冰楠，代钦：朱言钧的数学教育思想及其贡献.《数学通报》，2014 年第 53 卷第 2 期，第 1 页。
　② 刘冰楠，代钦：朱言钧的数学教育思想及其贡献.《数学通报》，2014 年第 53 卷第 2 期，第 1-4、8 页。

中文版《柯氏微积分学》(上下卷)①成为20世纪四五十年代的核心大学教材，在国内影响巨大，直到50年代大规模引进苏联教材后才停止发行。②他还编写了《高等数学》《数理丛谈》《实数探源》等不少高质量的通俗数学著作。

朱公瑾积极实践苏格拉底式教学方法，本着言必有据的原则向学生阐明道理，启发学生思路。他给俞鸿儒和同学们讲授高等数学分析课，重视基本概念的阐明，引导学生思考问题。授课内容并不局限于积分与微分之类具体数学知识。对于微分积分的技巧，他告诉同学们多做习题便可熟能生巧。③在课堂上，他着重讲高等数学的渊源，讲如何填补微积分的漏洞，以及无穷大无穷小等概念。他往往通过一些形象的例子，引导学生对数学基本问题追根溯源，给人豁然开朗的感觉。他的课非常受学生们的欢迎，还吸引了很多校内外旁听的学生。

朱公瑾的教导开始让年轻的俞鸿儒领略到了数学的精髓，他深深地被老师深厚的数学功底与高超的数学造诣所折服。朱公瑾曾提出"自然科学之数学化"，将数学比喻为箭靶的中心，一切自然科学的发展皆以数学为鹄。④俞鸿儒花了很多工夫对这门课用心揣摩和分析总结。他更加深刻地认识到，自然科学是以自然为对象和准则，一切研究都是模拟自然的，并不包括数学。自然科学需要靠实验来检验，否则理论看似再完美，如果不符合实验结果，再好的理论也是枉然。数学则不然，除了公理，完全依靠严密的逻辑推理，要求一点漏洞也没有，而且对错泾渭分明，无须实验检验。正是在同济大学数学系的学习，培养了俞鸿儒缜密的逻辑思维，对他后来的科研工作产生了深远而重要的影响。⑤

理学院在教学上特别注重采取授课与实验相配合的方法，学术交流活

---

① 朱言均编译：《柯氏微积分学（下卷）》。上海：中华书局，1952年。
② 卢嘉锡：《中国现代科学家传记（第五集）》。北京：科学出版社，1994年，第7、9页。
③ 本卷主编郑哲敏，总主编钱伟长：《20世纪中国知名科学家学术成就概览 力学卷（第二分册）》。北京：科学出版社，2015年，第339页。
④ 刘冰楠，代钦：朱言钧的数学教育思想及其贡献。《数学通报》，2014年第53卷第2期，第8页。
⑤ 俞鸿儒访谈，2015年11月5日，北京。资料存于采集工程数据库。

跃。为求理论与实际结合,理学院对实验室的建立和图书设备的购置均不遗余力。同时,理学院也重视学术专题讨论,师生之间感情比较融洽,教师不但关心学生的学业,而且关心学生的生活。各院系学科的学术研究活动非常活跃,定期进行各种学术交流,除本校教授演讲,还邀请外校及路经上海的名家进行讲座,并积极筹划成立力学模型实验室、测量馆等。从课表上看,学生学习负担比较重,一般每周均在40学时左右,每学年平均上课36周(含考试),课内总学时一般达到5000学时左右。①

1947年之后,学校虽然已建立了规章制度,拟订了教学计划,安排了学术活动,但随着内战的硝烟不断加剧,德籍教员纷纷离校,中国教员因社会动荡和教育危机而无法安心工作,聘用、辞退频繁,学生中因遭受迫害离校等种种原因,教学科研活动无法继续正常进行。所幸,虽然外籍教员所剩无几,且在校内不再担任领导职务,但中国教授中留德学成回国者仍相当多,因而,同济大学的教育制度和教育方式仍秉承着德国特色,保持着严谨求实的学风。② 1948年6月,文学院和理学院分开。截至1948年8月,理学院拥有化学、数学、物理、动物、植物5个系。③

随着国内战局的不断恶化,社会陷入混乱状态,国家灾难危重,环境的影响促使俞鸿儒很快成熟,他积极追求进步。1948年1月29日,以同济大学学生为首的上海进步青年学生在中国共产党的领导下,高举"反迫害、争民主"的旗帜,展开了一场反抗国民党反动派的腐败统治、争取民主权利的斗争。虽然斗争遭到了反动派军警的残酷镇压,学生们无所畏惧地继续斗争,为迎接上海的解放作出了贡献,在上海乃至全国学生爱国运动的史册上留下了光辉的一页,史称"同济大学'一·二九'事件"。俞鸿儒也参加了反对国民党腐败政府的罢课游行活动。

---

① 《同济大学志》编辑部:《同济大学志1907—2000》。上海:同济大学出版社,2002年,第177页。

② 《同济大学志》编辑部:《同济大学志1907—2000》。上海:同济大学出版社,2002年,第9页。

③ 1948年8月,生物系分为动物、植物两系。其中,动物系主任为薛德焴,植物系主任先由薛德焴兼任,后由陈邦杰担任。

淳朴热情的俞鸿儒还热心为同学们服务。为了保障学生们必需的营养供应，需跟国民党当局交涉，争取给学生们供应更多的粮食，于是，学生们自发地组建了伙食团，对食堂伙食进行监督，跟外界打交道。伙食团成员往往由学生选举出的代表组成，任期一到两个月。1948 年年底，俞鸿儒被选为理学院伙食团成员，同济大学附中的学生金同稷在同期担任同济大学附中的伙食团成员。有一次伙食团在同济大学理学院开会，二人在会上就此相识，这为日后二人在大连工学院的长期接触和深厚友情埋下了伏笔。① 1949 年 7 月 7 日，俞鸿儒光荣地加入了中国新民主主义青年团。

总体来看，在同济大学数学系的学习，为俞鸿儒后期在科研上作出重要成就打下了坚固的数理基础。

转考解放区新办大学

中共中央批准设立大连大学

日本占领大连期间，先后建立了旅顺工业大学和南满工业专门学校②。1945—1948 年，大连为了支援解放战争，先后办起了几个学校。③ 1945 年 8 月 15 日东北解放后，人民政府在旅顺工业大学和南满工业专门学校两校的基础上，于 1946 年 10 月在大连建成了大连工业专门学校，主要给军事工业制造炸药，有不少是日本教师。1946 年年底创办了关东医学院。1947 年 1 月创办了关东电气工程专门学校，学制三年，主要是培养修理无线电、总装无线电的人和发报员等。1948 年创办俄语专门学校，专门跟苏军打交道。这些学校日后都成为大连大学创校的基础。

---

① 金同稷访谈，2016 年 7 月 18 日，北京。资料存于采集工程数据库。
② 南满洲工业专门学校为大连理工大学化工学院的前身。
③ 大连大学介绍。《解放日报》，1949 年 7 月 28 日。

1945年中国东北地区率先解放，8月苏军解放了大连。解放后，大连社会较安定，成了支援解放战争的一个后勤基地。1945年，为稳固东北根据地，党中央派了大批干部到大连来搞建设。1947年，我国著名医学生理学专家、时任中央军委卫生部第一副部长兼新四军卫生部部长的沈其震教授曾经到过大连，觉得大连优越的条件非常适合办学，就到哈尔滨向东北局的李富春汇报，李富春让他直接向总理汇报。

1948年4月，经周恩来总理提议并经中央决议批准，大连大学工学院筹备组设立，筹备组成员包括来自延安的教育家李一氓、化学家屈伯川[①]、历史学家吕振宇以及生理医学家沈其震等。学校筹建时，当地师资十分缺乏。屈伯川曾在德国获得化学工程博士学位，曾是延安自然科学院的创始人之一。作为大连大学的主要创始人，他派专人到北京、上海等地，请来了王大珩、张大煜、毕德显、彭少逸等数十位知名的专家学者支援学校师资建设。

1949年4月15日大连大学正式成立。著名教育家李一氓任校长。大连大学自创校时起，即按照新民主主义教育制度训练专门技术人才，学校率先设立工学院、医学院与俄语专修科。工学院设有机械工程、造船、电机、土木、化工等传统学科为主的9个系，学院教师仅103人，院长为屈伯川。

在南满工业专门学校、旅顺工科大学的基础上，1949年4月设立了大连大学工学院。日本人创立的远东著名的大连科学研究所（满铁中央试验所）后来成为中国科学院大连化学物理研究所的前身，1951年才改为中国科学院的一部分。当时在大连科学研究所工作的几位专家后来成为中国科学院学部委员。1950年暑假，俞鸿儒还曾到他们那边的实验室，给他们的工业装置刷漆。[②] 该校规定第一外国语为俄文，是全国以俄文为必修科目的第一所大学，并常有苏联工程技术专家前来任教，对沟通中苏文化交流

---

① 屈伯川（1909—1997），著名教育家。1940—1941年参加筹备共产党创办的第一个理工科大学——延安自然科学院，任教育处处长；1948—1950年任大连大学工学院院长兼化学研究所所长（中国科学院大连化学物理研究所前身）；1950—1981年任大连工学院校长。

② 俞鸿儒访谈，2015年11月5日，北京。资料存于采集工程数据库。

发挥了桥梁作用。① 除了提到的几个学校的教师，已停办的原旅顺工业大学的日本教授也前来任教。

考取大连大学

大连大学对原来关东学院、大连工业专门学校和电气工程专门学校吸纳过来的学生进行了一次甄别。只有94人升入本科，占学生总数的74%。其余仍在预科学习。到1949年8月，在校学生仅有873名，远不能满足东北地区的发展需求。

为了将东北建成国家工业基地，亟须扩充高级知识分子人才队伍。考虑到上海、北京两地考生的文化水平比较高、生源好，1949年暑期，大连大学为保证本科生质量，首次面向上海、北京招考工学院、医学院本科一年级新生。对于这所老解放区创办的正规大学，各地党政组织和社会各界十分重视。上海《解放日报》专门发表文章，向解放不久的华东地区人民和考生介绍大连大学的概况。同时，大连大学在上海进行了有效的宣传，打动了不少学子的心：第一，学校在1949年招生时就提出供给制，学费全免，学校负责生活费在内的所有费用，教科书、铅笔、衣服、牙粉②等都由学校免费发放，这样经济上就不再依靠家里。第二，大连是老解放区，对青年学生很有吸引力。

广大青年学生纷纷踊跃报考大连大学。交通大学等兄弟学校积极协助做好报名和考试的组织等工作。1949年，大连大学在京沪两地共招收新生490名。工学院在北京发榜的录取生只占考生总数的6.8%；上海的录取生和备取生合计也只占考生总数的17.2%③。

中华人民共和国成立前夕，正在同济大学理学院学习的俞鸿儒因家道中落，而他还有两年才能毕业，学业难以为继。大连大学给学生提供全额

---

① 大连大学即将在沪招生。《解放日报》，1949年7月19日。存于大连理工档案馆。
② 在牙膏出现前，牙粉是人们最常用的牙齿清洁剂。
③ 孙懋德，郭必康等：《大连理工大学校史 1949—1989》。大连：大连理工大学出版社，1989年，第31页。

供给制的政策对他而言宛如及时雨，而且他内心认为，与纯粹的理论研究相比，机械制造更能对新中国经济建设有实际作用。于是他在1949年8月报考了大连大学工学院机械工程系，并被顺利录取。同年正在同济大学附中读书的金同稷高中毕业，顺利考入大连大学工学院土木工程系。俞鸿儒心中满怀建设社会主义国家的热情，对新中国的发展充满期待。1949年9月19日，俞鸿儒和金同稷在上海火车站又重逢了，金同稷当时打了个旗子"同济的校友到我这儿来"，有4个同济的校友都在他的"麾下"，俞鸿儒和其他两个附中的同学，在同济大学理学院物理系念了一年的顾宏忠，以及其他非同济大学的学生，组成了一个大连大学工学院的新生组，从上海一同来到大连，俞鸿儒是组长。

当时还没有长途客运车，为了方便新生入学，铁路部门特意安排专列运送学生上学。俞鸿儒他们也乘坐了专门给大学新生提供的北上专列。一路上，俞鸿儒像老大哥一样照顾大家。他安排金同稷协助看管大家的行李和负责搬运，还指派擅长跟人打交道的大连大学机械系新生陈道忠负责外联。他们9月19日出发，9月29日终于抵达大连。这10天的生活令人难忘，以至于俞鸿儒和金同稷近70年后还记忆犹新。

他们到达大连的第三天，正好是中华人民共和国成立的日子，整个城市都呈现出一幅喜气洋洋、欣欣向荣的场景。来自大连大学的400多人参加了轰轰烈烈的开国游行，俞鸿儒和金同稷也怀着激动的心情兴奋参与到游行队伍中。在大连的整个游行队伍中，这400多名大学生是一道亮丽的风景线。

宽以待人和政治积极的老大哥

1949级机械专业分为甲、乙两个班，每个班40多个学生。两个班级的同学关系很密切，平时学习和活动都在一起，在土木系就读的金同稷和俞鸿儒也接触较多，相交甚好。金同稷至今清楚地记得，比自己大3岁的俞鸿儒对一起游行的年龄小一些的同学和朋友们非常照顾。

刚入学时，同学们对一切都很新鲜，很快，他们就经历了一场紧张的思想改造运动。学校认为招自上海新解放区的新生会存在思想落后、不了解社会实际情况的问题，要求他们和从老解放区的南满洲工业专门学校并入大连大学的学生一起参加思想改造运动，建立新的人生观、世界观和价值观。俞鸿儒记得，在他入学后不久，大连大学工学院即专门组织国统区来的学生进行了三个月的集中政治学习。经过集中学习后，他们的思想产生了彻底的转变，涌现出了很多新的革命思想。① 1950年7月，大连大学建制撤销，大连大学工学院独立为大连工学院（1988年3月更名为大连理工大学）。1950年11月30日，中共中央发出《关于在学校中进行思想改造和组织清理工作的指示》，要求在一到两年时间里，在所有大、中、小学教职员和高中以上学生中普遍开展学习运动，进行思想改造。因此，这场思想改造几乎贯穿了俞鸿儒和同学们四年大学时光。

俞鸿儒记得，思想改造活动呈现出阶段性特征。刚入学时是学生们自己学习和互相改造。那时在学校里的上海生和来自南满工业专门学校的学生还有些隔阂。上海来的同学进步性都很强，因为有的在上海参加过游行活动，表现得很前卫。有些上海同学瞧不起东北的同学，认为思想改造就是在改造这些人。俞鸿儒和大部分上海来的同学有很明显的区别。年轻的同学凡事都喜欢热情地冲在前面，年长几岁的俞鸿儒很支持他们，表现得更内敛和成熟，从来不用伤人的言论随意批评别人。②

1950年，学校发动学生对教师进行思想改造，运动形势变得更加严峻。俞鸿儒从不参与伤害老师的活动，他为人处事更为稳重，内心有自己的处事原则。在后来的"三反"运动中，他也没有跟风。他总是认认真真地上完每一门课，做好每一个实验。以至于他的同学徐寿霖后来用"大智若愚"来形容他。③

俞鸿儒与张甦同岁，张甦社会实践经验丰富，工作能力也很强，俞鸿儒感觉张甦就像他的兄长，非常愿意倾听张甦在学习和生活上的建议和

---

① 俞鸿儒访谈，2015年12月7日，北京。资料存于采集工程数据库。
② 同①。
③ 徐寿霖访谈，2016年7月18日，大连。资料存于采集工程数据库。

劝告。俞鸿儒经常与同学们在宿舍里聊聊彼此的学习生活,不时抽空与卢杰持、陈学英一起去学校前面的海滩聊天。在同学们的印象中,俞鸿儒遇事沉着冷静、淡定平和,有耐心,做事实事求是,很少有人见他发脾气,他待人和蔼、亲切,非常关心同学,跟陈懋圻、戴经意在一起的时候,他经常像大哥一样关心、照顾他们。由于俞鸿儒的生活经验比其他同学们丰富很多,对很多问题的看法比较深入、细致,在年轻同学遇事走极端或易激动时,沉稳的他会循循善诱地跟同学们讲道理。因此,很多同学都愿意接近他,对他非常敬重。[①]

图 2-3 俞鸿儒 1956 年在大连工学院时的照片(俞鸿儒提供)

在大连工学院读书期间,是俞鸿儒一生对政治活动最积极的时候。四年大学期间,他还任班级团支委和机械造船系学生分会主席。俞鸿儒心系国家大事和人民生活,经常跟同学们一起分析社会现象和时政问题。卢杰持记得,20 世纪 50 年代召开全国人民代表大会和全国政协大会时,报纸上常常刊登一些民主人士和专家学者的观点,俞鸿儒非常关注,他看后还会跟同学们分析和讨论。后来一直在同济大学附属中学担任学生活动带头人的金同稷才知道,俞鸿儒在上海时已经是社会主义青年团团员了。俞鸿儒在大学期间介绍了很多同学入团。正是在俞鸿儒的介绍下,金同稷于 1949 年 12 月加入了青年团。

看似随意却有心的学习

大连大学是为国家培养人民的专门人才而创办的。起初,学校的创办者就继承和发扬延安等老革命根据地办学的优良传统,加强党的领导,明

[①] 卢杰持和李玉璇访谈,2016 年 7 月 18 日,大连。资料存于采集工程数据库。

确为社会主义建设服务的办学方向。同时，学习和借鉴国内外著名大学的办学经验，团结全校师生员工，翻建新型正规大学。学校面貌欣欣向荣，充满着勃勃生机。

中华人民共和国成立后，一般高校为了培养社会急需人才而实行三年培养制。1949年8月1日，中共中央东北局和东北行政委员会作出《关于整顿高等教育的决定》，规定工、农、医等院校学制为四年。党和政府，特别是东北局对大连大学这所新建成的正规大学非常重视，大连大学一开始办学时就坚持贯彻四年制，前三年为基础课和专业课程的学习，最后一年到工厂实习；并将原来决定的一学年三学期制改为一学年两学期制。①

建校初期在高校任课的教师多数是留学归国的高级知识分子，大连大学作为新兴高校，也迅速招募了50多位刚刚从国外学成归来、接触过最新科技前沿的教师，如王大珩、毕德显等。

为了提高学校的教学水平，学校当时十分重视教材建设。除政治、俄文及少数基本课程采用现成教本外，各门课都要编写用本国文字总结、结合我国建设情况和要求的、吸收苏联经验和科学成果的教材。工学院当即组织教师编译近三年内即将开课的59种教材。

在后来担任大连理工大学主管科研的机械系副主任的卢杰持看来，俞鸿儒在学习方面比较随意、自然，并不是十分刻苦。再次读大学，俞鸿儒对学习的兴趣没有那么浓厚了。高个子的他，经常安静地坐在教室的最后排听老师讲课。虽然他在同济大学的三年学习打下了很好的基础，但他在大一的时候成绩并不突出。第一个学期的数学和物理，他的考试成绩刚刚及格。但从第二个学期开始，他开始认真完成各门课程的学习，成绩好得不得了，一下子拉开了和同学们的差距。

德国大学的学习计划制订得相当严格，学生的基础打得比较牢固，同时在课程设置上非常注重理论结合实际，实践课程较多。大连工学院的老院长屈伯川是留德的博士，而当时苏联的教育体制很大程度上受德国影响，为了适应计划经济改造对人才的需求，苏联把高校的专业内容缩减，

---

① 孙懋德、郭必康等：《大连理工大学校史1949—1989》。大连：大连理工大学出版社，1989年，第32、33页。

图 2-4　俞鸿儒在大连工学院的学籍卡（大连理工大学档案馆提供）

但仍旧实行五年制。同济大学的教育体系就体现了典型的德国风格，采用五年制还配上新生院。大连大学在学习苏联高等教育模式的基础上，要把五年的学习内容压缩到四年内，这对于俞鸿儒在内的受德国影响的同济大学系统出来的学生并不新鲜，所以他各门功课都学得很快，特别是基础课。那时候数学课要求很严格，用的教材是难度偏大的德国数学家克朗著的《微积分》。这门课对在同济大学经过了两年数学和物理基础课训练的俞鸿儒而言就相当轻松了，取得了 93 分的高分。工程材料、微分方程、投影几何和机械画、热机学、铸工学在内的多门课程也都是优秀。他的外文也不错，中学一直学英文，在同济大学新生院学了德文，到大连又学习俄文，成绩优秀，所以他能较熟练掌握俄语、德语、英语三门外语。

俞鸿儒和同学们坚持学校提出的"课堂外自学为主与小组研究相结合"的原则，普遍以独立钻研的精神复习功课，学习热情很高，同时又在

第二章　理工融合的本科教育　　*33*

党团组织的配合下进行小组研究。有的小组每周碰头一两次，共同研讨学习中遇到的问题；有的小组还进行"轮试"，即由课代表提出问题任指一人解答，以相互检查对授课内容的了解程度。有些系还由学生自己出墙报，自己作题解，翻译外国教材的有关章节并公布出来。这些措施对于巩固学习起到了很好的作用。

俞鸿儒本来对物理没有特殊兴趣，但他对本科物理实验课印象颇深。在理论联系实际的思想指导下，工学院积极加强实验室建设，每个班级都要做物理实验。当时王大珩在该校任应用物理系主任，亲自抓实验室建设，将其当作创系的重要工作。建校时学校接收的原关东工业专门学校、关东电气工程专门学校的实验室普遍规模小，设备不完善。王大珩便积极组织力量，创建急需开课的普通物理和普通化学实验室。他亲自动手，领导教师和实验人员修复日本人留下的旧仪器设备，让这些设备继续发挥作用。他跟同事们说，要培养学生用低级仪器也能得出好的实验结果的能力。① 有些较先进的设备则由他们设计好后交由机械工厂加工，所以学校的物理实验室并不亚于一些老牌学校。就这样，在不到一年时间内，工学院就办起了全国一流的物理实验室。王大珩始终铭记屈伯川的知遇之恩，在1991年5月重返大连工学院（1988年更名大连理工大学）时，仍无限深情地对他当年的学生说："那是中国知识分子十分舒心，精神振奋的一段美好日子。"

王大珩的教导令学生们受益良多。王大珩在物理实验课的第一堂课上就跟学生们讲为什么要做物理实验，实验要怎么做。他提到，学生做物理实验的仪器不要求非常先进，普通仪器只要够用就行。因为实验的真正目的是要作出真正科学的、规律性的东西，所以要先了解设备的用途，搞清楚设备的原理再做实验，最后撰写实验报告。

王大珩聘用一大批助教指导学生们上普通物理的实验课。助教们对物理实验的高标准、严要求给俞鸿儒留下了非常深刻的印象。实验结果差一点不行，绝对不能马马虎虎对付，做不好就不能吃饭。王大珩虽然没有教

---

① 孙懋德、郭必康等：《大连理工大学校史 1949—1989》。大连：大连理工大学出版社，1989年，第37、38页。

过俞鸿儒，但这一教诲对俞鸿儒日后从事激波风洞实验研究工作产生了巨大的影响。

除了科技知识，俞鸿儒和同学们还学到了很多终身受用的人生道理。雷天岳是中华人民共和国成立前上海学生运动的领导人之一，也是俞鸿儒在上海同济大学就读时未曾谋面的学长。1952年秋，大连工学院机械系党总支书记雷天岳和俞鸿儒等同学谈话。雷天岳说："无论是对一个集体还是个人，作风都非常重要。你们很快就要参加工作了，要注意培养良好的作风。尤其是开始做第一件事，下决心要做成功，不能碰到困难就放弃，一定要千方百计克服它、战胜它，养成习惯将终身受益。以后遇到困难时，甚至是看起来难以克服的困难，都能勇敢地去面对它。"[1]因雷天岳为人正派、热心、谦逊，俞鸿儒很尊重他，也受到他的影响，在科研工作中尽力克服困难，把事情做彻底。

1949级机械系的同学们日后都学有所成，如国家领导人尉健行，中国科学院院士俞鸿儒和中国工程院院士殷国茂。他们后来大多在政府部门、教学科研和国有企业作出了杰出贡献。

机械系的"万金油"

立志报国

由于学生时代经历了抗日战争、解放战争及中华人民共和国成立，俞鸿儒渐渐地树立起学好本领为建设祖国和科学事业奋斗的决心。[2]在毕业前夕，他满怀赤子之心，写下了为党的事业贡献一切的毕业决心书。毕业时他被临时派到大连工农速成中学辅导毕业班学生参加高考。这些毕业班

---

[1] 张涤生等：《共和国院士回忆录（二）》。北京：东方出版社，2012年，第21页。
[2] 竺乃宜：俞鸿儒院士学术成就简介。见：中国空气动力学会编，《近代高温气体动力学研讨会论文集——祝贺俞鸿儒院士八十华诞》。2008年，第1页。

第二章 理工融合的本科教育

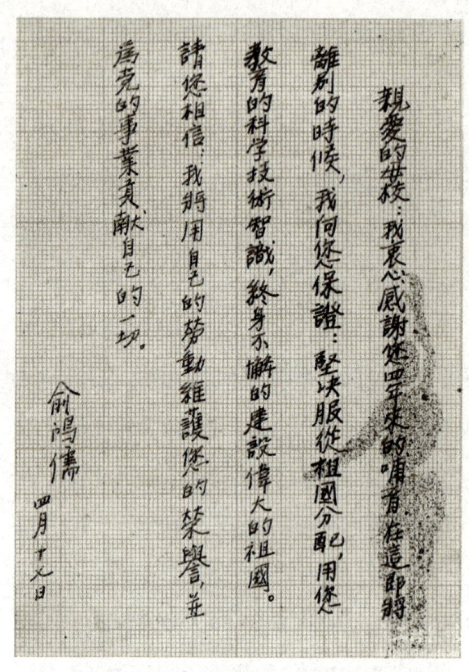

图 2-5 俞鸿儒 1953 年写下的毕业决心书
（大连理工大学档案馆提供）

学生都是产业工人，其中不少是劳动模范，刚开始工作就和他们接触实属幸运，到现在俞鸿儒和他们中的一些人还有联系。[①]

以后几十年的科研实践，俞鸿儒确实无怨无悔地践行了自己的心愿，成为一个对党和国家的科技事业兢兢业业地工作，并作出了突出贡献的科学家。

1953 年，大连工学院损失巨大，学科锐减，原有的 9 个系只剩下 4 个，即机械、造船、土木、化工。[②] 大连工学院几位一流的专家先后被调往中国科学院和兄弟院校。为使学校有更多的名师执教，屈伯川"三顾茅庐"，从浙江请来了著名的力学家钱令希教授，后来钱令希在 1955 年当选为中国科学院学部委员。他们二人密切合作，大连工学院逐渐恢复"元气"，教学和科研水平显著提升。在全国教育系统向苏联学习时，大连工学院着实兴盛了一阵。院系调整后的大连工学院的师资力量一下就减弱了，所以学校决定留一批毕业生任教。1953 年 5 月，俞鸿儒本科毕业，幸运地留校任教，到学校机械系当助教。

不愿去专业教研室

留校任教的俞鸿儒被分配到机械制造教研室，计划开学后到哈尔滨工业大学进修。那时毕业国家给分配工作，他也不好意思再挑三拣四。有次

---

① 俞鸿儒：2007 年致张甦老同学书信。未刊稿。资料存于采集工程数据库。
② 孙懋德，郭必康等：《大连理工大学校史 1949—1989》。大连：大连大学出版社，1989 年，第 42、72 页。

他见到时任机械工程系党总支书记的雷天岳，并向其汇报思想。俞鸿儒提出不想去机械制造教研室，希望分配到力学教研室。雷书记说："别人都想去专业教研室呢！这不是你的个人问题，我可以帮你解决。"雷天岳跟机械系主任胡国栋商量后，将俞鸿儒改派给刚从美国留学回国的陈铁云教授担任流体力学课的助教。[1]

1952年以来，全国高等院校经历了全国大规模院系调整。这场大调整借鉴苏联大学模式，全国四分之三高校牵扯其中，建立了大量专门学校或悉数并至其他院校。[2]因原本计划在上海交通大学成立造船学院，大连工学院造船系被并入上海交通大学，流体力学教研室随造船系并入上海交通大学。俞鸿儒是机械系的教员，因此仍留在大连。之后，他被派去给杨长骙教授[3]当化工系泵与压气机课的助教。第二年，杨长骙问俞鸿儒是否敢接流体力学这门课？俞鸿儒说，为什么不敢呢？于是他在留校不久就讲授了《泵与压气机》。[4]这在当时是不常见的。

1954年，苏联专家指导大连工学院设立水利实验室[5]，俞鸿儒被借调到土木水利系，参与了水利实验室的创建工作。他先后设计水槽和港池的造波机在内的实验装置，并讲授"水轮机"。1955年，俞鸿儒又重回机械系工作，指导机械零件课程的设计。那段时间，为应付急需，工作很忙碌。他感觉自己像万金油，无论是头痛还是脑热，擦一点能缓解一下症状。但碰到真病，能起作用吗？这种"万金油"的经历，看似不务正业，俞鸿儒在机械系的年轻教师中虽不是很出名，却使得他扩大了接触面，积累了实践经验。日后，这种工作变动为他后续的科研工作奠定了根基。

---

[1] 俞鸿儒：2007年致张甡老同学书信。未刊稿。

[2] 李琦：新中国成立初期全国高等学校院系调整述评。《党史文献》，2002年第6期，第71—73页。

[3] 杨长骙，民盟盟员，1940年毕业于昆明同济大学机械系。曾任同济大学助教讲师。中华人民共和国成立后，曾任大连工学院副教授、教授、机械系主任及起重机教研室主任，曾担任机械工程多门基础理论及专业学科的教学工作。

[4] 俞鸿儒访谈，2015年11月5日，北京。资料存于采集工程数据库。

[5] 大连工学院为函请核准扩建水利实验室给高等教育部的信函。1955年，未刊稿。存于大连理工大学档案馆。

经历了理科和工科两种不同的大学教育,俞鸿儒不仅具有良好的理论基础,还培养了解决实际问题的工作能力,彰显了突出的数理逻辑推理和动手实验的能力,这为他后来的科研工作打下了坚实的基础。

第三章
到中国科学院学习"向科学进军"

　　自从 1956 年考取中国科学院力学研究所研究生后,俞鸿儒一直留在中国科学院工作,迄今已逾 60 年。他虽然已经是享誉中外的高温气体动力学与爆轰驱动专家,却一直秉承着"活到老学到老"的精神,始终坚持学习。在他看来,他之所以取得今天这样的成绩,首先是受到了钱学森、郭永怀等力学大师的熏陶和深刻影响。

　　20 世纪 50 年代末,中国科学院力学研究所的导师很多,还都是很高级的研究员。俞鸿儒经常感叹自己很幸运,在中国科学院力学研究所攻读研究生期间,由钱学森、郭永怀和林同骥三位学术造诣高超、人品高尚的力学大师先后担任自己的导师,形成了一个实际上的导师群。

　　钱学森担任中国科学院力学研究所所长期间,很少直接招收研究生。因俞鸿儒的办公室恰好在钱学森斜对面,得以偶尔担任钱学森的助手,近距离感受大师的言传身教。1957 年俞鸿儒到中国科学院力学研究所报到后,得知自己的导师由钱伟长改为郭永怀,从 1958 年起一直在郭永怀的指导下从事激波管技术研究,并被任命为激波管组组长。1962 年广州科学大会前后,中国科学院力学研究所为加强研究生管理,将分散在各研究室的研究生集中到一个研究室。中国科学院力学研究所允许俞鸿儒仍留在原十一室继续工作,同时准备论文参加答辩,并将他的毕业论文指导老师改为研究室主任林同骥。因此,俞鸿儒就有三位导师:钱伟长、郭永怀和林同骥。[①]无论做事做人,几位力学界前辈都为俞鸿儒树立了榜样。每当回忆起在几位老师身边工作的日子,俞鸿儒总是感到有一种无形的力量在激励自己前进。

考取中国科学院力学研究所的研究生

力学这门学科虽然在全世界范围内有着悠久的历史,但中国的力学学科最早还是从西方引进过来的。中华人民共和国成立之前,中国几乎没有出现现代工业,也缺乏培育近代力学的土壤。力学在中国虽有所起步,但还没有成为一门独立的学科,仍依附于其他理工科而存在。从事力学教学与研究的基本都是理工科的基础课教师,我国没有一个专门设立的力学研究机构。

令人欣慰的是,一批在海外留学、工作的中国学者作出了一些很好的研究工作,取得了世界公认的成果。在党和政府重视科学、尊重知识分子,"百花齐放、百家争鸣"方针的感召下,一大批留学欧美并学有所成的力学家在 20 世纪 50 年代中期,怀揣爱国热情回国效力,投身新中国力学事业的建设与发展。

这些海外归国科学家中,最出名的当属钱学森。在 20 世纪 50 年代,钱学森已驰名海内外。他于 1934—1955 年在美国学习和工作,师从世界著名航天工程学家冯·卡门。他与冯·卡门一起提出了高亚声速机翼型压力系数的卡门-钱学森公式,开拓了高超声速空气动力学、稀薄气体动力学,发展了壳体稳定性的非线性理论,在应用力学、火箭推进、工程控制论、物理力学等诸多领域作出了开创性的贡献。

中国科学院于 1951 年在数学研究所内设立了力学研究室,为以后独立

[①] 俞鸿儒:启发诱导言传身教——怀念导师郭永怀先生。《科学时报》,2006 年 4 月 7 日。

建所做筹备工作,钱伟长为室主任,周培源、沈元为研究员。不久又接收了胡海昌、林鸿荪、庄逢甘、郑哲敏等一批年轻有为的力学家。随着新中国实施第一个五年计划(1953—1957),众多大型工程技术项目纷纷启动,急需力学人才。1953年起,国内陆续组建了若干力学研究机构,推动中国力学学科的建立和发展,如1954年中国科学院在哈尔滨建立了土木建筑研究所[1],1956年在无锡建立中国船舶科学研究中心等。这其中最著名的就是中国科学院力学研究所了。

1955年10月,钱学森冲破重重阻力回到祖国,在不到3个月的时间,钱学森和钱伟长一起完成了力学研究所的组建工作。1956年1月16日,中国科学院力学研究所正式成立,钱学森任所长,钱伟长在清华大学任教的同时兼任副所长。[2]钱学森、钱伟长等知名科学家及一批杰出的海外留学归国人员纷纷汇聚于中国科学院力学研究所,中国科学院力学研究所一跃成为人人向往的中国力学界的殿堂。

1956年1月,中共中央召开知识分子会议,周恩来总理在会上做了《关于知识分子问题的报告》。周总理在报告中提出"向现代科学进军",以及制定1956—1967年科学发展远景规划的任务。正在大连工学院机械系教书的俞鸿儒诚心响应国家"向科学进军"的号召,却不知该如何去做。当时国家要求用极大的力量加强中国科学院,使它成为领导全国提高科学水平、培养新生力量的火车头。[3]中国科学院一跃成为全国学术研究的中心,一时间"人心向院",大多数人希望到中国科学院来。俞鸿儒曾听严济慈说过,从事科学研究的人,要经过训练,要有导师指导。也就是说,年轻科技人员要成才,需要向知名科学家学习。当时的情势下,俞鸿儒内心升起了一股强烈的愿望:到中国科学院去学习做科学研究!

1956年,钱学森、郭永怀等数百名专家学者参与制定了我国第一个远期科学发展规划——《1956—1967年科学技术发展远景规划纲要(修正草

---

[1] 中科院土木建筑研究所后归属国家地震局工程力学研究所。

[2] 王扬宗,曹效业:《中国科学院院属单位简史》(第一卷·上册)。北京:科学出版社,2010年。

[3] 科学时报社:《请历史记住他们——中国科学家与"两弹一星"》。广州:暨南大学出版社,1999年,第73-74页。

案)》(简称《规划》),将力学确认为一级学科。《规划》中指出,力学是一切工程技术的基础,并对力学学科的发展提出了具体的意见。关于流体力学,其中写到"主要是研究高速飞机空气动力学问题、亚声速飞行和超声速飞行中的边界层理论"。《规划》高屋建瓴,为今后数十年的力学发展指明了方向。

20世纪50年代初,我国的科学技术人员很少,大学生毕业后统一由国家分配工作,不能自己决定去哪里,出国留学也由国家委派。俞鸿儒能来中国科学院,源于幸运地碰到了一个很好的机会:周恩来总理在1956年知识分子问题会议的报告中明确提出要用极大的力量来加强中国科学院,使之成为领导全国提高科学水平,培养新生力量的火车头。那新生力量从哪里来呢?招研究生。恰逢这一年中国科学院在报纸上发表公告,公开招收副博士研究生,这也是新中国第一次正规招收学位研究生,并且要求考生需大学毕业并工作满两年方可报考,特别是考生无须工作单位批准,可按本人意愿自由报考,这些条件在当时相当难得。俞鸿抓住了这个机会,才得以跨出了人生中的重要一步。

那个年代,不知有多少学子,因仰慕钱学森而努力投奔中国科学院力学研究所。由于钱学森、钱伟长等一批中国力学界的大师汇聚中国科学院力学研究所,中国科学院力学研究所理所当然成了当时人们心目中力学研究领域的神圣殿堂。出于对钱学森先生爱国情操和学术造诣的仰慕,俞鸿儒对中国科学院力学研究所心向往之,决心到中国科学院力学研究所深造。60年后回顾起来,俞鸿儒依然觉得自己当初的想法非常正确。

1956年春,在大连工学院雷天岳的支持下,28岁的俞鸿儒报考了中国科学院力学研究所的研究生。因为他在大连工学院当过流体力学课的助教,就报考了钱学森在中国科学院力学研究所创立的流体力学方向的研究生,报考的导师为钱伟长。俞鸿儒于1956年9月参加入学考试,顺利考取了中国科学院力学研究所的研究生。[①] 那时中国科学院一共招200多名研究生,大部分是高等学校来的。中国科学院力学研究所录取了20名研究

---

① 俞鸿儒访谈,2015年11月5日,北京。资料存于采集工程数据库。

生,约占全科学院招生人数的 8%。[①] 1956—1957 年,中国科学院和高等教育部之间发生了一场人才争夺战。[②] 所以中国科学院只公开招了一年的研究生,直到 1962 年科学大会之后才恢复。

1957 年,钱学森、钱伟长主持创办清华大学工程力学研究班正式开班,钱伟长、郭永怀先后任力学研究班的班主任。他们几人都主张理工结合,决定在工科教育中加强数学、物理、力学教学的分量,强化基础科学知识的掌握和运用,克服传统工科教育中基础科学教学与专业教学脱节的弊病。该研究班为两年制,从全国各地选拔具有一定工程技术知识和经验的人员,以及若干重要高等学校高年级班的优秀大学本科生进行力学基础的培训,为国家经济发展培养高级力学人才。[③]

工程力学研究班"实际上是大量培养正规研究生的一种形式"。[④] 力学研究班首届招生 120 名,设立固体力学、流体力学两个专业,学员来源和选派条件较严格,包括抽调高等工业学校四年级或四年制应届毕业生 50～60 名;选派中国科学院有关研究机构、重要工业部门设计单位或技术研究单位及军委有关部门大学毕业生 20～30 名;高等工业学校教研室 40 名。[⑤] 工程力学研究班一共存续了 5 年（1957—1962 年）,先后招收了三届共 309 名学员,这些人后来大多成为全国工程力学在不同战线上的骨干。[⑥] 除了清华工程力学研究班,钱学森在担任中国科学院力学研究所所长的时候,在全国办了很多力学班。钱学森凡事站在国家层面,没有私心,凡事只要为国家好,就去做。他的观点是:全国谁搞得好,谁能干,就让谁干。[⑦]

---

① 中国科学院院士工作局:《科学的道路》(下卷)。上海:上海教育出版社,2005 年,第 1742 页。
② 张志会:一九五七年中科院与高教部的"双簧夺珠"。《中国科学报》,2015-05-15。
③ 姜玉平:《钱学森与技术科学》。上海:上海人民出版社,2015 年,第 167 页。
④ 57005,高等教育部关于清华大学附设工程力学研究班和生产过程自动化进修班的学员待遇的通知。未刊稿。存于清华大学档案馆。
⑤ 57005,工程力学研究班简则草案。未刊稿。存于清华大学档案馆。
⑥ 本卷主编郑哲敏,总主编钱伟长:《20 世纪中国知名科学家学术成就概览 力学卷(第二分册)》。北京:科学出版社,2015 年,第 341 页。
⑦ 赵永新:《三代科学人》。北京:科学普及出版社,2019 年,第 4 页。

大连工学院在获悉俞鸿儒报考了中国科学院力学研究所的研究生后，因惜才而舍不得他离校。于是告知他，清华大学正在和中国科学院力学研究所合办工程力学研究班，希望他去工程力学研究班学习一段时间后再重回大连工学院。1957年2月，工程力学研究班成立后，俞鸿儒被大连工学院派到清华大学，给郭永怀担任流体力学课的助教。在清华园期间，他与别的助教一起被重视实验的郭永怀带到北京航空学院学习如何做实验。

1957年2月，俞鸿儒接到中国科学院的研究生报到通知，他把这一消息告诉了钱伟长。钱伟长认为，在大连工学院任教已经很不错了，他没有必要再去中国科学院力学研究所读研究生。但素来有主见的俞鸿儒却选择了另一条人生道路，到中国科学院力学研究所报到了。

俞鸿儒虽然是1956年考上的研究生，但直到第二年3月才报到，因为那时中国科学院力学研究所无法给研究生提供住宿，学生报到后只能住工棚，中国科学院力学研究所又怕这些研究生冬天烧煤炉会中毒，于是推迟了报到日期。俞鸿儒来报到的时候，当时在中国科学院化学所对面的一栋三层小楼内，中国科学院力学研究所和正在筹备中的自动化所在一起办公。虽然那时各方面的物质条件都非常差，吃饭寄食在化学所，但是大家的心态非常乐观。当时半栋楼只有几间房，总共有70多人，其中三分之一是钱学森这一批从国外回来的专家，还有几个科研人员是刚毕业的大学生，加上21个研究生。

担任激波管组组长

知名应用力学家郭永怀留学归国

1940年，郭永怀与林家翘、钱伟长考取官费留学生，一起到多伦多大学应用数学系学习，师从系主任辛吉（J.L.Synge）教授。辛吉教授来自爱尔兰，也是英国皇家学会会员，与这三位中国留学生一见如故。郭永怀与林家翘从事流体力学研究，钱伟长从事弹性力学研究。一年后，他们都以优异成绩取得了硕士学位，辛吉教授称赞他们是"了不起的好学生，校园中多年未见的优秀人才"。1941年5月，郭永怀又来到了美国西海岸的加州理工学院，在航空大师冯·卡门教授的指导下攻读博士学位和开展研究工作。当时同在该校航空系的还有钱学森、林家翘和钱伟长。当时航空技术的一大问题是突破"声障"进入超声速飞行，所以跨声速流场就是一个重要课题，但描述运动的偏微分方程是非线性的，相关数学问题的难度极大。郭永怀知难而进，提出要对这一挑战性的重大问题进行攻关，得到了博士生导师冯·卡门教授的支持。他还和钱学森共同合作，1946年发表了重要论文《可压缩流体二维无旋亚声速和超声速混合型流动及上临界马赫数》[①]，首次提出了在翼面上产生激波的"上临界马赫数"概念，并得到实验证实，为解决跨声速飞行中的"声障"问题奠定了坚实的理论基础。此后，郭永怀应聘参加了美国数学学会，并被加州理工学院特聘为研究员。

1946年秋，冯·卡门的大弟子威廉·希尔斯（W.R.Sears）教授在康奈尔大学创办航空工程研究生院。由于郭永怀在空气动力学研究方面作出的突出成就，在冯·卡门的推荐下，郭永怀受邀前去共同主持学院的教学与科研工作。20世纪四五十年代是高超声速空气动力学研究的活跃时期，郭永怀做了大量工作，与威廉·希尔斯、亚瑟·坎特罗维茨（Arthur Kantrowitz）成为康奈尔大学航空系的三大支柱。

在导师冯·卡门的推荐支持下，弟子钱学森、林家翘、郭永怀与威廉·希尔斯等人进入美国国家航空咨询委员会（美国航空航天局的前身），并与导师共同参加了美国国家航空咨询委员会在1947年3月举办的会议。康奈尔大学航空系的激波管专家亚瑟·坎特罗维茨也一并参会。

[①] Tsien, Hsue-Shen & Kuo, Yung-Huai: Two-Dimensional Irrotational Mixed Subsonic and Supersonic Flow of a Compressible Fluid and the Upper Critical Mach Number. National Advisory Committee for Aeronautics. report, 1946, 1-138. Report No.: NACA-TN-995.

图 3-1　郭永怀与康奈尔大学航空系工程研究生院的同事们[1][左起：威廉·希尔斯的儿子戴维（David）、郭永怀、J. 维尔德（J.Wild）、威廉·希尔斯、亚瑟·坎特罗维茨、雷帕比利（Reparbili）]

　　经过几年的认真探索，郭永怀在跨声速流的研究上取得了重大成果，1949 年发表了重要论文《论跨声速流的稳定性》[2]，在解决跨声速气体动力学难题上取得了重要突破。在康奈尔大学的几年中，郭永怀推广了庞加莱（Jules Henri Poincaré）19 世纪末提出的变形参数法，以及莱特希尔（M.J.Lighthill）在庞加莱的思想基础上于 20 世纪 50 年代提出的变形坐标法，发展出了国际公认的奇异摄动理论中的变形坐标法。为了纪念对奇异摄动理论作出贡献的开创者，1956 年钱学森在《应用力学评论》（*Applied Mechanics Reviews*）上发表文章[3]，将这一方法命名为著名的"PLK 方法"，

---

[1] 江山：《家国情怀　大师风范："两弹一星"元勋郭永怀》。北京：中国科学技术出版社，2016 年。

[2] Yung-Huai Kuo: On the Stability of Two-Dimensional Smooth Transonic Flows. Journal of the Aeronautical Sciences. 1951, 18（01）: 1-2.

[3] 郭永怀：《郭永怀文集》。北京：科学出版社，2009 年。

其中 P 代表法国数学家、天体力学家、数学物理学家庞加莱，L 代表莱特希尔，K 代表郭永怀。① "PLK 方法"对于一阶方程即使是在非线性的情况下也适用；还将边界层方法同变形坐标法结合起来，以消除边界层前缘的奇异性。"PLK 方法"后来在力学和其他学科中得到广泛应用，使摄动理论成为比较完整和系统的一门学科。后来，郭永怀在收到钱学森催促他尽快回到祖国，一起建设新中国的邀请信后，便带着妻子李佩和幼女于 1956 年 10 月回到祖国。

郭永怀在中国科学院力学研究所开创激波管研究

中国科学院成立之初，为了加强中国科学院力量，张劲夫、裴丽生等领导干部被调到中国科学院工作，张劲夫任中国科学院党组书记、副书记，裴丽生先任中国科学院秘书长，后任副院长。裴丽生报到时，主管中国科学院的国务院副总理陈毅对他说："你们做领导工作的，平时要对下面的好意见多支持。这样，在关键时刻和重要问题上，就能得到大家的支持。"他还说："搞科学，好比下围棋，忙里要注意安排几个闲子，扶植一些冷门，到必要时就用上了。"② 多年之后，俞鸿儒在《请历史记住他们——中国科学家与"两弹一星"》一书中看到裴丽生的回忆录时才恍然领悟到，原来俞鸿儒和他的激波管方向就是郭永怀在中国科学院力学研究所下的一颗"闲子"。

21 世纪用于洲际飞行的重复使用的高超声速飞行器飞行速度很高，周围温度可达数千甚至上万摄氏度，连空气都会发生剧烈的化学反应。如何在地面实验设备中形成如此高速的气流是实验研究的前提，同时也是摆在各国科研人员面前的一道难题。因此，世界各航天大国均投入力量进行探索。

郭永怀在收到钱学森催促他尽快回到祖国，一起建设新中国的邀请信

---

① 李性刚：《赤子 旅美杰出华人传略》。贵阳：贵州人民出版社，2017 年，第 209 页。
② 科学时报社：《请历史记住他们——中国科学家与"两弹一星"》。广州：暨南大学出版社，1999 年，第 74 页。

后，便带着妻子李佩和幼女于1956年10月回到祖国。早在回国之前，郭永怀就已经预见到我国将发展航天事业，并清楚地意识到，高性能、大尺寸高超声速风洞是设计航天飞行器必不可缺的。但随着航空科技的日新月异，大尺寸常规加热高超声速风洞建造费用昂贵，运转所需能量巨大。20世纪50—60年代，中国经济和技术基础还比较差，资金电力均不足，尚难以像发达国家那样走依靠常规加热高超声速风洞的道路。即便有了这种大型风洞，受材料性能的限制，所能达到的气体加热温度极限仍不能满足高空飞行环境模拟的要求；而且，常规加热风洞本身所达到的高温受限，难以模拟超高速飞行器周围的高温气体现象。

随着远距离导弹的研制成功，高速飞行已有实现可能。为了设计高效率的飞行器，需要研究高温下气体的性质，对此，激波是一个有利的研究工具。什么是激波管呢？简单讲，激波管是实验室内产生激波的设备。具体而言，就是一个两端密封而中间有一个分隔膜的直管。在膜片的一边压强较高，另一边压强较低。薄膜一旦破裂，高压室内的气体就会往低压那边冲过去。由于气体的冲击，便在低压室内产生一个激波，向低压端传播。利用不同的薄膜以及高压和低压室的压强比，就能产生各种不同种类的激波，即各种压强下的不同温度。①

世界上第一根激波管发明于19世纪末，1946年由美国人正式命名，后来被推广到空气动力学、气动物理学、化学、动力学、燃烧爆炸等研究中。激波管的结构很简单，却能将实验气体增加到很高的温度、压力和速度。每次试验持续时间短，一般为数毫秒，耗用能量少。即便试验气体温度超过数千度，管壁温度在试验过程中也升得不高，无须使用耐高温材料，因此激波管的造价和运行费用都较低廉，用途也较为广泛。激波管后面加上一个空腔就是风洞。风洞被称作飞行器的"摇篮"，能人工产生可控制气流，模拟飞行器在空中飞行的复杂状态，相当于在地面人造一个"飞行天空"，是研制飞行器必不可少的大型气动实验装置。现代飞机、导弹等无不在风洞里"吹"上千百次后才能上天。

---

① 郭永怀：激波的介绍。《物理通报》，1958年第5期，第257-262页。

郭永怀在康奈尔大学的同事亚瑟·坎特罗维茨是国际知名的激波管实验专家,在郭永怀回国前,他就从亚瑟·坎特罗维茨处了解过相关新技术。郭永怀敏锐地意识到,中国应该另辟新途,探索节省经费、能耗较低且技术支持要求较低的新方法。

1957年1月13日,俞鸿儒在清华工程力学研究班报到后初识郭永怀。当时郭永怀在那里讲授流体力学,俞鸿儒担任他的助教。直到1957年3月俞鸿儒来中国科学院报到时,才惊讶地发现他的研究生导师已经从钱伟长改为郭永怀。原来以钱学森所长的名义招收的物理力学方向的研究生,以及以钱伟长副所长的名义招收的流体力学方向的研究生共5名,全部由刚回国的郭永怀指导。原来"二钱"都只是挂名帮助郭永怀招生。此后,俞鸿儒就一直在郭永怀手下学习和工作。[①]

中国科学院力学研究所在建所之初,不设研究室,而是按照学科设立了7个研究组,包括运筹学组、物理力学组、化学流体力学组、弹性力学组、塑性力学、流体与空气动力学组,以及自动控制理论组。当时自动化所筹备委员会也设在中国科学院力学研究所内,主要研究自动化和工程控制论,后来自动化所独立出来。1957年,俞鸿儒到中国科学院力学研究所报到后,跟随导师郭永怀编入了流体力学组。[②]

1958年年初,钱学森和郭永怀两位所长从流体力学和物理力学两个组抽调人员,组建中国科学院力学研究所第八个研究组——激波管组,专门从事有关研究工作,这是中国科学院力学研究所当时唯一以实验装置命名的组。如此设立研究组,常人难以理解。[③]中国科学院力学研究所迁入新大楼不久,郭永怀将俞鸿儒和陈致英、范良藻3名研究生以及从北京大学力学系分配来的张德华、何永年5人编为一组,共同开展激波管研究。组长应为郭永怀,但他认为自己做实验不行,指定俞鸿儒做组长。[④]激波管

---

① 俞鸿儒:启发诱导言传身教——怀念导师郭永怀先生.《科学时报》,2006年4月7日。
② 俞鸿儒:《虚怀若谷 宗师风范——林同骥先生诞辰九十周年纪念文集》。中国科学院力学研究所,2008年,第56-60页。
③ 中国科学院院士工作局:《钱学森先生诞辰100周年纪念文集》。北京:科学出版社,2012年,第58页。
④ 俞鸿儒访谈. 2015年11月5日,北京。资料存于采集工程数据库。

组内除了俞鸿儒外，组内另外4个人都是北京大学毕业的，两个物理系两个力学系学生，有的工作经历、年龄都和他差不多。俞鸿儒猜想郭永怀之所以让他当组长，估计是跟他既学过数学又学过机械课程，以及在大连工学院三年多的"万金油"式的工作经历有关。①

1957年秋，苏联第一颗人造卫星上天之际，导师郭永怀交给俞鸿儒几份康奈尔航空实验室近几年出版的激波管文献，让他好好看看，并对他说："你的论文范围就定为'激波管应用于高超声速流动研究'。"然后又语重心长地对他说："看来我们亦将研制航天飞行器，为此高超声速实验是必不可少的。"自此，俞鸿儒开始在郭永怀的指导下开展激波管、激波风洞技术研制。郭永怀认为，中国应尽早探索新途径，利用激波加热可能是一种有前途的办法。当前开展这项研究的条件虽然很差，工作难度又大。如果能在十年内获得成功，对我国航天事业将是非常有用的。②

激波管组不仅发展激波风洞，还做其他方面的工作。1958年秋，中国科学院力学研究所进行大改组，林同骥和郭永怀一同被编入中国科学院力学研究所二部。林同骥担任140部主任，俞鸿儒则仍在激波管组，归属第一研究室。1958年年底，因140任务的需要，俞鸿儒被调入该部工作。中国科学院力学研究所将他们所建造的风洞一一进行了内部编号。

1958年，在中国科学院力学研究所主楼一层建有一座小型低速风洞F-1，该风洞由中国科学院力学研究所与北京大学力学系共建，规模很小，建完以后没有使用，很快就被淘汰了。1959年，俞鸿儒全年协助林同骥研制超高速风洞F-2和F-3。③F-2、F-3是钱学森按照国务院重点项目建造的超声速风洞，投资400多万。1960年年初，俞鸿儒继续开展激波风洞F-4研制工作。当时还规划研制放电加热风洞F-5、稀薄气体风洞F-6、弹道靶风洞F-7，这三个风洞只研制到一半就放弃了。留下来的就只有激波风洞F-4风洞。在后来的激波风洞研制中，俞鸿儒用JF代表激

---

① 俞鸿儒：2007年致张甦老同学书信。未刊稿。
② 科学时报社：《请历史记住他们——中国科学家与"两弹一星"》。广州：暨南大学出版社，1999年，第189、190页。
③ 俞鸿儒：《虚怀若谷 宗师风范——林同骥先生诞辰九十周年纪念文集》。中国科学院力学研究所，2008年，第56-60页。

波风洞，后在激波风洞 F-4 的基础上建造了 JF-4A。此后，又建成了大型激波风洞 JF-8、高焓爆轰驱动激波风洞 JF-10，以及长试验时间激波风洞 JF-12 等。[①]

那时，"两弹一星"研究是中国科学院重要的研究任务，承担相关科研任务的研究机构享受军工待遇（代号 04），参与任务的科研人员也享受较高的待遇。俞鸿儒虽然当时尚没有具体参与当时紧急的军工任务，可郭永怀考虑到激波管研究与"两弹一星"等国防任务的关联性，也将把他的名字纳入进去。

钱学森促成人才交换留所工作

能够在钱学森、郭永怀等学术造诣高的学者身边，向他们学习做人、做学问，大家心情都非常愉快，都相信只要付出努力，将来肯定会有好结果的，实际上也的确如此。在研究生学习期间，中国科学院的研究生们还一起上过"自然辩证法"等课程。

1961 年下半年，中国科学院重申要继续培养研究生。随后中国科学院力学研究所为了加强研究生管理，将分散在各个研究室的新老研究生集中到第六研究室，因俞鸿儒担任课题组组长，破例允许留在原来的十一研究室继续工作，从那时起，他的导师由郭永怀改为研究室主任林同骥。林同骥告诉他，十一研究室的六个组中，俞鸿儒所在的二组的研究工作仍旧由郭永怀直接指导。[②]

1962 年 10 月，中国科学院力学研究所会计毛振瑛突然叫俞鸿儒去领工资，他方知自己已被正式调入中国科学院力学研究所。但是在此后的许多年，他一直对自己被突然调入中国科学院力学研究所的原委一头雾水，

[①] 俞鸿儒访谈，2015 年 12 月 7 日，北京。资料存于采集工程数据库。
[②] 俞鸿儒：《虚怀若谷　宗师风范——林同骥先生诞辰九十周年纪念文集》。中国科学院力学研究所，2008 年，第 56-60 页。

亦无人告知他。直到1999年，俞鸿儒偶然翻看了一本《大连理工大学五十年纪事》，才对当年人才交换的缘由恍然大悟。原来是钱学森所长亲自促成此事！①（具体内容详见第四章）

由于研究所的工作急需用人，林同骥认为俞鸿儒此前的研究工作已经满足了研究生毕业论文的要求，让他写篇毕业论文去参加答辩。因为俞鸿儒学习的研究生课程成绩还不够，林同骥提出采用自学考试的办法补齐。俞鸿儒还记得当时指定的是 E. T. 惠特克（E. T. Whittaker）和 G. N. 沃森（G. N. Watson）所著，维克多·H. 摩尔（Victor H. Moll）编辑的 *A Course of Modern Analysis*②（《现代分析课程》）为他数学课的学习参考书。

1963年3月，俞鸿儒在中国科学院力学研究所研究生毕业，研究方向为高速空气动力学，毕业论文题目为《激波管风洞及其在传热实验研究方面的应用》。③论文的核心要点为：激波管风洞能产生高驻点焓值，高马赫数的瞬时气流。随着瞬态测量技术的发展，它

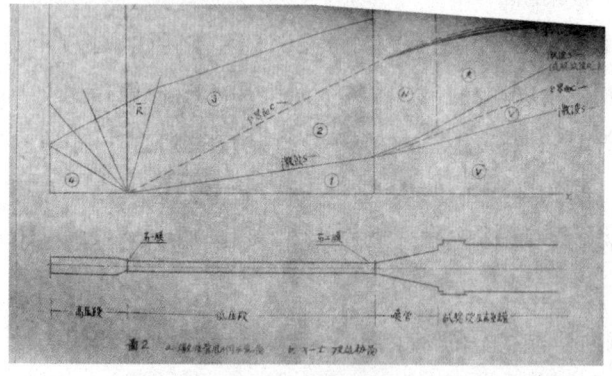

图 3-2 俞鸿儒的研究生毕业论文（1963年3月。俞鸿儒提供）

---

① 张志会：一场被动的人才交换促成一双中科院院士.《中国科学报》，2016年2月19日。

② E. T. Whittaker, G. N. Watson, edited by Victor H. Moll. A Course of Modern Analysis. Cambridge Press. 因此书多次再版，俞鸿儒所看参考书的出版年份不明。

③ 俞鸿儒：激波管风洞及其在传热实验研究方面的应用。1963年3月，中国科学院力学研究所研究生论文。资料存于采集工程数据库。

已经成为高超声速气动力学实验研究的有效设备。该论文论述了设计、调整激波风洞以及利用它来进行传热实验研究的有关问题。首先对激波管进行有关的气动计算及分析,其次叙述了激波管本体及附属设备的建立及实际操作

图 3-3　俞鸿儒的研究生毕业证（俞鸿儒提供）

的经验,最后对激波管风洞的性能进行测定,并分析测定结果。①

　　1963 年 11 月 5 日,中国科学院授予俞鸿儒研究生毕业证。后来,在中国科学院大学（原中国科学院研究生院）建立校史馆之际,他将这一毕业证书捐献给该校史馆,成为珍贵的馆藏品。

---

① 俞鸿儒：激波管风洞及其在传热实验研究方面的应用。1963 年 3 月,中国科学院力学研究所研究生论文。资料存于采集工程数据库。

第四章
受力学大师熏陶

俞鸿儒自1957年起到中国科学院力学研究所攻读副博士研究生，到1962年留所工作，他有幸在中国科学院力学研究所钱学森所长、郭永怀副所长、林同骥研究员的领导下长期学习和工作，并受到卞荫贵研究员、北京航空学院陆士嘉教授等力学前辈的指点。在力学大师的熏陶下，他在科研之路上不断迈进。

近距离感受钱学森的风范

钱学森在担任中国科学院力学研究所所长的20多年中，俞鸿儒曾经在他的指导下做过一些工作。钱学森崇高的民族气节、严谨的治学态度和以身作则、不图虚名的优良作风，一直是俞鸿儒仰慕和用心效仿的。

观察钱学森的工作作风

中国科学院力学研究所创建初期，虽然物质条件很差，却有不少国外归来的知名学者和国内有丰富工作经验的同事纷纷来到中国科学院力学研究所工作。钱学森和郭永怀的办公室紧挨在一起，俞鸿儒的办公室恰好在两位先生的对面。因为离得很近，经常有机会跟钱学森见面。搬入新大楼后，他的实验室离两位老师的办公室也很近。钱学森很忙，自己不直接带研究生，所以有时候就让俞鸿儒当助手，帮着做一些工作。这使他有机会近距离观察两位先生的工作作风和科研特色，思考背后的原因，从中受益良多。如今距那段难忘的岁月虽已半个世纪，许多往事仍清晰地印刻在他的记忆中。①

一是严谨治学。钱学森对中国科学院力学研究所同事的要求十分严格，例如，约定的工作不得随意拖延，对所负担的工作绝不允许马马虎虎对付。俞鸿儒注意到，钱学森的字总是书写得非常端正，标点符号也务求准确。使用的学术名词完全按国家规定的来用，计量单位也很规范。他不仅严以律己，也这样要求别人。俞鸿儒写的一个报告交给钱学森，钱学森亲自修改。如果错一两个字，钱学森就直接在纸上改，错一行他就剪掉，再贴上一行，看起来纸面还是规规矩矩的。钱学森曾多次要求俞鸿儒好好写字，俞鸿儒深受触动，对日常书写勤加苦练，因此他的字看起来非常整洁，甚至称得上清秀。②

俞鸿儒常常思考，为何这些权威大家这么关注这些细节？他想到，"严谨"是科学家的基本素质。如果凡事混混沌沌，不重视具体环节，就会耽误原本能够做好的事情，将来很难做好科学研究。俞鸿儒要求他的学生们，除了要书写规范，对其他很多问题都要认真对待，以此培养学生们的严谨性。他举钱学森翻译外文学术名词的例子。比如，钱学森翻译的"导弹"，和台湾翻译的"飞弹"形成了鲜明的对比。飞弹给人一种到处乱飞之感，而导弹是制导的，一下子就把它最主要的特征彰显出来。郭永怀对于"激光"一词的翻译也有异曲同工之妙。对于"laser"这个英文词，最初在湘潭召开的学术会议上只能采用它的音译"镭射"。后来郭永怀经过思索，将"laser"翻

---

① 中国科学院院士工作局：《钱学森先生诞辰100周年纪念文集》。北京：科学出版社，2012年，第57页。

② 俞鸿儒口述，张志会记录。俞鸿儒给中国科学院大学研究生的报告，2016年12月20日，北京。资料存于采集工程数据库。

译成"激光",意即受激而发射的光,一下子就抓住了这个词的精髓。

1960年,山西省研制出一种名叫"0300号产品"的探空运载火箭,计划组织山西省委、省军区领导和中国科学院领导在发射现场观看火箭发射。山西省委请钱学森提前去看看火箭会不会出问题?钱学森把崔季平和俞鸿儒叫去太原协助他处理这个事。12月7日,钱学森、裴丽生、卫一清等一行人赶到太原。钱学森等人先是听取了各技术分系统工作准备情况的汇报,又到现场检查了各个技术细节。钱学森看过火箭后,说出了自己的担心:火箭四个尾翼的结构强度不够,弄不好会出问题,需要重新进行计算。后来,为了防止尾翼在飞行过程中坠落,山西方面对火箭的尾翼进行了加固。火箭点火起飞后,所有火箭上的仪器、地面雷达跟踪定位系统和遥测数据传输系统都工作正常,火箭上的探测数据持续不断地发回到地面接收站,但因尾翼强度不够出了问题。当火箭飞行到几千米高度时,有的尾翼被高速气流刮掉了,火箭箭体失去平衡,很快从高空翻滚之后倒栽下来,摔了个粉碎。[1] 这一事件深刻反映了钱学森深厚的学识和敏锐的洞察力,令俞鸿儒叹服。

二是工作事必躬亲。钱学森经常自己动手工作,自己能做的绝不找助手或学生做。钱学森事务繁忙,还常常外出开会,但就是在这样忙碌的情况下,他仍坚持自己动手写报告和材料。1957年10月4日,苏联发射了第一颗人造卫星,许多人希望钱学森给讲解一下人造卫星发射升空背后的科学意义。《光明日报》向钱学森约稿。俞鸿儒看到钱学森用一下午时间写了篇科普文章,第三天报纸上正式刊登了钱学森的整版文章《苏联发射人造地球卫星在科学技术上的意义——在首都科学界庆祝十月革命40周年大会上的报告》,用非常精练的语言概括了苏联发射人造卫星在直接相关领域的科技意义,以及苏联在人造卫星研制中所使用的工作方法在广泛的科学技术工作中的意义。[2][3]

---

[1] 霍有光:《钱学森年谱初编》。西安:西安交通大学出版社,2011年,第177页。

[2] 钱学森:苏联发射人造地球卫星在科学技术上的意义——在首都科学界庆祝十月革命40周年大会上的报告。《光明日报》,1957年11月3日。

[3] 俞鸿儒口述,张志会记录。俞鸿儒给中国科学院大学研究生的报告,2016年12月20日,北京。资料存于采集工程数据库。

钱学森亲力亲为地工作使俞鸿儒感受到，从事科学研究工作，就得身体力行。科学研究人员就像侦察兵、探险家一样，如果侦察兵不会射击、跑步和游泳，那不是找死吗？探险家如果一无所长，如何能探险呢？科学家就是要有十八般武艺，否则将来做起事来就会困难重重。

三是主动做原创性研究。俞鸿儒认为，钱学森的一大特质就是主动做原创性研究。当年有一个学生拿了一本书去找钱学森，问书上的一个问题。钱学森反问："你到中国科学院力学研究所来干什么？"这个学生说："读研究生。"钱学森直截了当地说："书都不会念来干什么？！"俞鸿儒和其他学生都大惑不解，难道研究生向导师请教问题有错吗？这件事引发了俞鸿儒的思考。他逐渐体会到，学习还是要讲究方式方法的，一种是被动学习，一种是主动学习。两种学习方式没有绝对的好坏之分。幼儿园、小学时期学生们都在被动学习，老师讲什么你学什么。但到了研究生阶段最好是主动学习，要会自己读书，自己思考问题，尝试对问题进行深入钻研。他经常给学生讲以前技师偷师学艺的故事：过去，如果想学一门手艺，必须跟着师傅去做学徒。有些本领师傅教不了你。要想学真本领，就得自己从师傅那里体会，而且想学的人在这种情况下更有动力，因为有些事虽然可以被传授、学习，但最终只能靠自身体悟，通过观察、效仿和思考才能学会。研究生阶段应该以主动学习方式为主，假如还是像上大学听课那样，将来开展研究工作是有问题的。

钱学森说，从事科学研究，就是要有这样的抱负，即要做最先进的、前人没有做成功的研究。有一种流行的观点是，搞科学研究工作就是写论文。找篇论文拼命看，发现其中存在的某些毛病，自己修修改改发表篇论文。对此，钱学森的观点是，这种做研究的方法也并非坏事，但中国科学院力学研究所作为国家级研究机构，更应该从国家的实际需要中去发现选题。[1]

钱学森说过："科学应该领导工业，不应总跟在工业后面跑。科学研究机构应该研究关键性问题，而不是去研究那些枝节问题。"[2] 俞鸿儒也对他

---

[1] 俞鸿儒口述，张志会记录。俞鸿儒给中国科学院大学研究生的报告，2016 年 12 月 20 日，北京。资料存于采集工程数据库。

[2] 俞鸿儒：感谢钱所长的言传身教，2008 年 11 月 12 日。资料存于采集工程数据库。

的小组成员说过，第一要生存，但是解决了生存问题后就要千方百计地做一些真正有用的、高水平的事。因科研经费多，绩效高，被诱惑，总是这么做可能有问题。咱们现在经济水平和工作条件很好，但创造工作很少，值得大家重视。

四是勿做力不能及的工作。钱学森很早就要求中国科学院力学研究所的科研人员不要做力不能及的工作，立项要想清楚关键问题。立项在科学研究中极为重要。俞鸿儒记得，钱学森对立项申请项目的要求非常明确，即首先要想清楚项目的关键性问题是什么，要提出解决问题的特殊方法与途径，才好提出申请。钱先生对不符合要求的立项申请人的态度也相当严厉。俞鸿儒时常看到有人因为立项被骂回来。①

选题立项后，钱学森还要求要让国内最能干的人干，毕竟那时候国家的钱很少，不能轻易浪费了，为此他不惜主动送项目上门。有一次，钱学森想用氟基氧化剂来提高火箭推力，经调查后获悉上海有机化学所制作氟基氧化剂的水平最高，他就送项目上门，请这个研究所的人开展氟化学研究。

后来，俞鸿儒慢慢了解到，当钱学森发现对方妄图做力不能及的工作，就把对方大骂一顿。当时有很多人，只考虑经费多少，不管是否能做成。倘若许多重大项目被没有真才实学的人抢走了，真正有才能的人却闲置了下来，将会对国家造成很大的损失。

五是凡事做彻底。20世纪50年代末，国家掀起了群众性技术革新运动。中央要求中国科学院对开展最广泛的十项技术革新进行评定，以验证这些技术创新是否有用。钱学森选了两项，一个是超声波，另一个是涡旋管。俞鸿儒在钱学森的带领下，对涡旋管制冷技术革新进行评定，并写一份呈送中央的涡旋管技术革新评价报告。钱学森告诉他，涡旋管的优点很突出，评价重点应放在效率高低上。钱学森让俞鸿儒推导计算制冷效率的公式，收集全国的有关数据，再做些实验。经过几天奋斗，俞鸿儒很快作出了研究结果，并草拟了给中央的报告。他又做了一些实验，委托别的研

---

① 俞鸿儒口述，张志会记录。俞鸿儒给中国科学院大学研究生的报告，2016年12月20日，北京。资料存于采集工程数据库。

究所做化学分析，得出的结果表明涡旋管分离的空气中氧气浓度从21%提高到23%。他将这一结果报告给钱学森。钱学森听后很高兴，认为如果能这样容易获得富氧空间，将来对节能的价值很大，并让俞鸿儒马上弄清楚究竟氧气能富集到什么程度？俞鸿儒又做了几份样品，做进一步测量。测量结果出来后氧气浓度并没有提高，说上次的结果是错的。钱学森问俞鸿儒自己有什么看法？俞鸿儒说同意他们的看法。钱学森听后说我们不去推究他们怎么做工作，既然你认为涡旋管不能富集氧气，你应该给出可信的证明来，才能得出结论，否则不能就此罢手。但是按照俞鸿儒当时的水平和能力，确实难以完成这项任务。钱学森觉察出来，便对他说："如果你不能证明自己的观点，就不能断言。做任何事都要善始善终，不可中途而废。"①②

据俞鸿儒回忆，钱学森后来亲自复核了计算制冷效率的公式，并写报告指出涡旋管不宜用于冰箱、室内降温等一般制冷场合，但能满足特殊需求。报告上报的第二天，媒体便停止了对涡旋管的宣传。③

俞鸿儒注意到，钱学森发表的文章并不是很多，但手稿很多，这些手稿内容完整，有摘要、有正文、有索引。工作做完了，他就写一个总结。他并不追求论文数量，因此发表论文只是呈现研究结果的方式之一。

六是作报告要通俗易懂。 钱学森非常重视科学普及工作，他自己的学术报告和科普报告都非常精彩。他对作报告的第一个要求就是能让大家听得懂，听不懂的话，再好的报告都不要做。1956年春节前后，钱学森受邀给一些解放军高级将领讲解火箭和导弹技术。那时很多人都搞不明白火箭、导弹的相关知识。钱学森大概讲了30次，讲到最后，那些高级将领说，就算削减军费，也要研制火箭和导弹。周总理说，钱学森的报告提供了群众基础，以后国家再做这个工作就容易了。后来俞鸿儒和同学们问钱学森怎么能够做到这一点？钱学森回答说："你做的工作是最先进的，你讲的那些东西，除了跟你在一起工作的人，别人是听不懂的。你要把对方当

---

① 俞鸿儒访谈. 2015年12月7日，北京. 资料存于采集工程数据库.
② 李家春，樊菁：《钱学森——在创建力学所的日子里》. 北京：科学出版社，2011年.
③ 高雅丽：俞鸿儒院士："与众不同"的钱学森.《中国科学报》，2021年12月31日.

成一无所知的人去讲,把该交代的都交代清楚了,他们就能听懂了。写论文也是如此,写出来要让别人看得懂。"

1957年10月4日,苏联发射了人类历史上第一颗人造卫星,很多人请钱学森作报告。钱学森一个人忙不过来,让俞鸿儒帮忙去讲。俞鸿儒说自己也不懂人造卫星是怎么回事。钱学森让俞鸿儒过两天去听他给中央首长作报告,当时钱学森将卫星的用途总结为"站得高、看得远",还列举了转播卫星、转播电视的例子。俞鸿儒听完报告后,果真觉得自己能独立作报告了。后来很多人听完俞鸿儒的报告后,也觉得他讲得很好。有了这次体验,俞鸿儒感到科学研究工作即便再难,但对作报告却不怎么胆怯了。①

钱老默默关心年轻人

1958年,钱学森调入国防部五院,但一直兼任中国科学院力学研究所所长至1983年。他一直心系中国科学院力学研究所,关心着年轻人的学习和科研。俞鸿儒记得,他和一些年轻人刚来中国科学院力学研究所时,很多时间待在办公室看书。钱学森会趁着工作间隙到年轻人的办公室和大家聊天。他告诉大家,他在美国工作时,每天的时间分配分为三段:上午、下午和晚上,上午一段时间教书,下午一段时间参加各种交流活动,常到实验室找人交谈,晚上才自己一个人读书做学问。

1958年,俞鸿儒在设计国内第一台激波管时,感到文献介绍的国外通用的刺膜机构缺点很多,且并不是必需的。他考虑能否用气压直接破膜?这样一来,刺膜机构引起的漏气和对驱动段流场的干扰也就不会发生了。誓师会后,俞鸿儒开夜车进行设计,钱学森见他迟迟没有动笔,就问:"你怎么不设计?"俞鸿儒说出了自己的想法,但所有的文献都采用破膜机构。钱学森说:"你既然有想法,为何没有信心在实践中进行一番检验?"在钱学森的鼓励下,他开始放弃国外已有的破膜结构,按自己的思路,采用简单实用的气压自动破膜。结果实践效果很好,并为日后国内激波管的设计

---

① 俞鸿儒口述,张志会记录。俞鸿儒给中国科学院大学研究生的报告,2016年12月20日,北京。资料存于采集工程数据库。

提供了经验。①②

正是由于钱学森对青年人的关怀爱护，才在20世纪60年代在中国科学院和大连工学院之间进行了一场鲜有人知的人才交换。当俞鸿儒对今后能否留在北京工作而惴惴不安时，钱学森早已经注意到"一专多能"的俞鸿儒，认为中国科学院力学研究所很需要这样既有扎实的理论基础，又擅长做实验的人才，有意将他留在中国科学院力学研究所工作。

1962年广州科学大会期间，钱学森见到大连工学院的钱令希教授，二人达成一项人才交流协议。钱学森提到想把俞鸿儒留在中国科学院力学研究所工作，钱令希教授也急需一位得力干将到大连工学院开展科研工作。经中国科学院力学研究所的胡海昌介绍和推荐，钱令希挑中了才能突出、颇具科研潜质的钟万勰。当时正因"极左"思潮的影响而倍感压抑的钟万勰也想改变一下工作环境。后来经双方同意，钱令希将钟万勰调入大连工学院。③ 1962年9月，钟万勰到大连报到后，俞鸿儒被正式调入中国科学院力学研究所。当年两个机构因各自的科研需要和人才特征差异而互换人才，被悄然交换了工作单位的两个人在30年后先后当选为中国科学院学部委员，这一故事堪称佳话。

难忘钱学森晚年的忧虑

20世纪70年代中期，各重点型号相继进入攻关阶段。远程洲际导弹"东风5号"的弹头研制当时主要面临两个空气动力学领域的关键技术难题，一是洲际导弹弹头防热问题，二是洲际导弹弹头再入飞行稳定性问题。这两个难题引起了国防科学技术委员会主任张爱萍和第七机械工业部的重视。

1975年9月10日，由钱学森挂帅、庄逢甘主持，组织集中了全国各

---

① 李家春，樊菁：《钱学森——在创建力学所的日子里》。北京：科学出版社，2011年。
② 中国科学院院士工作局：《科学的道路》（下卷）。上海：上海教育出版社，2005年，第1742、1743页。
③ 孙懋德主编，常俐等：《大连理工大学五十年纪事》。大连：大连理工大学出版社，1999年，第81页。

有关工业部门、中国科学院、高校和科研机构的科技专家，围绕上述难题集中会战（代号为"910工程"）。会战采用系统工程方法，按照空气动力学三大手段（理论分析、数学计算、风洞试验）设立项目及下属课题。钱学森在动员会上将"910工程"称为空气动力学界的"淮海战役"。在1976年粉碎"四人帮"后不久再次召开了"910工程"会议，钱学森再次参会，听取工作进展汇报和专家结论。①

在1975年、1976年召开的这两次"910工程"会议上，俞鸿儒都见到了钱学森。因这两次会议均在"文化大革命"期间召开，社会上批林批孔运动声势浩大。在1975年召开的会议上，钱学森曾建议俞鸿儒改名，但俞鸿儒觉得自己年纪不小了，没有必要改名了。第二年开会时，钱学森又提醒他改名，还说连要改的名字都已经替他想好了。他觉察出，这可能是钱学森提醒他注意自我保护吧！②

1981年中国力学学会在北京京西宾馆召开换届选举会议。这次开会钱学森没带秘书，会务组便安排俞鸿儒陪钱学森同住。钱学森与他进行了简单而亲切的交谈，询问了他的近况及科研进展。这次也是他最后一次见到钱学森。虽然与钱学森的直接交往不是特别多，但钱学森对他的科研生涯影响深远。

2009年10月31日，钱学森去世。在俞鸿儒心目中，钱学森永远是中国科学院力学研究所的所长，他科学思想的核心就是创新。大家现在都听说过"钱学森之问"，通常认为钱学森说的是杰出人才的培养问题，并认为这是他晚年的忧虑所在。但俞鸿儒觉得大家的理解不太全面。在他看来，钱学森真正的忧虑来自两个方面：一是科技创新人才的培养问题，而不是一般的人才培养问题；二是我国科学技术人员是否有重要创新成果。

2012年4月的一天，曾任北京大学校长、国家自然科学基金委员会

---

① 中国航天科技集团公司离退休干部工作部编：《航天岁月》。北京：中国宇航出版社，2008年，第188、189页。

② 俞鸿儒：感激钱所长的言传身教。见：李家春，樊菁主编，《钱学森——在创建力学所的日子里》。北京：科学出版社，2011年。

62

主任和党组书记的陈佳洱,与国家自然科学基金委员会数学物理科学部党支部的党员们走进中国科学院力学研究所钱学森工程科学实验基地。大家还饶有兴趣地参观了运用俞鸿儒的爆轰驱动技术,由姜宗林率队完成的JF-12高超声速复现激波风洞,目睹了高速列车模型如何在瞬间被加速到200多千米,然后平稳停住。

随后,在风洞旁的会议室开展了一场生动鲜活的党课。俞鸿儒结合其亲手做的幻灯片,与大家深入探讨了"如何领会钱学森所长晚年忧虑的问题"。他座位背后的墙上写着"求实求是"四个大字,俞鸿儒说出了他的想法。

俞鸿儒在阅读《钱学森书信集》[①]时,一封1995年1月2日钱学森写给王寿云等六位同志的信令他眼前一亮。在这封信中,钱学森提到,20世纪60年代,我国科技人员先于"夸克"理论提出了"层子"理论,率先合成了人工胰岛素,成功实现了氢弹引爆独特技术,"但是今天呢?我国科学技术人员有重要创新吗?我认为目前太迷信洋人了,胆子太小了!如果不创新,我们将成为无能之辈!"他恍然大悟,原来钱学森真正关心的不只是科技创新人才的培养,也同样忧虑中国科技人员缺乏重大创新成果的问题。

陈佳洱问俞鸿儒究竟什么是创新?俞鸿儒说,"创新"可以理解为"创造",也就是首创前所未有的事物;也可以理解为"革新",即渐进性的改进。按照他的理解,钱学森所指的"创新",是创造而不是革新。他引用钱学森的话:"是不是真正的创新,就看是不是敢于研究别人没有研究过的科学前沿问题,而不是别人已经说过的东西我们知道,没有说过的东西,我们就不知道。"

俞鸿儒认为,如何对待"创造"和"革新",关系到我们能否获得真正的创新。相对于"创造","革新"较易实行,风险小,也便于管理,广受一线科研人员和科技管理人员的欢迎。但如果对"创造"活动采用同样

[①] 2009年6月国防工业出版社出版了《钱学森书信选》,作者为《钱学森书信选》编辑组。2007年国防工业出版社出版了《钱学森书信》(10卷本),这套书收录了著名科学家钱学森1955—2000年给1000多人写的3331封信。

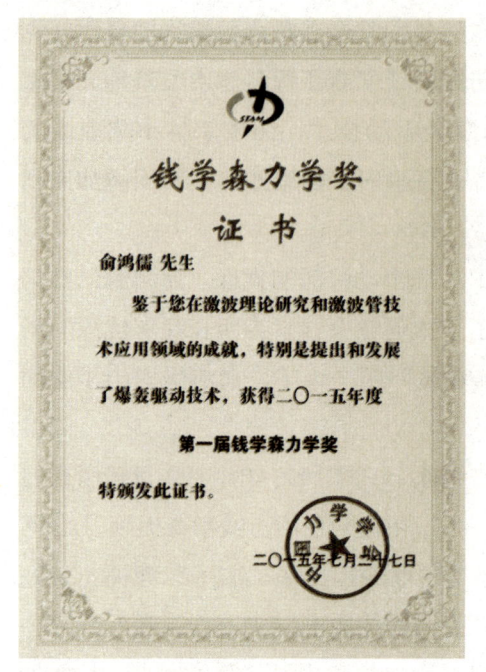

图 4-1 俞鸿儒获得第一届钱学森力学奖（俞鸿儒提供）

的方法管理，将使其处境艰难。"革新很重要，大多数人要做革新，但是，不能让革新代替创造，也不能让革新消灭了创造。"

2015 年 8 月 16 日，中国力学大会在上海交通大学隆重开幕，共有 3400 余名代表参加。大会授予中国科学院力学研究所"复现高超声速飞行条件激波风洞"（JF-12）首届中国力学科学进步一等奖（共 1 项），项目负责人姜宗林研究员代表高温气动激波团队上台领奖。大会还授予俞鸿儒第一届钱学森力学奖，以表彰他在激波与激波管技术领域作出的创新性贡献。

由于身体原因，俞鸿儒未到上海参加 2015 年力学大会，为此请时任中国科学院力学研究所所长樊菁代为领奖。在请樊菁代为宣读的获奖感言中，他说道，钱学森先生是他仰慕并敬重的老师，获得以他的名字命名的奖，他感到十分荣幸。他再次提请大家更加关注钱先生晚年的忧虑。钱老具体忧虑的两件事是：尽管"钱学森之问"中关于科技创新人才的培养问题已经广为人知，但钱学森更早提出的关于重要科技创新成果的问题却未引起人们充分的注意。他提请大家注意：钱先生使用的"创新"一词含义是"创造"，与当前社会上流行的含义是不同的。钱先生忧虑的是关系民族复兴、国家强盛的大事，大家应该为消除他的忧虑尽力。由于年龄原因，自己已是心有余而力不足，但仍愿与有志于此的青年同志一起继续努力。①

---

① 俞鸿儒给樊菁所长的信，2015 年 8 月 1 日，未刊稿。资料存于采集工程数据库。

九十岁以后，俞鸿儒依然坚持通过一些学术讲座或接受记者采访的机会传播钱学森的思想。2021年12月11日，中国力学学会举办了"纪念《力学学报》首任主编钱学森先生诞辰110周年"的纪念活动。俞鸿儒应邀作了讲座，讲述了他在钱学森身边学习、工作的故事。俞鸿儒的思维异常清晰，声音洪亮，对与钱学森接触的一些往事如数家珍，娓娓道来。中间夹杂几段诙谐的往事，令听者在轻松愉快的氛围中经受了一番大师精神的洗礼。

图 4-2　俞鸿儒在纪念钱学森先生诞辰110周年时作学术报告（俞鸿儒提供）

跟随郭永怀甘当铺路石

1956年1月，中国科学院力学研究所成立，钱学森被任命为所长。同年2月，钱学森郑重向中央提出了《关于建立我国国防航空工业的意见书》。两个月之后，聂荣臻被任命为国务院航空工业委员会主任，开始着手致力于我国航空科研生产机构，包括空气动力机构的建设。

如前所述，1956年俞鸿儒报考研究生的时候，报考的导师是钱伟长，郭永怀还没有回国。1956年10月，郭永怀携夫人李佩回到祖国，担任中国科学院力学研究所副所长，协助钱学森主持全所科研工作。俞鸿儒曾多次参加了钱学森、郭永怀两位所长主持召开的学术讨论会，受益良多。

郭永怀见面提三点要求

郭永怀一直倾力于培养中国流体力学人才，参与了清华大学工程力学研究班的建设，并担任代班主任，还担任中国科学技术大学化学系主任。他指导过的研究生中比较知名的有张涵信、俞鸿儒、李家春、陈允明等。

俞鸿儒1957年3月到中国科学院力学研究所后发现学习情况跟预想的不一样。原来他以为研究生学习只是大学学习的延续；导师会给你上课，具体指导你怎么去工作——实际上却不是这样。郭永怀从全局利益出发，实事求是地讲述问题，令俞鸿儒他们这些年轻后生很信服。郭永怀与研究生第一次正式谈话时，就认真地说到以下三点。

第一点，回国就是想为中国力学事业做铺路石，研究生们也要有这种思想准备。郭永怀回国后不久，即与钱学森一起承担中国科学院力学研究所的学术管理工作。他是中国科学院力学研究所的主要学术领导人。他还集中精力领导国内力学界专家制定了我国力学学科发展规划，高瞻远瞩地提出了开展力学研究的途径，开创了高超声速空气动力学、爆炸力学和磁流体力学等新兴学科，支持研制系列激波管和激波风洞，规划我国空气动力学试验基地，使我国力学界的面貌大为改观。[1]

郭永怀不像许多老师和家长那样，刻意要自己的学生或子女成为飞黄腾达的"龙"，而是希望他们做踏实干活的"牛"。[2] 俞鸿儒记得，郭永怀

---

[1] 中国科学院力学研究所:《中国力学学会》再版序言。见：郭永怀著,《郭永怀文集》。北京：科学出版社，2009年。

[2] 张涤生等:《共和国院士回忆录（二）》。北京：东方出版社，2012年，第22页。

曾对他们说过，他回国前，有人对他说，你回国后的科学成就很难获得了，这方面恐怕是要受损失的，因为当时咱们各方面条件不如美国。但郭永怀明确地说，他回来就是要为国家服务，报效祖国，要为中国的科学事业打基础，为中国力学事业做铺路石。① 正如郭永怀回国后于1957年6月7日在《光明日报》上发表的文章《我为什么回到祖国——写给还留在美国的同学和朋友们》中所说："这几年来，我国在共产党领导下所获得的辉煌成就，连我们的敌人，也不能不承认。在这样一个千载难逢的时代，我自认为，我作为一个中国人，有责任回到祖国，和人民一道，共同建设我们美丽的山河。"

郭永怀还叮嘱他的研究生："当前开展研究工作的基础条件很差，打好基础是当前最重要的事情，你们也要有做铺路石的思想准备。如果你们这一代工作努力，进展顺利，基本条件准备好了，那么你们以后的一代人可能登上科学高峰。"②

第二点，要求研究生提升在困难条件下开展实验工作的能力。郭永怀在国外主要从事理论工作，他选定的课题都是国际上的难题，他坚持用解析方法做到底，得出重要结论。为此人们常把他看作一位单纯的理论家。令俞鸿儒和很多人感到意外的是，郭永怀也很重视新技术和实验工作。20世纪五六十年代，由于实验基础薄弱，我国力学研究仍然主要靠理论分析和近似计算。无论在国外还是在国内工作的华人力学工作者，会做实验的很少。

郭永怀虽然长期从事基础理论研究，却深知实验对力学发展的重要性。他认为：中国人不太喜欢做实验，会做实验的人太少，因此当务之急是培养实验人才。而他自己对实验不熟悉，当他收到钱学森的来信催他赶快回国时，便立即决定在回国前全身心调研有关问题。他的突然转变使大

---

① 李性刚：《赤子 旅美杰出华人传略》。贵阳：贵州人民出版社，2017年，第231页。
② 中国科学院院士工作局：《科学的道路（下卷）》。上海：上海教育出版社，2005年，第1742页。

家感到意外，他在康奈尔大学的同事和好朋友亚瑟·坎特罗维茨[1]教授在怀念郭永怀的短文中说："郭先生的兴趣专注于最抽象的数学空气动力学而很少涉及它们的重要性，然而当他决定回国后，他对各种实际问题产生了浓厚的兴趣。"

经过调研后郭永怀发现："激波管技术目前正在迅速发展，前途是无限的。"他将俞鸿儒在内的三个研究生的研究方向定为激波管技术，让俞鸿儒在发展激波管技术的基础上提前研制激波管风洞。通常建造气动试验装置都是仿建已显成效的装置来采购必要的技术装备和测量仪器，但郭永怀对他说："当前及今后一段时间，国家经济和技术状况很难为你提供充足的经费和所需的技术装备及仪器，你开展工作要走自己的路。"

这些年轻人开始工作时，郭永怀非常重视培养他们在困难条件下开展实验工作的能力。他提醒大家：实验工作很困难，不仅当前物质条件极差，我和所里其他导师都不是做实验的，对你们的工作不能给予具体帮助，不要过多期望别人指导你们，具体工作一切要靠你们自己去闯。希望你们把精力投入中国力学事业的薄弱环节。有一次会上，有人提意见，说让俞鸿儒扛氧气瓶和氢气瓶上三楼的实验室是难为他。郭永怀立即纠正说："亚伯拉罕·赫茨伯格（Abraham Hertzberg）的腿有毛病，他还要自己搬运气瓶到地下室，做实验就该自己动手。"受这件事的影响，俞鸿儒开始有意识地培养凡事亲自动手的习惯。这种好习惯，使得他可以亲身感受实验过程，具备了区分新现象与假象的能力。俞鸿儒正是得益于此，才发现了爆轰现象。[2] 多年后，俞鸿儒对当年郭永怀对实验的高度重视有了更加深刻的体悟。

第三点，要学会花小钱办大事。激波管组开展工作非常艰难，为此郭永怀竭力为俞鸿儒他们创造宽松的环境。他提前出题，给他们留有充裕的时间，他不要求激波管小组定期汇报工作进度，只是不定期来实验室看大

---

[1] 亚瑟·坎特罗维茨（Arthur Kantrowitz）曾任康奈尔大学航空工程和工程物理副教授、教授，阿夫可－埃弗雷特（Avco-Everett Research Laboratory）的创始人和长期负责人，以及达特茅斯学院工程学院名誉教授。他的研究兴趣包括激波管和流体动力学。

[2] 俞鸿儒：《虚怀若谷 宗师风范——林同骥先生诞辰九十周年纪念文集》。中国科学院力学研究所，2008年，第56-60页。

家。他关注下属是否按指定的方向前行，具体如何做则放手让他们自己决定。只要不断出结果，不论成功还是失败，他都满意。只要俞鸿儒等有新想法，他就很高兴，并表示鼓励。激波管实验很危险，在最初的探索阶段偶尔会发生一些爆炸事故，郭永怀对此从不责怪，叮嘱只要不伤到人就行，实验室炸完了可以修。俞鸿儒深知，没有郭永怀的支持，他的工作是根本做不成的，这也是他终生感念郭永怀的原因之一。

郭永怀对科研的要求也非常严格，这从他对科技术语翻译的严谨态度可见一斑。关于声音的速度有声速和音速二词，航空院校的人都用"音速"，郭永怀一见到别人用"音速"这个词就生气。他反复强调，物理上早就有声学，并没有音速，为什么要再搞一个"音"字出来？！

恩师提出的这几点要求对俞鸿儒日后的科研生涯的影响深远，后来成为他自己的工作座右铭，并逐渐变成一种习惯。郭永怀的谆谆教诲，也为他在国内重理论轻实验的大背景下，坚持从事爆轰驱动激波风洞研究提供了精神上的支持。

深情缅怀恩师

1967 年 6 月 17 日，中国第一颗氢弹在新疆罗布泊上空爆炸成功。这是中国继第一颗原子弹爆炸成功后在国防科研领域的又一次飞跃，标志着中国核武器发展进入了一个新阶段。1968 年，我国空气动力研究与发展中心正式宣告诞生。1968 年 10 月 3 日，郭永怀又来到试验基地，为中国第一颗导弹热核武器的发射做试验前的准备工作。

1968 年 12 月 4 日，在荒凉的青海基地待了两个多月后，郭永怀在试验中发现了一个重要线索。他急着赶回北京，把这一批重要的数据带回北京。当时妻子李佩也正在被造反派批斗和监禁，他也非常担心妻子的安危。同事们劝他，晚上飞机不安全，明天去吧。他笑笑说，晚上好，睡一觉就到了。不料 12 月 5 日凌晨飞机在离地面 400 多米的时候突然失去平衡，坠毁于机场附近 1 千米开外的玉米地里。事后，在飞机残骸内找到了郭永怀和他的警卫员牟方东的遗体。两人被发现仍紧紧抱在一起，两人的胸前紧紧贴着一个公文包，包内藏有这次核试验的绝密数据。虽然二人的遗体被烧得面目全非，但这个公文包却完好未损。直至生命最后一刻，郭永怀考虑的仍是国家利益。在场人员难以自抑地放声大哭。周恩来总理听说郭永怀不幸遇难的消息后，不禁失声痛哭，良久未语。12月25日，中央授予郭永怀和牟方东"烈士"称号。

1999年4月2日，中国科学院力学研究所在北京友谊宾馆举办了"郭永怀先生诞辰九十周年纪念大会"。中国科学院路甬祥院长发来了贺信，中国气动中心、中国科学技术大学、清华大学、中国力学学会等机构和学会代表参加了纪念大会。俞鸿儒作为郭永怀生前指导过的研究生发表了讲话，并在下午的学术报告会环节作为第一个发言人，作了以《氢氧燃烧爆轰驱动激波管》为题的报告。①

1999年9月18日，中共中央、国务院、中央军委决定授予郭永怀"两弹一星功勋奖章"，这是对他作为卓越科学家的一生的忠实概括。鉴于郭永怀的科学贡献和科研探索精神，2018年7月，国际小行星中心正式向国际社会发布公告，编号为212796号的小行星被永久命名为"郭永怀星"。随着岁月的流逝，俞鸿儒自己也已两鬓斑白，郭永怀在他心目中却一直是年轻时候的样子。越到晚年，他对郭永怀的缅怀和敬仰就更加强烈……

为了弘扬和传承郭永怀的爱国创新、甘当铺路石的大科学家风范，俞鸿儒也偶尔接受中央电视台以及一些媒体的采访，宣传郭永怀的爱国创新精神。2009年7月10日，他接到凤凰卫视中文台《我的中国心》栏目的邀约。他爽快答应了访谈，深情回忆了郭永怀对他的教导和启发，以及对他学术生涯的深刻影响。

几十年来，俞鸿儒经常给学生们讲起郭永怀的学术贡献和感人事迹，以及他与先生共事时的点点滴滴。他更希望以言传身教的方式，将郭永怀应用力学学派的风格、科学与技术相互结合的思想、一丝不苟的科学精神和精益求精的治学态度传递给后人。

---

① 中科院力学所：郭永怀先生诞辰九十周年纪念活动日程安排，1999年4月3日。存于中科院力学研究所档案馆。

图 4-3　1999 年俞鸿儒参加郭永怀先生诞辰 90 周年活动（左俞鸿儒，右郭永怀的爱人李佩。俞鸿儒提供）

图 4-4　俞鸿儒向课题组成员讲授郭永怀的故事（左二陈宏，左三俞鸿儒。2014 年 5 月，陈宏提供）

第四章　受力学大师熏陶

向林同骥学习为人做事

林同骥是我国知名的力学家。他出生于北京，1942年获中央大学航空工程系学士学位。之后赴英国留学，于1948年获伦敦大学航空工程博士学位。他也曾赴美留学深造。1955年秋回到国内，在中国科学院力学研究所任研究员及研究室主任。1970—1978年先后在第七机械工业部207所和701所任研究员、副所长。1980年当选为中国科学院学部委员。

从1957年3月到1963年3月整整六年内，俞鸿儒前四年的导师是郭永怀，后面一年多的导师是林同骥。

20世纪50年代末，中国科学院力学研究所领导下决心建造小型超声速风洞，林同骥积极担当起一系列设计、加工和制造的指导任务。俞鸿儒也参与了风洞研制工作。在实际工作中，1959年俞鸿儒全年协助林同骥研制超声速风洞F-2和F-3，到了1960年年初才继续开展激波风洞F-4的研制。[1]

1961年，中国科学院力学研究所成立了十一室（空气动力学研究室），该研究室在20世纪60年代初承担了飞行器再入大气层的气动力和气动热的分析计算工作和实验任务，流体力学研究组组长林同骥担任十一室主任。[2] 俞鸿儒领导的激波管组并入十一室。

林同骥为人正派，对人诚恳实在，平常话不多，却是一位和蔼可亲的长者。平时对年轻人和同事们，都不厌其烦地进行指导和帮助。1957年年初，俞鸿儒刚到中国科学院力学研究所报到，被分配到流体力学组后，第一次见到同在流体力学组的林同骥。当时所里给每个新来的人员配发了四大件：桌子、椅子、书架和台灯。当俞鸿儒将行李放在工棚改建成的宿舍

---

[1] 俞鸿儒：《虚怀若谷 宗师风范——林同骥先生诞辰九十周年纪念文集》。中国科学院力学研究所，2008年，第56-60页。

[2] 俞鸿儒：《虚怀若谷 宗师风范——林同骥先生诞辰九十周年纪念文集》。中国科学院力学研究所，2008年，第51页。

后,很快返回办公室。他看到林同骥已经从仓库内领出了这四大件,并亲自搬进俞鸿儒的办公室。要知道,在20世纪50年代林同骥已然是著名的科学家了,身体又比较瘦小,竟然亲自给研究生搬桌子、椅子。这件事令俞鸿儒终生难忘。[①] 在工作中林同骥凡事亲力亲为,除经常帮助同事进行设计研究外,他还常常和厂方的工程师深入车间,和工人们一起日夜苦战。有的工人说"真看不出他是一个留洋博士"[②]。对待家中的保姆,林同骥也保持着非常平等的态度。这些低调谦和、踏实肯干、平等待人的人生态度也深深影响着俞鸿儒。

林同骥严于律己,宽以待人。三年困难时期,林同骥有一个特供副食本,可购买鱼肉糖酒,后来上交时,发现未使用一次。"文化大革命"中,林同骥被抄家,后来根据政策,损失应该给予补偿。林同骥只提出一个极小的数目,党委一再动员他多报点(实际损失很大),他说,如果不提一点损失的话,政策不好落实,提一点是为了落实政策。"文化大革命"中,有人动手打过他,后来有一个人主动向他道歉,他好言劝慰,请他不必介意。有一个人从不道歉,又在他领导下工作,林同骥像对待常人一样待他。[③]

林同骥身上具备了一种大公无私、关怀他人的可贵品质。俞鸿儒记得,林同骥曾主持国家自然科学基金委员会的一个重大项目,他把绝大部分科研经费都分给了合作者,自己却只留下了一点点。俞鸿儒领会到,这样的做法,不仅反映了林同骥的人品,也折射出他对科研经费的态度。当时很多人认为,只要有足够多的经费,无论什么样的项目都敢去承担,先拿到经费再说。显然,林同骥的观点与此截然不同。[④]

---

① 俞鸿儒:《虚怀若谷 宗师风范——林同骥先生诞辰九十周年纪念文集》。中国科学院力学研究所,2008年,第56-60页。

② 俞鸿儒:《虚怀若谷 宗师风范——林同骥先生诞辰九十周年纪念文集》。中国科学院力学研究所,2008年,第104页。

③ 1998-01-023,中国科学院力学研究所办公室:俞鸿儒在林同骥先生诞辰八十周年纪念大会上的讲话,1998年12月12日,纪念林同骥院士诞辰八十周年活动档案集。存于中科院力学所档案馆。

④ 同③。

林同骥坚持原则，不徇私情。1991年推荐学部委员候选人时，他向俞鸿儒了解流体力学优秀人才，不以关系亲疏来分。即使受邀去做嘉宾时，林同骥也绝对实事求是地作出鉴定和评论，不会夸大、吹捧。俞鸿儒后来也秉承了这种学风。①

"文化大革命"期间，林同骥曾受到严苛的不公正待遇，不仅被停止了全部科研工作，还被罚去锅炉房烧开水。林同骥荣辱不惊，他没有计较别人如何对待他，而是和平常一样仔细观察，通过认真思考，总结出一套较为科学的烧火程序。按照这套程序，不仅水开得更快，还省下了不少煤炭。林先生这种处乱不惊的心态深深印刻在俞鸿儒的脑海中。

图 4-5　十一室先进集体合影（第一排左四俞鸿儒，左五林同骥，左九嵇震宇。俞鸿儒提供）

林同骥与钱学森、郭永怀一样，都有非常严肃的学风，工作认真细致，严格严密。他不仅自己字体端正，对同事们也是如此要求。有时候，俞鸿儒和同事送到林同骥那里的研究报告，他会在认真阅读后，将报告里

---

① 1998-01-023，中国科学院力学研究所办公室：俞鸿儒在林同骥先生诞辰八十周年纪念大会上的讲话，1998年12月12日，纪念林同骥院士诞辰八十周年活动档案集。存于中科院力学所档案馆。

的错误之处或需要修改的地方用红笔一处一处地改正过来。有一次俞鸿儒把报告拿回来一看，纸上一片红。① 只要林同骥看过的报告，他都会改得非常仔细，包括标点符号和错别字。

图 4-6 俞鸿儒与林同骥等人交谈（左起：张秀琴、姜伟、林同骥、俞鸿儒。俞鸿儒提供）

林同骥告诉俞鸿儒，开展一项科学研究，要先在调查研究的基础上把关键问题弄清楚，然后还要提出解决问题的特别途径与方法，只有做好了这两项准备，才可以立项开展工作。林同骥曾领导该所原十一室承担的"导弹空气动力学问题研究"课题，还根据导弹等再入飞行器的防热和气动性能研究的需要提出了烧蚀图像研究这一课题。1976 年 3 月 8 日，吉林省爆发特大规模陨石雨，当时在吉林省和永吉县附近方圆 500 平方千米的范围内，共收集到了陨石标本 138 块，碎块 3000 余块，总重 2616 千克，其中的一号陨石重达 1770 千克。陨石落地的响声之大，场面之宏状，威力之凶猛，如同原子弹爆炸，然而无一人一畜的伤亡。最大的那块陨石的降落轨迹与导弹轨迹类似。俞鸿儒带几个人去实地考察，结果一无所获地回来了。这一年，林同骥也带了一帮人去考察吉林陨石雨，回来后对陨石表面烧蚀图像的考察非常有收获。导弹的烧蚀会出现很多沟，林同骥将陨石烧蚀现象与飞行器再入过程的烧蚀效应联系起来进行对比分析，得到沟槽花纹形成机制的新见解，提出了形成烧蚀图像的流动模型。这个重大发现为我国远程导弹的研制成功提供了重要科学依据。俞鸿儒想知道为何同样前去考察，研究收获上的差异却如此明显？他向跟随林同骥一起考察的同志询问，林同骥当时是怎么考察的？那位女同志回复他说："林先生在一块大陨石前面，一看

---

① 俞鸿儒访谈，2016 年 1 月 4 日，北京。资料存于采集工程数据库。

第四章 受力学大师熏陶

就看了好几天。"这件事令俞鸿儒很受触动,反思自己原先做事不够认真,看陨石时才看了一会,就觉得没什么好看的了,这件事情反映出自己做事情的目标不明确,事前准备也不充分。他决心以后一定要做事更加严谨,勤于思考。之后,林同骥主持的吉林陨石雨烧蚀图像研究作为吉林陨石雨研究的一部分,于1981年获得国家自然科学特等奖。[①] 此后的许多年内,俞鸿儒经常跟学生们讲,做科研要踏踏实实地开展工作,要在调查基础上把关键性问题搞清楚,要注重在解决工程实际问题的同时,从中提炼出更具普遍意义的力学研究课题。他经常举的就是上述林同骥的例子。

1985年,哈尔滨亚麻厂爆炸有人员死亡,中国科学院力学研究所派爆炸力学方向的几位同事前去查探,姜伟建议俞鸿儒也随爆炸力学的同志们一同前去考察。俞鸿儒在出发前已经下定决心,要学习林同骥的工作作风和一丝不苟的科研精神,仔细做好准备,认真完成考察任务。因此,他在临行前对大家说,咱们要学习林同骥,认真看,争取也看出一点儿门道出来!当时亚麻厂被爆炸搞得一片狼藉,接待人员的态度较冷淡。他们碰巧遇到一位工会干部,建议他们先去参观没有受到爆炸波及的仿工厂生产流程缩建的知青车间,再去现场察看。看完知青车间后,他们一行人进到工厂内仔细察看,从早上一直勘查到下午五点。他们在考察前已经有了清晰的思路:首先看看是爆轰还是燃烧?如果是燃烧,从哪里起火,为什么会起火?按照这个思路,他们着重探察可能的扬尘和起火点,观察危墙的变形形态,还爬进通风地沟考察火焰的燃烧痕迹与残留物。通过考察分析,没有发现爆轰波的破坏痕迹,他们认为这次爆炸原因是对火灾危险的认识不足,防范措施不到位,并计划提出加强研究的建议,从而在日后避免类似事故再次发生。待一行人离开火灾现场,走到工厂大门口正要离开时,有几位女工拦住了他们。女工们感叹说:"工厂事故发生后,有许多专家陆续来过,基本都是看看热闹,走马观花地逛逛就回去了,只有你们是真帮我们,又钻地沟,又爬墙头的。"因为工厂被夷为平地后已没有食堂,她

---

① 中国科学技术协会:《中国科学技术专家传略 工程技术编》。北京:中国科学技术出版社,1993年,第405-406页。

们几个特地在办公室用电炉做好饭菜,让一行人吃饱了再回去。[①]

　　1988年,在波兰华沙召开有关学术会议时,某机构的专家在报告中提及哈尔滨亚麻厂这起严重的爆炸事故。俞鸿儒的朋友吕尼希教授问他是否曾去亚麻厂考察,俞鸿儒说去了。吕尼希说,"你们那个专家讲得我们都难以理解",并请俞鸿儒说了说实地考察的情况和爆炸原因分析。俞鸿儒讲完后,吕尼希特意嘱咐他,一定要打电话给别的外国人讲一讲。

　　为纪念林同骥院士诞辰九十周年,中国科学院力学研究所于2008年11月8日隆重召开"林同骥院士九十诞辰纪念会"。中国科学院力学研究所党政领导、林同骥生前友好、同事、学生共计200多人参加了纪念会。俞鸿儒在会上讲述了林同骥热爱祖国、崇尚科学、凡事亲力亲为、无私奉献的事迹。作为林同骥指导过的研究生,俞鸿儒在会后主编了《虚怀若谷　宗师风范——林同骥先生诞辰九十周年纪念文集》一书,作为对林同骥的追思和怀念。

在大师汇集的氛围中成长

　　除钱学森、郭永怀和林同骥外,中国科学院力学研究所当时能人很多,耳濡目染,博采众长,学习到不少东西。若干年后,俞鸿儒多次建议新入学的研究生不要只跟一个导师学,也可以跟别人学。他鼓励自己的研究生多向其他老师请教,即使不是自己的研究生,只要他们愿意,俞鸿儒也会给予指导。

　　1984年,还不是学部委员的俞鸿儒作为优秀中青年力学家,与中国科学院力学研究所的林同骥、郑哲敏等人一起受邀参加了中国科学院力学组的扩大会议。会上林同骥、郑哲敏、张维、胡海昌、罗时钧等大家云集,

---

[①] 俞鸿儒:《虚怀若谷　宗师风范——林同骥先生诞辰九十周年纪念文集》。中国科学院力学研究所,2008年,第56-60页。

一些在学界已经崭露头角的优秀中青年力学家也参加了会议。值得一提的是，此次参会的优秀中青年力学家后来全部当选中国科学院院士。

图4-7 1984年中国科学院学部力学小组扩大会议（前排左一林同骥，左二张维，左四郑哲敏；后排左二黄克智，左三胡海昌，左四罗时钧，左五郭尚平，左六俞鸿儒。俞鸿儒提供）

卞荫贵也是俞鸿儒非常敬仰的一位知名的气体动力学家。卞荫贵1947年进入哈佛大学，1949年获得航空工程硕士学位，继而到约翰斯·霍普金斯大学航空系深造，1952年获得博士学位，并被弗吉尼亚理工学院聘为副教授，主要开展空气动力学、气体动力学等专业的研究和教学。1957年年初，怀着一颗报效祖国的赤子之心，卞荫贵回到阔别十余年的祖国。很快，他收到钱学森的电文："欢迎您到中国科学院力学研究所来"。他毅然到中国科学院力学研究所工作。① 俞鸿儒经常看到卞荫贵跟年轻人一样加班加点地开展科研工作，深受感染。1987年，俞鸿儒参加了祝贺卞荫贵八十寿辰的庆祝活动，同时参加的还有中国科学院力学研究所的林同骥、郑哲敏、吴承康和中国科学院力学研究所党委书记韩林等人。

我国著名空气动力学家、教育家，以及中国近现代空气动力学的先行者之一陆士嘉的远见卓识和人格魅力一直令俞鸿儒钦佩。她在德国跟随

---

① 姜玉平：《钱学森与技术科学》。上海：上海人民出版社，2015年，第139页。

世界流体力学权威普朗特教授学习,成为普朗特唯一的亚裔女博士。她在博士毕业后积极投身新中国建设,成为北京航空航天大学的筹建者之一。1952年,国家实施院系调整,将八所大学的航空系合并起来,组建为我国第一所航空类大学——北京航空学院(北京航空航天大学的前身)。陆士嘉受邀担任该校的建校筹委会委员。学校建立后,在校内苏联专家表示不支持的情况下,她于1956年创立了空气动力学教研室并任第一任主任。

陆士嘉非常重视实验设备的建设与完善。她和北京航空学院的教工一起创建了一整套低速风洞和我国第一个高速风洞,还建起了湍流实验装置,并对水洞实验室的建设给予了大力支持。这些设备在几十年内一直是该校空气动力学专业的核心教学设备之一,对教学和科研工作起了积极作用。1957年2月,俞鸿儒在清华大学工程力学研究班给郭永怀担任《流体力学》课程助教期间,曾随郭永怀到北京航空学院拜访陆士嘉,并参观实验室。

图4-8 1987年贺卞荫贵先生八十寿辰合影(前排左起:林同骥、卞荫贵及夫人、郑哲敏;后排左二俞鸿儒、左三韩林、左四吴承康。俞鸿儒提供)

第四章 受力学大师熏陶

陆士嘉将毕生奉献给我国航天科技教育事业，为航空航天事业培养了大批领军人才。为了增强学生的理论能力与提高教学质量，陆士嘉还亲自编写课程讲义，并长期处于教学第一线。在她的主持下，北京航空学院招收了我国该学科最早的研究生。① 1981年中国科学院增补学部委员（现称为院士）时，在两次酝酿讨论中，陆士嘉均被列为候选人。谁也没想到的是，为了让更多业绩突出的杰出中青年科学家充实学部，她主动写信给中国科学院，恳请将自己的名字从候选人员名单中删除。② 这种高风亮节和淡泊名利的人格风范在国内科技界传为佳话，也令俞鸿儒深受触动。

俞鸿儒曾在学术交流活动中与陆士嘉有过多次交流和讨论，有幸聆听过陆士嘉的谆谆教诲。在20世纪80年代中期，在中国空气动力学学会召开的春节座谈会上，俞鸿儒与卞荫贵和陆士嘉留下了珍贵的合影。

图4-9　俞鸿儒在中国空气动力学学会春节座谈会上与卞荫贵和陆士嘉合影（左俞鸿儒，中卞荫贵，右陆士嘉。俞鸿儒提供）

2021年4月10日，陆士嘉先生诞辰110周年纪念大会暨第三届"美丽力学"学术研讨会在北京航空航天大学举行。16位院士、多所高校和

---

① 宋立志：《名校精英　北京师范大学　复旦大学》。北京：京华出版社，2010年，第63、64页。

② 朱强，陆士嘉：中国的天空，一定要有自己的东西。《中国妇女报》，2021年3月18日。

图 4-10　俞鸿儒在纪念陆士嘉诞辰 110 周年纪念大会上发言（北京航空航天大学提供）

相关单位领导、学界代表、亲友代表等 200 余人参加。93 岁的俞鸿儒在现场作了发言，追忆陆士嘉为推动我国航空航天事业的发展所作出的重要贡献，缅怀她一生胸怀祖国、服务人民、严谨治学的精神气质，以及她丹心育人、淡泊名利的精神风范，希望年轻人积极向陆士嘉学习，为我国科技事业贡献力量。

第五章
早期激波管与激波风洞

对于重返大气层的航天飞机和在大气层中飞行的高超声速飞机等一类空天飞行器,因其飞行马赫数高,在飞行器的头部会形成强烈的弓形激波,飞行器周围的空气会被该激波加热到数千度甚至上万度。这种高温可导致空气分子的振动激发、解离甚至电离,使得普通空气变成一种不断进行热化学反应的复杂流体介质,强烈地改变了飞行器绕流的流场特征,对飞行器的气动力、气动热以及气动物理特性产生重大影响。为了开展空天飞行器的地面实验研究,如何产生高总温的高超声速气流是一项挑战性的研究课题。

激波管和超声速风洞,乃至高超声速风洞是产生上述高超声速流的关键性地面实验装置。由于发展航天等尖端技术的推动,激波管及激波风洞研究在20世纪50年代成为研究发展的热点。很快,世界各国的研究者纷纷投入激波管研究,并把激波管发展成激波风洞装置,目的是聚焦于提高实验气体的总温和总压,增加有效实验时间,从而发挥实验装置的优势,拓展其应用范围,特别是在高焓流动研究中的应用。能否在如此短促的时间使试验气体状态参数在时间上和空间上分布均匀以及能否测出准确可靠的数据则是问题所在。

1905年,世界第一座超声速风洞在德国建立,其实验马赫数可达1.5。1945年,德国已拥有实验段直径约1米的超声速风洞。到了20世纪50年代，美国建成的超声速风洞实验段截面的尺寸已达 4.88 米 × 4.88 米。第二次世界大战期间，为了研究火箭导弹，德国开始建造高超声速风洞，实验段尺寸为 1 米 × 1 米，马赫数上限为 10，但它是暂冲式的，不能连续运行。战争结束后，这座风洞被美国缴获，美国仿制并作了适当修改后，一直到 1961 年才在阿诺德工程研究中心（AEDC）建成了最高马赫数为 12 的高超声速风洞。

俞鸿儒带领激波管组研制出国内首台激波管，参与了 F-2、F-3 超声速风洞的研制，还建成了国内首台激波风洞，并自制了测量用仪器设备。在建成 JF-4 直通型激波风洞和 JF-4A 反射型激波风洞的基础上，他又带领同事们建成了大型激波风洞 JF-8，设计尺寸和参数均达到国际水平。

研制出国内首台激波管

研制出国内第一台激波管，完成"八一"献礼

1958 年，正值"大跃进"运动在全国如火如荼的时候，各行各业大放"卫星"。这一年对中国科学院力学研究所而言，也是发生大变革的一年。同年 5 月 17 日，毛泽东主席在中共中央八大二次会议上提出："我们也要搞人造卫星。"夏天，钱学森所长、郭永怀副所长和中国科学院力学研究所党委书记杨刚毅讨论确定了中国科学院力学研究所"上天""入地""下海""国民经济建设"四大方向，其中的"上天"即研制人造卫星。在"大跃进"时期，俞鸿儒等做出了一个新的激波管。当年"七一"献礼会上，俞鸿儒代表激波管组表决心："奋战三昼夜，设计出激波管"，再用一个礼拜做出激波管。同年秋天，中国科学院力学研究所进行了大规模的组织机构调整。在机构大改组中，中国科学院力学研究所分为一部和二部。陈致英和范良藻分到一部。俞鸿儒仍留在激波管组，归属二部第一研究室（星际航行研究室），室主任为郭永怀。激波管小组又增加刚分配来的赵素

雯和来自各分院的培训人员。

按期完成设计后,他们立即将图纸送北京仪器厂进行加工,十天后运回安装并开始破膜试验和测量激波速度。这台激波管于当年"八一"送进中南海向党中央献礼,贺龙元帅等参观了展品并听了应用前景汇报后,给予了很大鼓励,随后着手设计激波风洞。

参与 F-2、F-3 超声速风洞研制

超声速风洞 F-2、F-3 的建造工作从 1958 年春开始,上级要求在 1959 年 10 月 1 日前完成。为了开展人造卫星研制,中国科学院于 1958 年 10 月专门成立了"581"组,负责组织和协调卫星、运载火箭业务,中国科学院力学研究所所长钱学森任"581"组组长,地球物理所所长赵九章任副组长[①];12 月,中国科学院力学研究所二部承担"581"任务中第一设计院的气动力研究实验。为了支援 F-2 超声速风洞的建造,1958 年 12 月,由林同骥带领有关人员组建"140 部"(即该所承担国防尖端任务的气动力研究实验部)。"140 部"成立后,一室流体力学组的俞鸿儒、康寿万等人被调去支援,还从分院和其他单位借调人员开展"上天"任务中气动理论分析计算工作和地面模拟实验设备的设计和建造。当时"140 部"组建了设计组、理论计算组和测量小组,分别由韩惠玲、康寿万和俞鸿儒担任组长,俞鸿儒主要负责从事超声速风洞测量仪器的配置与研制。[②③] 原有激波管组的实验装置则交给崔季平负责。[④] 大家都以参加"上天"任务为荣,工作热情极高。

在中国科学院有关部门和国内相关单位的大力协作下,经过大家的协

---

① 陈芳允,杨嘉墀:我国航天技术发展与技术科学。《中国科学院院刊》,1986 年第 4 期,第 289-296 页。

② 俞鸿儒:《虚怀若谷 宗师风范——林同骥先生诞辰九十周年纪念文集》。中国科学院力学研究所,2008 年,第 51 页。

③ 科学时报社:《请历史记住他们——中国科学家与"两弹一星"》。广州:暨南大学出版社,1999 年,第 190 页。

④ 俞鸿儒:郭永怀先生引导我做实验。《力学与实践》,2009 年第 2 期,第 98 页。

同努力，F-2、F-3 超声速风洞于 1959 年 10 月 1 日前顺利建成。后来十一室（"140 部"改名为十一室）被评为力学研究所的先进集体，以及共青团中央的先进集体，这些是对俞鸿儒在内的全体人员工作业绩的肯定，林同骥还参加了 1959 年全国群英会。[①] 1959 年 12 月，因超声速风洞完成建造工作，业务处通知俞鸿儒继续从事激波风洞研究，仍由郭永怀直接指导。[②]

建成国内首座激波风洞并自制仪器

建成 JF-4 直通型激波风洞

20 世纪 50 年代以来，激波管风洞发展成为高超声速气动力学实验研究的有效设备。它具备相当广泛的模拟实际飞行条件的能力，和其他类型高速气动力学试验设备相比，设备及附属系统都非常简单，不消耗巨大的能源。因此，世界各国纷纷建造各种类型的激波管风洞，逐步开展各种应用。

1958 年国庆前，俞鸿儒完成了一座试验段直径为 800 毫米的直通型激波风洞 JF-4 的设计工作，分别送到上海和太原加工。所谓直通型风洞，意味着这种风洞的入射激波在喷管入口处不反射而直接通过喷管运行。

1960 年，中国科学院力学研究所许多项目被取消，这种局势也多次威胁着郭永怀指导的激波管和激波风洞课题研究小组。郭永怀坚信这两个研究方向及科研项目都是正确的，不能轻易"下马"，否则便会半途而废。在激波管组最艰难的时候，郭永怀以研究生做课题为理由，将激波管组保留了下来，使得俞鸿儒的课题研究能够继续进行下去。[③] 不过，课题组得

---

① 俞鸿儒：《虚怀若谷　宗师风范——林同骥先生诞辰九十周年纪念文集》。中国科学院力学研究所，2008 年，第 51-52 页。
② 俞鸿儒：郭永怀先生引导我做实验。《力学与实践》，2009 年第 2 期，第 98 页。
③ 宋健：《"两弹一星"元勋传（上册）》。北京：清华大学出版社，2001 年，第 348、349 页。

到的经费非常少。郭永怀经常来实验室聊天，多次对他们说："钱少亦可以工作，应该学会用最省钱的办法解决困难问题的能力，那才是真本领。"

1960 年年初，俞鸿儒等人开始安装已加工好的 JF-4 直通型激波风洞。不久，崔季平等同志也调入该激波管组，后来被调去物理力学研究室，成立了高温气体组。[①] 1961 年，中国科学院力学研究所组建第十一研究室，成立了五个组：一组是超声速风洞（F2）组，邬传保任组长；二组是激波管和激波风洞组，俞鸿儒任组长；三组是烧蚀实验组，吴承康任组长；四组是理论研究组，十一室主任林同骥兼任组长；五组是湍流边界层传热研究组，由郭永怀直接指导。五院 744 部队派研究人员分别到各个组进行协作，共同攻关。[②]

在中国科学院力学研究所组建十一室的过程中，俞鸿儒领导的激波管组得到了钱学森所长和郭永怀副所长的支持。起初，政治副主任向全室宣布的激波管组组长和副组长的名单中都没有俞鸿儒，后来将这一名单向所长汇报。钱学森所长听完汇报后，问他安排俞鸿儒干什么？主任灵机一动，说他也是副组长。郭永怀又问，为什么不让俞鸿儒继续当组长？经过钱学森和郭永怀的过问，俞鸿儒才得以继续担任组长，主持激波管工作。[③]

通过采用氢氧燃烧驱动，经过俞鸿儒和十一室二组同志的共同努力，于 1962 年建成了 JF-4 直通型激波风洞。俞鸿儒总结出了激波管风洞设计高、低压段的公式，清晰描述出激波管风洞各个部分气动力参数的设计计算、结构

图 5-1　1960 年俞鸿儒开展激波管实验（俞鸿儒提供）

---

① 俞鸿儒：郭永怀先生引导我做实验。《力学与实践》，2009 年第 2 期，第 98 页。
② 姜玉平：《钱学森与技术科学》。上海：上海人民出版社，2015 年，第 288 页。
③ 李家春，樊菁：《钱学森——在创建力学所的日子里》。北京：科学出版社，2011 年。

形式及加工要求、测量技术及性能测试的初步结果。[①] 直通型激波管风洞的设计及性能测量也是俞鸿儒研究生毕业论文《激波管风洞及其在传热实验研究方面的应用》的一部分。

自制测量仪器

由于激波管风洞的试验时间非常短，必须采用快速反应的传热探测元件。为了进行激波管风洞的测量，俞鸿儒自制成薄膜电阻温度计和激波测速传感器，完成了高超声速流球头传热率测量；还研制成我国第一台同步闪光光源的纹影仪系统，来观察激波管风洞试验段极其短促的高超声速流动过程，使其满足激波管风洞的使用要求。[②]

适用于脉冲风洞的瞬态传热测量技术既简单又可靠。因此，俞鸿儒和小组成员首先选定了发展瞬态表面热流率测量技术。当时薄膜电阻温度计制造技术已比较成熟。国外一般采用特制的商品液浆来制造金属薄膜。只要将液浆喷涂在玻璃底座上，再经过一番烘烤，便制成了金属膜。但限于国内的条件，他们没有办法弄到这种材料，只好采用真空溅射工艺。相比之下，这种工艺较麻烦，不过膜的厚度可控，均匀性也更具有优势。由于电阻温度计输出信号需要进行数值计算才能得到表面热流率，为了解决这个问题，俞鸿儒等人又自主研制出热电模拟网络，可实时测出表面热流率。为满足各种需求，他们又在实验室内研制出耐冲刷的快速反应铜箔量热计和小尺寸薄膜同轴热电偶。[③]

纹影仪是进行实验流场观察所必需的仪器设备，1962年，俞鸿儒带领同事在锥光纹影仪上又增加了同步闪光系统，这样就满足了激波风洞的使用要求。1964年，在中国科学院光机所协助加工光学部件的基础上，研制

---

① 俞鸿儒：直通型激波管风洞的设计及性能测量。《研究与学习》，1964年第17卷第4期，第38页。

② 国防科学技术工业委员会：《中国航天50年回顾》。北京：北京航空航天大学出版社，2007年，第155-157页。

③ 国防科学工业委员会：《中国航天50年回顾》。北京：北京航空航天大学出版社，2007年，第156页。

出了直径240毫米的平行光闪光纹影仪。后来，马家欢等人又研制出了模型自由飞试验测量系统。①

此外，俞鸿儒还动手将使用的仪器改造为多用途仪器，如将数字计时器改建成数字化微秒延迟器，将示波器内放大器接出作独立放大器用；同时还创立了一种比较平稳的可以实用的主膜处端面多火花点火氢氧燃烧驱动方法，克服了氢氧燃烧驱动存在的缺陷，改善了试验气体品质。②

上述计时与测量工具在科技日新月异和大数据快速发展的今天看起来并不起眼。殊不知，在20世纪60年代，还没有数字化的理念，数字化仪器的概念和相关计算工具也严重欠缺，俞鸿儒自制的这些仪器在当时是相当有突破性的技术创新。从那时起，根据科研需要自制仪器成为俞鸿儒在以后几十年中一直坚持做的事情，他们的传感器等仪器也越做越好。

建成反射型激波风洞 JF–4A

由于直通型风洞的实验时间短促，1963年，俞鸿儒和同事在新实验室设计安装了反射型激波风洞JF–4A，成功地使用廉价的优质铸铁制造喷管，在这座风洞上开展了完善燃烧驱动技术和改善试验气流品质工作。同年12月，中国科学院力学研究所颁发给俞鸿儒先进事迹奖状。1964年，JF–4A风洞顺利建成。

建造 JF–8 大型激波风洞

自1958年中国科学院力学研究所建立激波管小组以来，经过多年工

---

① 国防科学工业委员会：《中国航天50年回顾》。北京：北京航空航天大学出版社，2007年，第156页。

② 科学时报社：《请历史记住他们——中国科学家与"两弹一星"》。广州：暨南大学出版社，1999年，第190、191页。

作，俞鸿儒逐步消除了氢氧燃烧驱动方法所产生的气流品质差、操作不安全等缺陷，自己动手研制成瞬态热流、压力传感器和流场显示仪器，为以极低廉的费用建造大型激波风洞打下了基础。

1964年年初，在JF-4直通型激波风洞和JF-4A反射型激波风洞的经验基础上，俞鸿儒率领激波管组开始设计尺寸和参数均属国际水平的大型激波风洞JF-8，并于同年9月交由沈阳重型机械厂制造。1965年4月底，JF-8激波管风洞全部完工，质量符合技术指标，造价极低。

1965年秋，俞鸿儒被派去山西省永济县农村参加"四清"工作队。他和同事们住在农民家里，与农民兄弟同吃同劳动。他吃苦耐劳，赢得了农民和同事们的尊重。1967年春节后，由俞鸿儒和李振华以及数位起重老师傅经过两个多月奋战将这座JF-8风洞安装完毕。当年"五一"前夕开始第一次通风，并在以后的几年中对设备和测试系统的性能进行了一系列调试和完善，改用轴线点火防止端面点火可能发生的后期爆震对设备的破坏作用；改用开多小孔的细长管插入驱动段充气方法改善氢氧混合的均匀度；将直接镀在玻璃模型上溅射的薄膜电阻温度计改为圆柱形塞式传感器，便于制造并扩大应用范围。1988年，俞鸿儒到德国亚琛工业大学进行访问研究时，还将蒸发溅射制造薄膜这种制造工艺介绍给德国亚琛激波实验室，目前国外许多实验室也改用他的这一工艺制造薄膜电阻温度计。[1]

总体来看，JF-8大型激波风洞为发展符合国情、有我们自己特色的高超声速气动实验方法跨出了令人瞩目的第一步。[2] 在1968年12月郭永怀飞机失事前，激波管组完成了激波风洞的研制和基本测量设备的配备。到了1969年，俞鸿儒率队建成JF-8大型激波风洞，喷管出口直径800毫米。这是一座与国际大型激波风洞性能相当的实用型脉冲风洞。这座风洞的建成，是俞鸿儒忘我劳动、辛勤工作的结果，是他向国家交出的一份答卷。

国家围绕"910工程"集中组织"气动攻关"时，当时国内已有的小尺寸的高超声速风洞难以满足国家对"东风五号"导弹等型号研制的需求，因此，迫切需要大型高超声速风洞。

---

[1] 俞鸿儒：郭永怀先生引导我做实验.《力学与实践》，2009年第31卷第2期，第98页。
[2] 俞鸿儒：人物篇，2013年12月13日。大连理工大学校友总会网站。

俞鸿儒等研制成的JF-8激波风洞和瞬时测量系统虽然受到了"四清"和"文化大革命"的影响进展较慢,但是赶上了国家急需。JF-8激波风洞在1972年为返回式卫星研制进行了相关实验,之后又连续为"东风五号"等型号的研制开展了气动加热和模型自由飞试验,除完成常规试验所需要的设计数据外,还利用它重点解决了卫星与型号的设计与试飞中出现的疑难问题,凸显了郭永怀十余年前的英明和远见卓识。①

图5-2 JF-8大型激波风洞(俞鸿儒提供)

转入中国气动中心与型号研制人员直接接触

从中国科学院力学研究所转入第十七院五所

在"文化大革命"期间,全国局势动荡。我国国防科研和"三线"建

---

① 俞鸿儒:郭永怀先生引导我做实验.《力学与实践》,2009年第31卷第2期,第97-99页.

设都受到严重干扰。为了减少损失,保障和推动我国国防科研事业的发展,全国国防科研机构进行了大调整。1967年9月20日,聂荣臻在《关于国防科研体制调整改组方案的报告》中,建议组建18个研究院,后得到中共中央的批准。空气动力学名列第17名,当时也被称为第十七研究院。为组建该院,还成立了钱学森任组长,郭永怀、严文祥为副组长的筹备小组,郭永怀负责相关技术工作。①

在上述机构调整期间,中国科学院力学研究所的空气动力学研究室激波管组和物理力学研究室的高温气体组都划归空气动力研究院(中国气动中心的前身),成立超高速研究所504研究室,实验工作的核心是用实验装置开展研究工作。办公地点仍在中国科学院力学研究所院内,工作实质性内容并没有改变,仍旧继续激波管的科研工作。

1968年11月,俞鸿儒被撤销激波管组组长职务,不许参加业务活动,也不许参加会议,等待审查。1968年12月,恩师郭永怀在从核试验基地返回北京的途中,因飞机失事而不幸去世。当时并无人告诉他。后来他听到恩师去世的消息后,内心非常悲痛,在感觉难以置信的同时,也将遗憾深深地埋在心底。从此,他失去了一位最受尊敬的、真正关怀自己的人生导师,永远失去了跟郭永怀学习的机会。他的爆轰驱动研究事业失去了一位最强有力的支持者。在郭永怀殉国前,他们的实验工作只完成了激波风洞研制和基本测量系统的配置。② 俞鸿儒的性格中有一种"不以物喜,不以己悲"的坚韧与豁达。他很快从悲痛的情绪中恢复过来,在时代的巨浪中尽力稳步推进科研工作。

俞鸿儒和原中国科学院力学研究所激波管组被编入第17研究院五所(即后来的中国气动中心超高速研究所504研究室)。1969年9月到1975年12月,他在中国气动中心工作了六年零三个月。在这六年间,他参与了"东风4号"导弹等多项国家重点型号的实验任务,还撰写了包括东4头部

---

① 张志会:俞鸿儒院士:激波管爆轰驱动新方法开创者.《工程研究-跨学科视野中的工程》,2020年第12卷第5期,第332页。

② 俞鸿儒:郭永怀先生殉国50周年纪念会讲稿,2018年12月5日,未刊稿。资料存于采集工程数据库。

及天线窗等局部区域传热实验等在内的多个研究报告。这些报告为中国气动中心后来成功建造 2 米激波风洞提供了很好的技术指导。①

改进大型号风洞的传热和测力系统

为了改进大型号风洞的传热和测力系统，俞鸿儒和同事们坚持自行研制或改善已有相关仪器，完成了铂金薄膜电阻温度计瞬态测量的关键技术，如热电模拟网络、用金属模型取代玻璃模型和使用圆柱塞式电阻温度计以及镀膜工艺等。

1970 年，俞鸿儒和李振华等研制成半自动断割螺纹夹膜机，改善了夹膜的可靠性，为不同型号的航天器研制相关的传热和测力试验奠定了基础。此外，单泽珍改进薄膜电阻温度计镀膜工艺，使薄膜牢度大大提高，满足了大多数场合的使用要求；束继祖等研制出清晰度很高的激光纹影仪；马家欢等开发的自由飞测力技术不断完善。

1960 年，科学家 R.F.Meyer 首次提出了用热电模拟网络获得瞬时表面热流的方法，俞鸿儒和李仲发于 20 世纪 70 年代对这一方法进行改进，直接导出计算热流的公式，免去了不必要的求刻度系数的标定实验。从 1972 年开始，他们将改进后的方法应用于激波管与激波管风洞的传热测量

图 5-3 《转换表面温度为表面热流率的热电模拟网络》研究报告②（中国气动中心提供）

---

① 阮祥新访谈，2016 年 3 月 29 日，北京。资料存于采集工程数据库。
② A011-00208-006-002，俞鸿儒，李仲发：转换表面温度为表面热流率的热电模拟网络。存于中科院力学所档案室。

工作。俞鸿儒和李仲发等开展了《转换表面温度为表面热流率的热电模拟网络》的研究工作[①]，于 1975 年 12 月完成研究报告。数年应用经验表明，这种热电模拟网络结构简单、造价便宜、使用方便，且稳定可靠，简化了薄膜电阻温度计测量热流的繁杂计算过程，可以更快得出热流结果。[②]

激波管风洞传热测量需要高效率的测量瞬时表面热流率的传热器。测量瞬时表面热流率的传热器按工作原理可以分为两大类：表面温度计类和量热计类。前者是利用表面温度计测出半无限大物体的表面温度随时间变化的情况，然后按热传导理论计算表面热流率。后者是利用热元件吸收传入其中的热量，测量热元件的平均温度变化率，再计算表面热流率。为此，俞鸿儒和李仲发、李静美、颜坤志、林贞彬、单译珍和唐贵明还研制出一种激波管风洞传热测量用的塞形铜箔量热计。[③]

一般来说，铂膜电阻温度计因反应快、灵敏度高和稳定性好，用得最为普遍，俞鸿儒所在实验室已采用了十多年，但这种温度计的薄膜在与气流直接接触时往往经受不住含固体微粒气流的正面冲刷。为此，俞鸿儒开发了一种可快速反应、结构简单，且容易制造的铜箔量热计，克服了上述温度计的缺点，满足了气流冲刷极为严重的场合（如驻点区、凸出物前缘等）的测量要求，在航天器型号传热试验中得到了应用。[④] 这种测热技术还被推广到国内多个单位，为我国气动热力学的发展和我国航天技术的进步作出了杰出贡献。所有这些，为大量型号传热和测力系统试验奠定了基础。

大型激波风洞和瞬态测量系统助力卫星和战略导弹研制攻坚

20 世纪 70 年代，我国重点型号航天器和中国返回式卫星相继开始研

---

① 俞鸿儒，李仲发：热电模拟在表面热流测量中的应用。《力学与实践》，1980 年第 1 期，第 49–51、57 页。

② 同①。

③ 第三机械工业部第 1705 研究所 504 室，俞鸿儒编写。激波管风洞传热测量用的塞形铜箔量热计（1975 年 12 月）。存于中国空气动力研究与发展中心档案馆。

④ 俞鸿儒，李仲发，李静美，颜坤志，林贞彬，单译珍，唐贵明：激波管风洞传热测量用的塞形铜箔量热计。《力学情报》，1976 年第 4 期，第 117–126 页。

制或进入技术攻关阶段，急需高超声速流动试验。当时我国只有仿苏联的很小尺寸的高超声速风洞，还没有满足型号设计部门要求的高超声速风洞，难以满足设计部门提出的要求。在这种背景下，中国科学院力学研究所俞鸿儒为首的激波风洞实验室提前十余年开始探索，在70年代初研制成功的大型脉冲激波风洞和瞬态测量系统赶上了时代的急需，在人造卫星和战略导弹研制的攻坚阶段发挥了重要作用。

大型激波风洞和瞬态测量系统战略弹头返回地面时，不仅飞行马赫数很高，雷诺数也非常高，因此弹体表面几乎为湍流边界层。边界层流态对于表面热流率和激波边界层干扰区的性态影响很大，对整体气动力系数也有影响。1974年，俞鸿儒和小组成员开始承接战略弹头试验任务时已经十分明确，必须提高试验气流雷诺数，保证模型表面边界层流态与真实飞行时相同。当时厂房安全防范条件较差，在不便大幅度提高驱动压力前提下，最终选取了高声速驱动气体驱动弱激波方案。这时反射激波后压力可高于驱动气体压力，达到提高试验气流雷诺数，为实验数据的可靠性奠定了基础。①

1971年，俞鸿儒和同事一起被下放到河南罗山农场。返回北京后，他于1972年组织研制出的大型激波风洞JF-8开始承担"尖兵一号"回地卫星传热试验和自由飞测量气动力任务，为各重要型号航天器的研制提供了大量设计数据。

从1974年下半年起，以俞鸿儒为首的激波风洞实验室为"东风"和"巨浪"系列航天器提供设计数据，开始承接"东风4号""东风5号"端头、头部整体和"巨浪一号"整体表面热流率以及"巨浪一号"自由飞测力任务。工作重点是解决设计和发射中出现的疑难问题，如表面粗糙度对加热的影响，为天线窗和振子天线周围恶劣的环境等问题提供了判据和解决办法。除完成上述常规试验、提供设计数据外，还为几项设计决策和试射中发生的重大疑难问题提供了判据和解决方法。

根据国外文献报道，粗糙面表面的热流率较光滑面的热流率可增大三

---

① 科学时报社：请历史记住他们——中国科学家与"两弹一星"．广州：暨南大学出版社，1999年，第189–194页。

倍。按此说法，防热层的设计将无法进行，对这一疑难问题用分析或数值解均难以作出判断。俞鸿儒和小组成员在三年时间内采用多种方案进行实验探求，最后得出了一个结论：粗糙度促进边界层发生提前转捩，若将已转捩的粗糙面湍流的热流率与尚未转捩的光滑面层流之热流率相比，甚至可高达三倍以上。但是，两种边界层同在湍流状态下，粗糙面的热流率较光滑面的热流率最大不超过30%。这一结论后来被设计部门采纳，"东风5号"战略导弹1980年在太平洋发射成功，证实了他们的结论。[①]

"巨浪一号"初期设计采用"F"形振子天线，天线尺寸与整体尺寸相比非常小，按常例缩小尺寸，天线周围热流率分布将难以测量。俞鸿儒建议用平板作局部模拟，在这种条件下，天线模型可以做得很大，天线本身及周围热环境可以被较精细地测出。实验中发现，垂直突出圆柱前弹体表面热流率峰值较无突出物时高达50倍，如此高的局部加热率，将烧穿防热层，使弹体破坏，这一严重情况需重新安排实验加以证实。探索实验发现，若圆柱后倾，则柱上和柱前表面热流峰值会明显降低，据此建议改用后倾天线。该建议已经被采纳使用。"巨浪一号"为双锥外形，缺乏可靠数据供参考，国内某些实验数据显出可能存在高马赫数倒向稳定趋势。锥形流和平行流对比测力实验发现，上述假象系由锥形流造成的，并确定该外形是静稳定的。前述建议和判断已被水下发射成功所证实。

1975年12月，之前中国科学院力学研究所被军队接管的57人和设备返回中国科学院力学研究所，被编为八室。后来F-2风洞组又被划分出去，成立了十五室。1976年，国务院、中央军委决定在风洞指挥部（该机构的前身是17院）的基础上调整组建空气动力学研究与发展中心。[②]

[①] 科学时报社：《请历史记住他们——中国科学家与"两弹一星"》。广州：暨南大学出版社，1999年，第189-194页。

[②] 张志会：俞鸿儒院士：激波管爆轰驱动新方法开创者。《工程研究－跨学科视野中的工程》，2020年第12卷第5期，第334页。

第六章
建成高焓爆轰驱动激波风洞

　　风洞试验是飞行器研制中必需的地面模拟试验设备。目前全世界共有三种激波风洞的强驱动方式：一是澳大利亚人 R. J. 斯托克（R. J. Stalker）发明的自由活塞驱动；二是美国人创造的加热轻气体驱动；三是氢氧爆轰驱动。

　　几种驱动方式中，自由活塞驱动激波风洞的驱动能力最强，但该驱动方式产生的流场最差，时间也最短。该风洞要用高压气体推动活塞在风洞中前行，进而压缩一段氢气，使得氢气变成高温高压气体后再作为驱动气体前进，破膜后驱动前面的实验气体（一般为空气或用氮气来代替）。日本建了一个很大的 2 米量级的重活塞驱动激波风洞，光活塞的重量就达几百千克。

　　加热轻气体驱动是美国人率先采用的。加热轻气体的驱动方式，其驱动能力比重活塞驱动要弱一些，但流场的稳定性要好些。加热高压氢气的驱动方案很危险，曾发生过重大事故。

　　20 世纪 80 年代，国际上再次出现了发展高超声速工程的热潮。发达国家纷纷筹建大型自由活塞驱动高焓激波风洞。但是，这种风洞的费用高昂，操作起来也比较困难，重复性较差。爆轰驱动也能产生高焓试验气流。20 世纪五六十年代，俞鸿儒曾做过爆轰驱动研究，但由于一些技术障碍而未能实现突破，加之十年动荡，就搁置了下来。

　　俞鸿儒创造性地提出了氢氧爆轰驱动的新概念，开辟出一种反向爆轰驱动的实用路径。1998 年，俞鸿儒和团队成员建成了爆轰驱动高焓激波风洞 JF-10。

实验中意外认识爆轰

与自由活塞驱动、气体加热驱动相比，氢氧燃烧驱动装置简单，成本较低，20 世纪 50 年代就吸引了众多的研究者。但是，由于氢氧燃烧的速度较低，燃烧过程较缓慢而不易控制，产生的驱动气流的品质较差，实验的重复性难以保证。

爆轰驱动激波管的概念是 G.A. 博尔德（G. A. Bird）在 1957 年首先提出的，但是当时世界上还没有成功的试验。其实，最早偶遇爆轰驱动的是激波管研究的权威与激波风洞的发明者亚伯拉罕·赫茨伯格。20 世纪 50 年代初，亚伯拉罕·赫茨伯格和 W. E. 史密斯（W. E. Smith）在燃烧驱动激波管实验中检测到入射激波马赫数超过按等容燃烧假定与激波管流动理论计算求出的数值。按照燃烧理论，等容燃烧或爆轰产生的最大压力不会超过起始压力 20 倍。他们提出"等压燃烧"模型来解释这一异常现象。

20 世纪五六十年代，中国科学院力学研究所打算研究多种超高速气流试验装置。其中，放电加热风洞小组在调研后提出设备清单，他们认为，只要有大容量的电能储存设备就可以将这种风洞建成。钱学森所长和郭永怀副所长在商量后决定，等国家有钱时，就让工程师们放手去干。当时俞鸿儒负责调研激波加热风洞，这一设备的性能和费用在很大程度上是与激波管驱动方法相关的。氢氧燃烧驱动具有驱动能力强、省费用的特点，因此，在 20 世纪 50 年代得到很多国家的重视。当时欧美国家对激波风洞的研制仍在探索中，发达国家普遍采用氢气做驱动气，但代价昂贵。国外在历经多年实践后普遍认为，这种设备产生的试验气流品质差，而且危险性很高，因此他们放弃了氢氧燃烧驱动。

郭永怀询问俞鸿儒的意见，问他要怎么办？俞鸿儒的回复是：限于当前我国工业水平和经济条件，只具备采用氢氧燃烧驱动的条件。他认为国外说的关于氢氧燃烧驱动的缺点是能够克服的。

20世纪50年代，国际上已有人注意到爆轰驱动现象。随后，美国、英国、加拿大和我国对爆轰驱动激波管的性能进行了分析和实验观察。20世纪60年代，俞鸿儒和团队成员开展膜片处点火的燃烧驱动实验，但在一次实验中，实验装置剧烈震动，爆炸产生的高压将法兰打出去，继而打穿了墙体。俞鸿儒当时被吓了一跳，不过他很快镇定下来，并惊讶地发现在这种条件下，驱动能力显著增强，产生的试验气体品质也更好些。这一现象引起了他们的关注。在分析实验装置剧烈震动的原因时，俞鸿儒敏锐地注意到：当爆轰波到达驱动段末端时，将在那里形成超过初始压力百余倍的反射高压。因此，驱动段初始压力很难再提高，难以满足使用要求。俞鸿儒认为这是一种爆轰现象，并告诉导师郭永怀。郭永怀让他给出进一步的理性分析，但是当时国际上对爆轰理论尚没有好的解释。后来，俞鸿儒经实验观察和分析计算认识到：由于实验在膜片处点火，形成爆轰波只能向上游传播（即后来所谓的反向爆轰）。若燃烧后期转变为爆轰，爆轰波又在壁面上反射，则局部峰压甚至可超出起始压力1000倍。爆轰驱动产生的入射激波高于燃烧驱动，且爆轰驱动入射激波衰减特性与重复性均优于燃烧驱动，显示出反向爆轰驱动的优点。

通过实验，他们也发现了这种爆轰方式的不足：当时他们使用的激波管重量与强度都比较低，当可爆气体初始压力升至1MPa时，实验时管体剧烈震动，甚至导致连接螺栓松动。爆轰波抵达驱动段尾端后，反射形成的脉冲高压冲撞驱动段端壁，这种高机械冲击对激波管结构存在着严重危害。为降低损害，只能降低驱动段初始压力而影响实验效果。在未彻底了解氢氧燃烧的规律以前，在试验过程中曾发生数次事故。令俞鸿儒感动的是，这次事故发生后，钱学森和郭永怀不仅没有指责他，反而鼓励他们继续干下去，大胆试验，只要不伤及人员。后来，他们终于发现了氢氧燃烧驱动方法缺点的根源，使氢氧燃烧驱动变得实际可用。[①]

---

① 李家春，樊菁：《钱学森——在创建力学所的日子里》。北京：科学出版社，2011年。

1963年，郑哲敏所在的实验室参与了国防部门的空中核爆工作，并计划从事核爆炸研究。他们想通过激波管实验测试和标定爆炸时空气激波的压力，于是请了俞鸿儒。仅仅用了一个月时间，俞鸿儒就完成标定激波管的设计任务，协助郑哲敏建成激波管，1964年，中国科学院自己实施的第一次空中核爆炸被顺利标定出来。①

20世纪60年代中期，俞鸿儒对正向和反向爆轰驱动的特性已有基本了解，并意识到这两种驱动都各有其局限性：正向爆轰驱动产生的入射激波由于爆轰波紧随的泰勒波影响，在传播过程中明显额外衰减；反向爆轰驱动的问题在于爆轰驱动中在管端反射形成高压。这些障碍严重制约了气体爆轰驱动技术在激波风洞领域的发展。

1966年，中国科学院力学研究所进行反浪费大检查，核查出激波风洞实验室从建室至今，所支付的仪器设备费、实验气体、材料和非标准加工（包括一座性能和规模与国际同类先进设备相当的激波风洞）等费用总额不及30万元，这深刻反映出俞鸿儒坚定地遵循了郭永怀关于"少花钱，干实事"的方针。

"文化大革命"期间经过反复思考，俞鸿儒构思出消除反向爆轰驱动段尾部脉冲高压的设想：在驱动段尾部串接一段卸爆段，卸爆段与驱动段之间加个膜片。预先将卸爆段抽空。当爆轰波抵达膜片处，膜片被爆轰波冲开。如果卸爆段体积足够大，爆轰波对设备的破坏作用或可消除。②这个设想需要经实验证实。但因当时社会因素影响科研开展，钱学森离开中国科学院力学研究所，郭永怀因公牺牲，国内实验条件较差，这一设想只能停滞。

总之，实验中发现爆轰现象，是俞鸿儒科研道路上的一个重大发现。这与他的创新性思维和严谨细致的工作方法有直接关系。

---

① 郑哲敏访谈，2016年1月18日，北京。资料存于采集工程数据库。
② 俞鸿儒访谈，2015年12月7日，北京。资料存于采集工程数据库。

发明和完善反向爆轰驱动技术

1975年12月，俞鸿儒和同事们重新回到中国科学院力学研究所。"文化大革命"结束以后，科学家们终于迎来了科学的"春天"。大家都鼓足干劲，想把过去浪费的时光补回来。俞鸿儒负责的"激波风洞及实验技术研究"课题研究成果获1979年国防科学技术工业委员会颁发的国防科学技术奖三等奖。

20世纪80年代中期，航天飞机试飞后，人们开始发现高温真实气体效应问题，同时，未来空天飞机可能采用的超声速燃烧发动机及飞行器再入大气层物理现象实验研究也随之兴起，高温气体动力学研究在国际上形成一个新的热潮。为了开展超高声速飞行试验，急需能够产生高达3～7千米/秒的超高声速试验气流的高焓地面实验设备，才能认识到其中的物理规律，进而推动学科发展及航空航天的工程技术应用。

20世纪80年代，R.J.斯托克教授开创了自由活塞驱动激波风洞。随后，德国哥廷根流体力学研究所、日本东北大学、美国加州理工学院等机构相继投入巨资，研制大型自由活塞激波风洞，但均遭遇了巨大的技术难题，而且这种风洞不仅造价高，性能也不完善。这一时期，俞鸿儒独创的带有卸爆段的反向爆轰驱动技术反而爆发出了强大的生命力。

形成带有卸爆段的反向爆轰驱动技术

爆轰波本身冲击力就很强，峰值压力将近初始值的20倍。应用反向爆轰驱动方法，爆轰波达到驱动端端部反射后压力进一步提升，会产生超过初始压力百余倍反射高压，这会对设备产生巨大的冲击载荷，带来巨大的安全风险，并对来流和要用的气体都有干扰。为了充分发挥反向爆轰驱动费用低廉、气流品质好的优势，就必须尽力提高这种驱动方式的安全性。

基于在"文化大革命"时期不断酝酿和构思出的"以安装卸爆段来消

除反向爆轰驱动段尾部脉冲高压"的设想,经过长期对氢氧爆轰驱动方法独立探索和系统研究后,俞鸿儒在20世纪80年代初创造性地想到了增加卸爆段的方法。1981年,他建成一座JF-8氢氧爆轰驱动大型激波风洞,并于1983年投入使用。同年,他在JF-8激波风洞上进行了带卸爆段的氢氧爆轰试验,成功产生了高品质的高温高压驱动气源,发展出带有卸爆段的反向氢氧爆轰驱动新方法。

卸爆段听起来只是一个装置,但如果对激波管理论与技术没有充分的认识,不会想到卸爆有这么大的作用。通过装卸爆段,用真空的容积把很强的爆轰波卸掉,这样管壁反射的就不是激波,而是泰勒波。相较于激波,泰勒波的速度和强度都减弱了,因此对来流的干扰一下就少很多。[1] 1988年,吴玉民、赵素雯、马家骥和李振华等同志协助完成了早期探索实验。给反向氢氧爆轰驱动增加一个卸爆段,不仅解决了设备安全问题,还能获得良好的试验效果,大大提高了反向爆轰驱动的实用价值。

20世纪80年代末,在德国亚琛工业大学激波实验室吕尼希教授、Henckels博士以及正在该校访问的张帆的支持下,俞鸿儒在德国开展了爆轰驱动激波管实验,继而形成了较成熟的带有卸爆段的爆轰驱动方法。采用卸爆管消除爆轰波反射高压和利用变截面缓泰勒波有害影响,使得反向和正向爆轰驱动模式能用来产生高焓高压试验气源。[2]

探索氢氧爆轰的射流点火方法

俞鸿儒提出的"氢氧反向爆轰驱动方法"作为一种新型激波管强驱动技术,经原理性实验证明,具有很大的优越性。这种驱动技术不但结构简单,运行简捷方便,可以产生高品质的气流,而且定常驱动时间长。[3] 由

---

[1] 陈宏访谈,2016年4月13日。北京。资料存于采集工程数据库。

[2] 俞鸿儒,李斌,陈宏:激波管氢氧爆轰驱动技术的发展进程。《力学进展》,2005年第4期,第315—322页。

[3] 俞鸿儒,赵伟,袁生学:氢氧爆轰驱动激波风洞的性能。《气动实验与测量控制》,1993年第3期,第38—42页。

于在较高含氢混合比下（氢氧比在 4.5~6）爆轰波后剩下较多的高温高压的氢气，从而提高了燃气声速（亦即驱动能力）。因此，氢氧反向爆轰驱动方法是建立在氢氧混合气体立即发生爆轰的基础上。按照要求，氢氧爆轰驱动激波风洞应该在主膜处点火，爆轰驱动段的氢氧混合气体点火后应立即形成爆轰波。在实际运行中，如果点火后不能立即形成爆轰，而是发生爆燃或缓慢燃烧，将无法达到预期的优越性能，并有发生后期爆轰的危险，因此必须保证爆轰管中的氢氧混合气体立即起爆。这一要求关系到氢氧反向爆轰驱动方法的成败，是需要高度重视且必须解决好的问题。

在俞鸿儒的指导下，1993—1994 年，他的研究生赵伟与中国科学院力学研究所同事李仲发等曾用单头及三头爆炸丝、半导体火花塞、高能炸药等点火方法进行了试验，发现这些方法还不能充分满足氢氧爆轰激波风洞的实际需要，因此必须寻找其他点火方法。经过仔细研究，俞鸿儒和赵伟、李仲发、张欣玉了解到，早在 1978 年 R Knystautas[①] 等发现，当燃烧后高温气体高速射入盛有相同混合气体时，能使之立即形成爆轰。在此之后，R Knystautas 将此法用于实验研究中，得到了较好的答案。因此，俞鸿儒和赵伟等人设想将这种点火方法应用于氢氧爆轰激波风洞。[②] 实验结果表明，这种射流点火方法具有很强的点火能力，能够满足氢氧爆轰激波风洞的要求，是切实可行的点火方法。[③]

对于从事氢氧燃烧驱动激波风洞研究的科技人员来说，为了保障燃烧的稳定性和重复性，需要精确控制预混气体的混合比和提高密封容器内空间混合的均匀度。在总结国外不同经验的基础上，俞鸿儒指导他的研究生于伟，共同研制出一种能快速混合均匀的充气装置——双临界喷管充气装

[①] Knystautas R, Lee JH, et al. Direct Initiation of Spherical Detonation by a Hot Turbulent Jet. 17th Symposium（int.）on Combustion.U.S.A. 1979, 1235-1244.

[②] 张欣玉，俞鸿儒，赵伟，李仲发：氢氧爆轰直接起始的射流点火方法研究。《气动实验与测量控制》，1996 年第 2 期，第 63 页。

[③] 张欣玉，俞鸿儒，赵伟，李仲发：氢氧爆轰直接起始的射流点火方法研究。《气动实验与测量控制》，1996 年第 2 期，第 68 页。

置，并探索出这种充气装置的设计、调节、标定方法。[①] 在此基础上，赵伟在俞鸿儒的指导下，于 1999 年进一步研制出了双过临界声速喷管，这种简单、有效的充气混合装置在燃烧、化工等其他有关领域也可发挥重要作用。[②]

总之，俞鸿儒通过应用卸爆段开展高超声速实验研究，消除了爆炸波反射高压，成功地将一般不可控制的爆轰驱动现象变得可控，反向爆轰驱动技术获得实际应用，得到稳定的高超声速流。此外，他还独创了氢氧爆轰直接起始的射流点火方法，这都是他独特的贡献。

建成 JF-10 高焓爆轰驱动风洞

随着 1978 年我国实施改革开放政策，科技、经济与社会发展加速，科技日益成为社会经济发展的主要动力。俞鸿儒和全国数以万计的科技工作者们，如同蛰伏已久的春蚕，在科学春天的气息下焕发出强大的生机和活力。随着我国着手研制天地往返系统，俞鸿儒预计，脉冲风洞将起到更重要的作用。由于载人飞行，新要求更加苛刻，为满足设计部门提出的要求，脉冲风洞性能必须在现有基础上实现重大突破，俞鸿儒开始积极思索脉冲风洞如何迈上一个新台阶。

氢氧爆轰驱动方法研究曾在资金支持方面严重缺乏，经历了一段比较艰难的岁月。20 世纪 90 年代初，俞鸿儒领导了多项与激波及其应用研究方向相关的重大基础研究项目，为后续科学研究提供了有效的支撑作用。这些研究也更加坚实了他在非定常空气动力学研究领域的理论功底，为他在激波理论、激波泰勒波和爆轰等方面取得突出成绩提供了基础。

---

① 于伟，俞鸿儒：临界喷管充气混合装置。《气动实验与测量控制》，1994 年第 3 期，第 25-28 页。

② 赵伟，俞鸿儒：双过临界喷管充气混合装置 [J]. 空气动力学学报，1999 年第 3 期，第 284 页。

1991—1993年，"氢氧爆轰驱动新方法"研究获得国家自然科学基金支持，资助总额6.5万元，这笔钱虽然不多，却是这项研究的第一桶金。后来，这一研究进一步得到国防科学技术工业委员会国防预研基金和国家科学技术委员会项目支持，经费总额达到30万元。[①] 1993—1994年，俞鸿儒主持开展了国防科学技术工业委员会基金《爆轰驱动强点火方法研究》项目。经过研究，他对氢氧爆轰驱动激波风洞的性能有了进一步的了解。

1995年，已经留所工作的学生赵伟在职攻读博士，成为俞鸿儒指导的第一个博士生。赵伟的论文题目为《利用氢氧爆炸产生高焓气流装置的性能研究》，后于1999年毕业。读博期间，在导师俞鸿儒的指导下，赵伟测得爆轰波在管端盖板上的反射压力峰值高出初始压力200多倍，在高起始压力条件下产生的极高的反射峰压对设备安全极为不利。串接在驱动段末端的卸爆段既能消除高的反射峰压，又能延长有效驱动时间。实验结果还表明：爆轰波后气流的定常性和重复性品质优良。用爆轰驱动来产生高焓（具有高压）试验气流是一种高性能且低成本的新方法，还可用来获得高雷诺数高马赫数试验气流。赵伟的研究从实验角度证明了爆轰驱动具有广阔的应用前景。[②]

由于俞鸿儒在德国亚琛工业大学访问时利用对方装置和设备成功开展了爆轰驱动原理验证，因此这种爆轰驱动技术在国内的影响力和说服力随之扩大。爆轰驱动研究也得到了国防科学技术委员会"921"项目的支持，俞鸿儒承担了国家自然科学基金委员会"氢氧爆轰驱动激波风洞863-2"的课题（1993—1997年）[③]，1997—1999年又继续得到支持。[④] 为满足新一代飞行器进行真实气体效应实验研究的需要，在中国科学院装备局的重大装备改造经费和国家航天高技术委员会863-2重点项目的联合支持下，他

---

① 1990-03-002，中国科学院力学研究所业务处力学所一九九零年度科研工作总结。存于中国科学院力学研究所。

② 俞鸿儒，赵伟，袁生学：氢氧爆轰驱动激波风洞的性能。《气动实验与测量控制》，1993年第3期，第38-42页。

③ 中国科学院力学研究所1996年报。存于中科院力学所档案。

④ 中国科学院力学研究所一九九七年在研课题汇总表。资料存于采集工程数据库。

率领中国科学院力学研究所激波管与激波风洞实验室开始集中精力攻克一系列关键技术问题。他还主持了国家"863"计划项目"真实气体效应试验研究"（1995—1997年）。

1994—1997年，俞鸿儒主持了中国科学院重大装备改造项目，将JF-4B激波风洞/炮风洞改造成JF-10爆轰驱动高焓激波风洞。JF-10风洞的性能特点为模拟马赫数M=6～15；单位雷诺数ReL=（1～5）×10^7/m；试验时间τ=5～30毫秒；喷管出口直径Φ=800毫米，可应用于高超声速大气再入飞行器气动力、气动热等实验研究。最终团队在1998年将JF-4B激波风洞/炮风洞改建为氢氧爆轰驱动高焓激波风洞JF-10，开始激波管爆轰驱动方法验证实验。

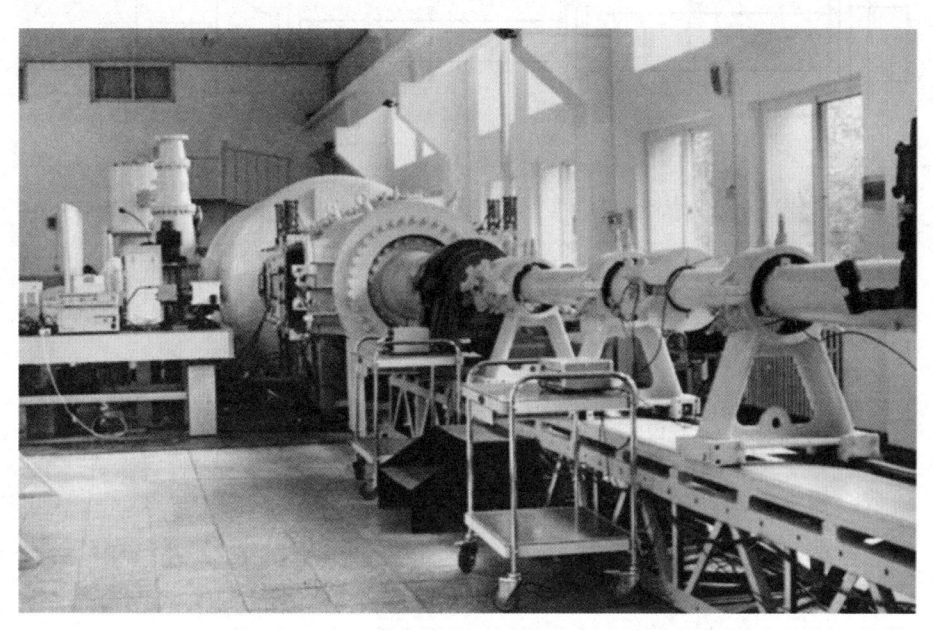

图6-1　JF-10氢氧爆轰驱动高焓激波风洞（中国科学院力学研究所提供）

爆轰驱动有正向和反向两种运行模式，各自有不同的驱动特点。JF-10激波风洞既可以运行于反向驱动模式，也可以运行在正向驱动模式，是世界上最先可按反向和正向爆轰模式运行的氢氧爆轰驱动激波风洞。该风洞由直径150毫米、长10米的驱动段，内径100毫米、长10～12.5米的被驱动段，内径428毫米、长4.2米的卸爆段，长5米的喷管和内径1.2米的试验段构成。如采用正向爆轰驱动模式,可获得总温高达 8400K、总压高达 80MPa、试验时间 2 毫秒的高焓实验气流条件;若利用反向爆轰驱动模式,可获得总压可达 110MPa、总温 1500K 高雷诺数实验气流状态。JF-10 爆轰驱动高焓激波风洞可应用于超高速大气再入飞行器真实气体效应和气动力、气动热等实验研究。这一设备的建成不仅使我国在高焓地面模拟实验设备的研制达到领先水平,也有效推动了高温气体动力学和航天高技术的发展。

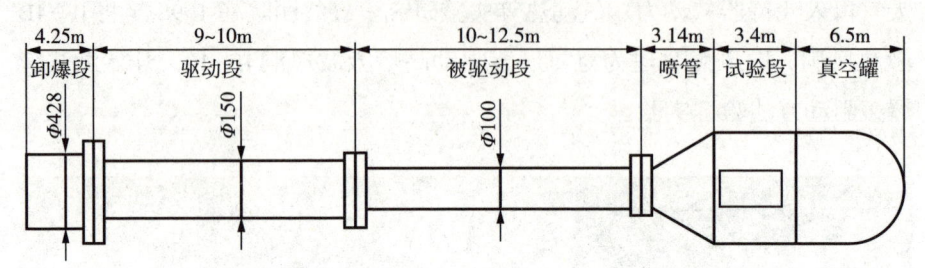

图 6-2 JF-10 爆轰驱动激波风洞总体结构示意图(中国科学院力学研究所提供)

1998 年 9 月,中国科学院对仪器设备研制项目"将 JF-4B 炮风洞改造成爆轰驱动激波风洞"进行验收。验收会上,俞鸿儒为前来验收的专家和管理人员讲解、演示风洞的原理。项目顺利通过鉴定。JF-10 也成为世界上第一座高焓值爆轰驱动激波风洞。

用现在的眼光来看,俞鸿儒主持建造 JF-10 风洞的过程,颇有一股企业家的创业精神,基本是在身无分文的基础上白手起家的,后来凭借屈指可数的起步资金开启了创业之路。

在缺少经费资助的情况下,俞鸿儒和他的同事、学生们并没有气馁。当时中国科学院力学研究所很难申请到建造爆轰驱动激波风洞的经费,只能改变策略,转向国家自然科学基金委员会和其他基金组织申请经费。虽然基金经费不多,但可用来突破将来建造爆轰驱动激波风洞会遭遇的技术难题。20 世纪 90 年代初开始,爆轰驱动激波管实验获得了国家自然科学基金委员会的支持。①

---

① 俞鸿儒,李斌,陈宏:激波管氢氧爆轰驱动技术的发展进程.《力学进展》,2005 年第 35 卷第 3 期,第 321 页。

图6-3　1998年9月俞鸿儒向验收专家介绍JF-10爆轰驱动激波风洞（左一俞鸿儒，左三韩肇元，左九杨基明。中国科学院力学研究所提供）

"863"项目最初没有资助JF-10激波风洞研究，后来一个专家将俞鸿儒的研究报送到"863"项目总体专家委员会。"863"项目组到德国参观后，方才认识到激波风洞研制的重要性，专门给俞鸿儒的课题组批复了120万元，很快中国科学院又配套资金150万元。此后，该团队才陆续得到国家科学技术委员会、国防预研基金和国家高技术项目的经费资助。①

1990年，俞鸿儒建立了BBF100爆轰实验管，开展了反向爆轰驱动激波管性能的研究，解决了起始起爆、高反射峰压、高初始压均匀混合等问题。1996年起，俞鸿儒用两年的时间，将JF-4B激波风洞/炮风洞改造成JF-10氢氧爆轰激波风洞，成为国际上首座爆轰驱动激波风洞。随即完成了有关单位的高强度激波（$Ms \approx 14$）冲击加载实验，为国内开展真实气体

---

① 俞鸿儒，李斌，陈宏：激波管氢氧爆轰驱动技术的发展进程。《力学进展》，2005年第35卷第3期，第321页。

效应和飞行器的高马赫数实验研究提供了有力的保障。[①]

后来德国、日本、美国等发达国家的多个著名科研单位陆续派人到中国科学院力学研究所学习和交流。[②] 德国亚琛工业大学用爆轰驱动技术改造其原有重大实验设备，建了 TH2D 高焓激波风洞，运行良好，取得了一些有影响的成果。美国得克萨斯大学也开始建造爆轰驱动激波风洞。中国学者的创新之花在国外绽放，表明俞鸿儒的确站在了这一领域的国际学术前沿。

爆轰驱动高焓激波风洞方法研究 2001 年被评为国家自然科学基金委员会"863"计划 15 周年成果展览会 14 项高技术、新概念、新构思探索项目之一。本设备的建成不仅使我国在高焓地面模拟实验设备的研制方面达到国际领先水平，还对今后高温气体动力学学科的发展和航空航天高技术的发展起到巨大的推动作用。[③] 庄逢甘院士在 2007 年中国力学学会学术大会上作了《中国力学事业 50 年》的报告，将爆轰驱动激波风洞列为"中国力学事业近 10 年重大成就"5 项实例之一。[④]

改善正向爆轰驱动技术品质

在钱学森和郭永怀所倡导的以国家需求为己任、勇于研究重大国际前沿学科问题的科研理念影响下，俞鸿儒始终没有放弃对爆轰驱动技术的探

[①] 中科院力学所高温气动团队：《真实气体效应实验研究（863-2-6-11），项目验收报告》。1998 年 9 月，内部资料。存于中国科学院力学研究所。

[②] 1997-07-004，中国科学院力学研究所基础性研究科研基地试点方案（二）——力学所基础性研究主要领域综述资料。1997 年 10 月，内部资料。存于中国科学院力学研究所。

[③] 竺乃宜：俞鸿儒院士学术成就简介。见：中国空气动力学会编，《近代高温气体动力学研讨会论文集－祝贺俞鸿儒院士八十华诞》。2008 年，第 4 页。

[④] 本卷主编郑哲敏，总主编钱伟长：《20 世纪中国知名科学家学术成就概览力学卷（第二分册）》。北京：科学出版社，2015 年，第 341 页。

索与提高，为后期大大延长爆轰驱动技术的实验时间奠定了基础。[1]

探索提高正向爆轰的可利用性

爆轰驱动可以用正向，也可以用反向。实际上，JF-10 开始时采用的是反向爆轰，实验证明反向爆轰的安全性已经没有问题了。客观地说，反向爆轰产生的实验流场不错。

正向爆轰的驱动能力则较反向爆轰驱动强得多，但正向爆轰的问题在于：爆轰波后都紧随着一个泰勒波，这个泰勒波又叫膨胀波、稀疏波。泰勒波不断追上入射激波，使得激波强度随传播距离和时间增加而严重衰减，产生的试验气流品质难以满足气动试验的要求。如何有效改善正向爆轰的流场品质是高温气体动力学团队一直在研究的课题。

1999 年起，俞鸿儒开始思索如何能提高正向爆轰的可利用性。如果能消除跟随在爆轰波后的泰勒波，则驱动品质亦将与加热氢相当，正向爆轰更具实用价值。在国家自然科学基金"改善正向爆轰驱动品质的途径"项目经费支持下开展了有关探索研究，并获得突破性进展。

在试验段复现高超声速飞行的真实环境条件，俞鸿儒最早提出可扩大驱动段的直径，使得被驱动段的截面大于驱动段的截面。它可以获得更高的试验气体总温，实现了来流总压 80MPa 和总温 8400℃的实验条件，实验时间可达 3～6 毫秒。

继续攻克双爆轰驱动技术

在已有爆轰驱动技术的基础上，科研团队在技术改进和完善工作上卓有成效。俞鸿儒后来又提出了双爆轰驱动概念，来消除跟在爆轰波阵面后的泰勒波，可以产生更平稳的实验气流，从而使得具有很强的驱动能力的正向爆轰驱动也具有更好的实用性。

---

[1] YU HR, CHEN H & ZHAO W, Advances in detonation driving techniques for a shock tube/tunnel, Shock Waves, 15（6）: 399-405, 2006.

1985年，陈宏报考了俞鸿儒的硕士研究生。2000年，陈宏到中国科学院力学研究所担任访问学者时，参与了俞鸿儒与双爆轰驱动相关的自然科学基金面上项目。2001年，俞鸿儒创造性地提出了双爆轰驱动概念；2001—2003年，俞鸿儒研究了双爆轰反向驱动方法以提高激波风洞的驱动能力。在正向爆轰的前面再加一个爆轰，利用爆轰驱动代替轻气体驱动段，这样辅以主驱动段初始压力比只需要数倍就可全部消除泰勒波。[1] 具体来说，就是在反向爆轰驱动段上游串接一段辅助爆轰驱动段，利用此辅助段正向爆轰后产生的高温高压气体柱，来起爆主驱动段中的氢氧混合气体，并基本消除主驱动段爆轰波后的泰勒波。实验结果表明，在双氢氧爆轰驱动激波管中，辅助驱动段的初始压力只需大于主驱动段初始压力的3倍，便可在被驱动段获得较低的入射激波衰减率和较强的驱动能力，且获得更长的驱动时间。[2]

这种双爆轰驱动技术彻底消除了正向爆轰驱动带来的泰勒波的影响，受到国际学术界的重视。2001年，美国航空航天学会要出版一本 *Advanced Hypersonic Test Facility*（先进高超声速实验装置），邀请俞鸿儒和姜宗林参加这一著作的编写工作，中国科学院力学研究所是国内唯一被邀请的单位。这一著作于2002年10月出版，全面介绍了世界上高超声速实验装置的最新研究成果，并把"激波反射型正向爆轰驱动方法"技术写到书里。[3] 德国气动专家H.Olivier教授在他撰写的关于爆轰波驱动激波风洞的介绍中指出："德国的研究工作是和中国科学院力学研究所合作的结果。""中国科学院力学研究所关于正向爆轰驱动新概念的研究减小了泰勒波的影响，得到了平稳的驱动气流。"2003年，这一成果被中国空气动力学会选评为2003年空气动力学重大研究进展，研究结果已发表在学术期刊《中国科学》上。

经过十余年的持续努力，高温气体动力学重点实验室团队积累了一系

---

[1] 陈宏，冯珩，俞鸿儒：用于激波管/风洞的双爆轰驱动段．《中国科学：G辑》，2004年第34卷第2期，第183-191页。

[2] 竺乃宜：俞鸿儒院士学术成就简介．见：中国空气动力学会编，《近代高温气体动力学研讨会论文集－祝贺俞鸿儒院士八十华诞》．2008年，第4页。

[3] 姜宗林访谈，2016年5月11日，北京．资料存于采集工程数据库。

列爆轰驱动技术，使得LHD的高超声速高焓流动实验平台具备了强大的模拟能力，为开展高超声速的气动力/气动热、真实气体效应、气动物理等前沿问题创造了条件，同时也为开展吸气式高超声速推进技术、飞行器/发动机一体化等气动实验奠定了基础。

第七章
建造长试验时间激波风洞

由于流体在超过声速流动时会产生激波，当飞行速度接近声音在空气中的传播速度，想要从亚声速提高到超声速时，飞机的研发就面临着很大的技术障碍，这个障碍被称为"声障"。螺旋桨飞机要想跨过声障非常困难，后来，直到人们发明了喷气式发动机，突破声障难题才得到解决。

随着超声速飞行的实现，人们开始不断向高超声速飞行发起挑战。目前，飞机飞行速度最高能达到马赫数 3 左右。但当马赫数大于 5 后，又遇到了新的技术障碍，被称为"高超声障"（Hypersonic barrier）。如何越过高超声障实现高超声速飞行是个国际难题，世界各国都在攻关。从科学技术史来看，航空航天飞行器的飞行速度从亚声速、超声速到高超声速的提高不仅意味着飞行马赫数的"量变"，还很可能要求高超声速飞行技术必须发生"质变"，高超声速科技预示着航空航天技术将面临一场重大革命，亟待新概念、新方法、新技术的涌现，来突破高超声速屏障。[1] 类似于"声障"的突破，突破"高超声障"，急需研制这种超级发动机的新颖而强大的地面实验装置，喷气推进发动机就是其一。

喷气推进发动机又可分为火箭发动机和吸气发动机两大类，而吸气发

---

[1] 俞鸿儒，李斌，陈宏：克服"高超声障"的途径．《力学进展》，2007 年第 3 期，第 472–476 页。

动机又分为涡喷发动机和冲压发动机。自带氧化剂的火箭发动机发展顺利，早已广泛应用于各种弹道式飞行器。高超声速吸气发动机的进展步履艰难，但优势突出，特别是运载效率高，能突破当前反导系统。

为了满足国家对新一代高超声速飞行器研制需求，21世纪初，俞鸿儒提出了建造有鲜明特色的、能够复现真实的高超声速飞行条件新颖风洞的设想，推动中国科学院力学研究所高温气动团队克服和解决一系列关键技术难题，最终建成了高超声速复现激波风洞JF-12，实现了他建造一座长试验时间爆轰驱动激波风洞的心愿。

探索高超声速问题

古稀之年开辟科研新方向

75岁以后，俞鸿儒的学术生涯又迎来了一次重要的开辟新科研方向的机遇。20世纪末21世纪初，全世界出现一种高超声速研究的热潮，各国纷纷研制高超声速飞行器。

高超声速问题的研究也引起了时任中国科学院院长路甬祥的高度重视[1]，他想到了俞鸿儒。在2004年中国科学院院士大会期间，俞鸿儒碰到了路甬祥。路甬祥告诉他，欧美发达国家非常重视高超声速问题的研究，并建议他开展这方面的研究工作。

回来以后，俞鸿儒细想了一下，认为这与自己设想的老年阶段应选做的工作不一致。第一，国家如此重视的工作，应该由年富力强的人去承担。第二，既然国家重视，一定会提供充裕的经费，想干的人非常多。他一向不愿赶热潮，因此对路甬祥的建议没有太在意。第三，他当时对高超声速问题了解不深，感觉主要是动力问题，与自己的专业还有一定距离，

---

[1] 俞鸿儒：钱学森讲座报告：为何建造长试验时间激波风洞JF-12，2013年12月1日，未刊稿。资料存于采集工程数据库。

图 7-1 2006 年中国科学院院士大会上路甬祥和俞鸿儒亲切交谈（左路甬祥，右俞鸿儒。俞鸿儒提供）

因此未立即着手这项研究。

俞鸿儒本以为这事就过去了。没想到第二年中国科学院院士大会期间，俞鸿儒又碰到路甬祥，问他"高超"问题研究进展如何。他回答："还未开始。"路甬祥对他说："这方面研究非常重要，赶快动手吧！"听到路甬祥第二次建议后，俞鸿儒开始调查研究，决定选做别人不愿意干而又十分关键的内容。

调研国内外超燃冲压发动机早期研究

许多人认为，只要多给科研经费、多努力，高超声速研究很快就会有重大进展。俞鸿儒的观点与科技界流行的看法不同。从 20 世纪 50 年代开始，国际上特别是美国，先后几次投入资源开展超声速燃烧研究，却始终没有获得重要进展。究其原因，美国高超声速研究几上几下，历次的研究路线却基本不变，他们将主要力量投入飞行试验，而对如何妨碍科研进展的障碍未予以足够重视。俞鸿儒认为，应该首先弄清楚妨碍高超声速研究进展的根源，并努力克服这些障碍。这也体现出他的想法和流行观点的显著差别，观点不同，选择的研究内容就会不同。

中国开展高超声速研究与钱学森有很大的关系。高超声速的英文 hypersonic 是由钱学森于 1946 年定义的。他当时在美国工作的时候，用该词去描述飞行速度 5 倍声速以上的流动。由于高温带来的流动效应不同于低速流，钱学森回国之后带来了两大学术问题：一是燃烧问题，二是高温导致的对飞行器热结构的影响。一般而言，风越大越冷，但是在高超声速，风越大越热。热到一定程度，比如飞行马赫数为 5 倍声速的时候，飞行器头部的尖点气体温度可以达到 1500 多摄氏度，飞行马赫数为 7 倍声速时，尖点气体温度可达 2000 多摄氏度。这种实验条件和流动条件对飞行器产生了颠覆性的影响。

20 世纪 60 年代初，钱学森已经预见到了超声速燃烧（以下简称超燃）可作为将来高超声速飞行器推进技术，敏锐地意识到开展相关领域研究的重要性。当时力学研究所已计划开展超燃冲压发动机研究，后面没有成功开展起来。关于这件事情为何没能继续，俞鸿儒在调研时了解到，钱学森曾提议吴仲华去主持超燃研究，吴仲华在调研后认为超燃是值得研究的，但是当时缺乏在高超声速条件下进行地面试验的条件，没有办法创造这样快速流动的气流，应暂缓这项研究，等有了试验条件再做。因此中国科学院力学研究所当时未正式启动该项研究工作。[①] 吴仲华的三元流动理论取得成功，这一理论在国内外广泛应用。但是，超燃问题却因未能继续而遗留下来。[②] 通过这次调研，俞鸿儒有了一个意外收获：了解到高超声速研究这一国家重大需求相关的学术难题；而且，钱学森和吴仲华的观点是一致的，即可信赖的地面试验装置在开展超燃冲压发动机研究中不可或缺。

反其道而行之的探索

根据几十年的科研经验，俞鸿儒深知我国要在高超声速冲压发动机的研制上取得进步，就必须充分吸取国内外吸气式高超声速推进技术发展的经验，分析其教训，认真思考和自主探索高超声速推进的未来方向和实现路径。

20 世纪 60 年代，美国人采用燃气补氧作为试验介质进行试验，即所谓污染气体试验。这是一种迫不得已的办法，存在的问题十分明显，试验得出的结果令人担心。长期以来，许多人努力创建一种以空气作为试验介质的高超冲压发动机地面试验装置，始终没有成功。建造以空气为试验介

---

① 俞鸿儒致何友声同志书信，2013 年 6 月 18 日，未刊稿。资料存于采集工程数据库。
② 姜宗林访谈，2016 年 5 月 11 日，北京。资料存于采集工程数据库。

质的高超冲压发动机地面试验装置的核心障碍,是常规加热气流无法达到高超声速飞行所需的高温;激波加热气流虽然很容易达到所需的高温,但持续的试验时间过于短促,一般只有几毫秒。而冲压发动机试验至少需要60～80毫秒。这样,如何使激波风洞试验时间满足冲压发动机的试验要求就成了一个极难解决的难题。

M Holden[1]建造的美国大能量国家激波风洞分为两座,LENS-Ⅰ马赫数大于8,LENS-Ⅱ马赫数为4～7。在风洞尺度相同时,试验马赫数越低,试验时间越长。LENS-Ⅱ在马赫数为7时,试验时间已延长到30毫秒,但仍不满足冲压发动机的试验需求。

俞鸿儒密切关注他们是否进一步延长试验时间,等待了多年后,未见试验时间进一步延长。他分析其原因,美国人采用加热氢或氦驱动,驱动气体耗量随试验时间三次方增加,限制他们进一步延长试验时间。他告诉自己,如果按美国人的路径做就没有研究的必要了。中国现有的国情下也不允许像美国那样做。要做就要自主创新,另辟蹊径。他开始认真思考,美国等发达国家为何在超燃问题上总是失败呢?他要去解决国外超燃发动机研制没有解决的问题。这一策略用他的话说,就是"在超燃研究队伍之外搞超燃"。

俞鸿儒对国际国内相关研究所用设备存在的问题,包括美国有名的8英尺(1英尺=0.3048米)高温风洞等进行了剖析。他发现,这些风洞中,有的是实验时间够了,但温度达不到那么高;有的是温度很高,但实验时间不够,这样就无法揭示气动现象的本质。不同于传统的研究思路,他这种从剖析别人的短处入手,分析如何把设备建得更好的思维方式,体现了他的创新思维。

后来,美国人利用做结构耐热试验的燃气风洞做吸气发动机试验,这种方法被世界各国普遍采用。美国人很清楚,这种风洞的试验结果的可靠性说不清楚。他们从两个方面努力研制加热空气风洞,对于常规加热风洞,需大幅度提高气源温度;对于激波风洞则需大幅度延长试验时间。美

---

[1] Holden M. Large Energy National Shock Tunnel (LENS), Calspan UB research Center, 1991.

国已将试验时间延长到 30 毫秒（Ma=7）但仍显不足。

俞鸿儒也曾想过突破亚声速燃烧的问题，基本找到了一条可以实现的路子。不久，他就形成了关于超燃研究的两个观点：一是超燃的关键问题属于高温气体动力学范畴，适合自己去研究；二是超燃具有理论上的明显优势，但如无出人意料的突破，技术上难以实现真正的超声速气流中的稳定燃烧。超燃的优势是当飞行马赫数大于 6 以后，推力比亚声速燃烧大。他想探求增大亚声速燃烧推力的新途径，使其推力特性与超燃相当。

有了基本思路后，2006 年 2 月，俞鸿儒向路甬祥进行了汇报。路甬祥听后很高兴，让他马上开展工作。在俞鸿儒的筹划中，他们这次要建造的这个大型高超声速激波风洞将采用一种极具创新性的复现风洞技术，这在国际上是一项前所未有的技术。在路甬祥的安排下，俞鸿儒与李灿院士合作开展"催化复合增大高超吸气发动机推力"项目，并取得了进展。[①]

探索建造长试验时间激波风洞新方法

俞鸿儒意识到，他们将来要做的激波风洞，要在延长试验时间上下功夫。爆轰驱动技术所需的试验气体比加热轻气体驱动少很多，驱动试验时间有可能进一步延长。然而，爆轰驱动是一种强驱动技术，在进行冲压发动机试验时，接触面较难缝合。问题倘不解决，试验时间便仍难延长。经过一段时间的思考，他想到两种解决办法：一是采用小直径驱动段，二是采用乙炔替代氢。两种办法均能有效降低驱动气体声速，使接触面缝合。

20 世纪 50 年代，出现了高超声速飞行器。当时实验空气动力学家曾关注风洞试验中如何复现飞行条件问题。风洞试验中，复现飞行条件首要的障碍是难以将气源加热到所需的高温。人们较少关注的事实是，复现飞行条件还要求极高的气源压力。例如，当飞行速度为 4.5 千米/秒，复现

[①] 俞鸿儒致路甬祥院长书信，2008 年 10 月 21 日。资料存于采集工程数据库。

低于 60 千米高空飞行条件，要求风洞气源压力高出 1×10^3 大气压；若飞行速度升至 6 千米/秒，则气源压力更要超过 20×10^3 大气压。由于复现飞行条件实在太困难，这一难题的解决被搁置下来。

到了 20 世纪 80 年代中期，人们在航天飞机的试飞过程中发现，Ma-Re 模拟试验高马赫数气动力数据与真实飞行条件存在明显的差别，从而兴起一轮研制高焓风洞的高潮。同时，高超声速推进技术（例如超燃冲压发动机）的发展也急需复现飞行条件的地面试验装置。

风洞是实验室内测定飞行器气动性能的装置。飞行器在空中实际飞行，而风洞试验时飞行器模型不动，只有试验气体在流动。试验气流的速度及其压力、温度和密度等参数的选取原则可分为两类：复现和模拟。所谓复现飞行速度，就是试验气流速度要与飞行器的真实飞行速度相等。全面复现飞行条件还要求试验气流的温度、压力、密度和组分分别与大气的温度、压力、密度和组分相同，以及试验模型与飞行器尺寸相同[1]。

支配可压缩流动的四个物理方程（纳维—斯托克斯方程、连续方程、能量方程、状态方程）可导出四个无量纲参数：马赫数 Ma、雷诺数 Re、比热比 γ 和普朗特数 Pr。而"模拟"只需这些无量纲参数相等，风洞中模型的流谱便与空中飞行器流谱相似[2]。在风洞流动介质与大气相同时，风洞试验模拟参数为马赫数和雷诺数。因此，全面复现飞行条件的风洞试验才能反映真实的超高速飞行器绕流的物理化学效应。

在高超声速风洞中，复现飞行速度较模拟马赫数所要求的气源温度要高很多，采用常规加热技术难以复现飞行速度。既然激波风洞气动实验模拟技术有广泛的应用性，为什么高超声速气动实验还需要复现技术呢？当飞行速度在亚超声速范围内，飞行器周围空气的温度不会升得太高，空气的组分和物性基本不变。在这种条件下，Ma-Re 模拟试验能提供准确可靠的数据。问题在于，当 Ma>6，飞行器周围空气分子不仅出现振动激发，

---

[1] Hertzberg A., Wittliff CE & Hall JG, Development of shock tunnel and its application to hypersonic flight. In: Riddell FR (ed), Progress in astronautics & rocketry. Vol 7, 1961.

[2] Shapiro AH, The dynamics and thermodynamics of compressible fluid flow. Vol 1, The Ronald Press Company, 1953.

随着飞行马赫数增大，气流温度随之升高，逐渐发生解离、化学反应、电离甚至辐射。比如在一个大气压时，气流温度达到 2000 摄氏度时，氧气就解离；高到 4000 摄氏度，氮气就解离。真实气体效应、辐射现象以及电磁辐射与电离气体的干扰会对飞行器性能产生重大影响。此外，如果把实验模型缩小，热化学反应的过程是不缩短的，就像燃烧，发动机可以放大可以缩小，但是燃烧过程是不能缩短的。模型缩小之后，该燃烧的没有燃烧到，就会与真实情况对应不上。当时美国人也在研究复现风洞技术，但是一直没有突破这一问题。

飞行器气动力性能对这些物理化学现象不太敏感，马赫数上升到 8 的范围内，Ma-Re 模拟试验给出的气动力数据仍是可靠的。但随着马赫数进一步增大，Ma-Re 模拟试验数据的偏差将越来越大。航天飞机是一种升力体飞行器，与弹道飞行器相比，对气动数据的要求更高。虽然美国已有更高马赫数的风洞，但美国航天飞机数据集（ADDB）只收录了 Ma ≤ 8 的风洞数据。如果要求更可靠的数据，则在更低马赫数时就需进行复现飞行速度的地面试验。至于包含燃烧过程的流动（如吸气发动机），即便在低马赫数条件下，也要求复现飞行条件。

从 20 世纪 80 年代末起，人们致力于提高激波风洞的性能以满足复现飞行条件的需求。其途径大致分为两类：一类追求尽量高的焓值，以便产生超高速风洞试验气流。例如自由活塞驱动的激波风洞试验气流速度已高达 7 千米/秒。另一类则在不太高的飞行马赫数范围内增加试验时间和喷管出口直径，复现飞行条件。马赫数不太高时，现有激波风洞能产生所要求的气流速度，延长试验时间也易于实现。从可行性和当前使用需求来看，俞鸿儒认为后者应优先着手。

现在看来，高超声速复现技术当时有两大技术难点：第一个难点是，采用什么样的动力去驱动，才能使风洞内气流产生符合要求的流动？天上飞行器以 5 倍声速飞行，那地面实验就要用 5 倍声速飞行，相当于飞机一秒钟前进 1.5 千米。在喷管直径 2 米的情况下，要在风洞内一秒钟吹出 1.5 千米的气柱是很厉害的。从那时候起，俞鸿儒等人就考虑，怎么把这种爆轰驱动方法成尺度地放大，做成一个大功率的驱动。

增加激波风洞试验时间是一个不易解决的难题。美国纽约的卡尔斯潘大学巴佛罗研究中心（Calspan University at Buffalo Research Centre，CUBRC）是世界知名的高超声速地面模拟试验研究中心，与空军有着极为密切的联系。该中心也被称为卡尔斯潘公司。[1][2] 为了适应美国高超声速不同研究目的的需要，从20世纪50年代起，卡尔斯潘公司先后建造了6座激波风洞和2座膨胀管风洞等脉冲设备。该中心高马赫数区域内仍沿用1997年建成的激波风洞 LENS I，而低马赫数区则应用1996年建成的激波风洞 LENS II，增大激波管和喷管的尺寸，以此来增加试验时间和试验模型尺寸[3]。以往美国空军所属卡尔斯潘公司研制的激波风洞的最长试验不超过30毫秒（后期进行了改进后，实验时间有所延长），中国气动中心也研制过激波风洞，其最长试验时间大概二三十毫秒，对进行超燃发动机试验的要求还有一定差距。[4]

高超声速吸气发动机（如超燃冲压发动机）由于燃料混合、点火延迟等过程需要较长时间，目前认为超燃冲压发动机激波管和喷管试验时间至少需要60～80毫秒。那么，卡尔斯潘公司为何不进一步增大设备的尺寸，延长试验时间呢？俞鸿儒对这个问题进行分析后认为，由于LENS II激波风洞采用氦/氮混合物作为驱动气体，其驱动能力很弱，因而驱动气体初始压力很高。若进一步增大驱动段长度和内径，则耗气量过于巨大，经济和技术方面将出现许多问题。他意识到，以小直径驱动段，驱动大直径被驱动段是关键。

---

[1] 吕治国，李国君，赵荣娟等：卡尔斯潘公司高超声速脉冲设备建设历程分析.《实验流体力学》，2014年第28卷第6期，第1-6页。

[2] 它前身是位于纽约巴佛罗的柯蒂斯-莱特航空器研究实验室，第二次世界大战后重新成立了一个附属于康奈尔大学的非营利性研究机构，即康奈尔航空实验室。1972年，康奈尔重组了营利性质的卡尔斯潘公司，在接下来数年中多次易主和改名，先后隶属于不同公司。2005年，宇航运输业务从通用动力公司脱离出来并获得了独立的法人资格，恢复了卡尔斯潘公司的名称。

[3] Holden MS and Parker RA, LENS Hypervelocity tunnels and application to vehicle testing at duplicated flight conditions, In: Frank LU & Dan Harren (eds): Progress in astronautics & aeronautics Vol 198, 2002.

[4] 中国气动中心科技人员座谈会，2016年3月30日。资料存于采集工程数据库。上述引文为中国气动中心朱涛的发言。

在俞鸿儒的指导下，爆轰经过了几十年的发展，积累起了丰富的经验。相对于高焓爆轰驱动激波风洞JF-10，JF-12激波风洞则是一座中焓风洞。为何俞鸿儒在打磨出JF-10激波风洞后没有一直往高马赫数、高温度的方向发展，而是在研制JF-12激波风洞时转而往马赫数低的方向走呢？在高超声速动力学里，马赫数6~9是相对低的区间，之所以选定这个焓值区间，是俞鸿儒针对当时高超声速动力学发展的需求而定的。当时他想，既然JF-10高焓爆轰驱动激波风洞能够模拟到高温度，也可以往下再试试。

无论如何，在长达几十年的高温气体动力学领域的基础研究储备，以及围绕提高风洞实验气流的品质和延长风洞试验时间的锲而不舍的技术积累，俞鸿儒明确提出了高超声速复现爆轰驱动激波风洞JF-12的概念，这是一个逐步积累的艰难过程。根据俞鸿儒的设想，JF-12激波风洞的性能大大超出LENS Ⅱ，建成后将是国际上规模最大，试验时间最长的激波风洞。但是这个方案一直到2008年纳入我国重大科研装备项目，才最终得以立项。

JF-12激波风洞的立项与建造

1998年，俞鸿儒写信给姜宗林，希望能从国外引进一批比较优秀的人才来弥补当时国内科研队伍的断层现象。此前，俞鸿儒曾受邀到日本东北大学作爆轰驱动技术的学术报告，报告内容引起了姜宗林的强烈兴趣。当时姜宗林正在该校流体科学研究所进行研究工作。他此前曾跟随周培源院士在北京大学力学系攻读博士研究生。周培源主要从事可压缩湍流研究。通过与高山和喜、俞鸿儒等国际知名激波专家的接触，姜宗林进一步体会到激波与国际航空发展趋势有着密切联系。随后，在俞鸿儒的邀请下，姜宗林通过中国科学院"百人计划"引进人才项目回国，到中国科学院力学研究所工作。[①]

---

① 姜宗林访谈，2016年5月11日，北京。资料存于采集工程数据库。

2000—2006年，俞鸿儒带领中国科学院力学研究所高温气动团队的有关人员集中开展了长试验时间大型爆轰驱动激波风洞的基础研究与技术难题攻关。通过研究，科研团队基本搞清楚长试验时间激波风洞的关键技术的基本物理过程，复现风洞的设计方案在头脑中日渐清晰。

2006年，国家启动中长期科技发展规划。在这一背景下，相应出台了国家重大科研装备研制计划。此举被认为是落实《国家中长期科学技术发展规划纲要（2006—2020年）》的重要措施，其使命是通过自主创新模式，探索发展重大先进科研装备的途径，以切实改变我国科研仪器大部分依赖进口和仿制的局面。[1]科技界不同领域的专家纷纷提出一些科研问题，努力探索独立自主发展我国重大创新装备的途径。

这时俞鸿儒已经构思出一种采用小直径驱动段、长试验时间激波风洞的方案，经过缩尺试验证实有效可行，试验时间可达100毫秒，这也是后来JF-12高超声速复现爆轰驱动激波风洞的核心特点。[2]他一直铭记钱学森先生的教导"你们不能老是跟着国外的屁股走，一定要有自己的特色"。处于概念阶段的这座高超声速复现大型激波风洞就传承了这样的创新思想。俞鸿儒时刻清楚自己的定位：如果国内有人做的东西或者在国外已经解决的问题，就不要去做了；要做就做国外没有的，或者在国内还没有解决的东西。

财政部专门拨付2亿元专项资金，支持中国科学院开展科研装备自主创新，中国科学院向全院征求《中国科学院重大科研装备研制项目（试点）》建议书。俞鸿儒很快向中国科学院提出建造"复现高超声速飞行条件的脉冲风洞"项目的建议。中国科学院综合计划局于2006年10月18日组织专家在中国科学院力学研究所对这个项目进行了评审，专家组听取了俞鸿儒、赵伟的报告，对有关问题进行了提问，经过认真讨论，形成了以下评审意见[3]：

---

[1] 罗晖：中国研制成功世界唯一的JF-12超高音速激波风洞。《科技日报》，2012年9月3日。

[2] 俞鸿儒致何友声同志书信，2013年6月18日。资料存于采集工程数据库。

[3] 中国科学院综合计划局："复现高超声速飞行条件的激波风洞"项目论证会评审意见。存于中国科学院力学研究所高温气体动力学国家重点实验室档案。

该项目研制的激波风洞将复现真实的高超声速飞行条件（马赫数8以下）。该激波风洞的建成能够为开展高温气体动力学以及气动光学、气动声学、气动物理等的科学研究提供基础实验条件；能够为我国高超声速科技工程研究提供纯净空气试验条件，进行大尺寸的高超声速吸气式发动机以及带动力一体化的气动试验，项目研制意义重大。

本项目在独特的高焓爆轰驱动技术基础上，结合扩张激波管原理，发展"小驱大"的变截面爆轰驱动技术，可将驱动气体消耗量降低1个数量级，并大幅度延长试验时间（可达100毫秒），技术路线具有独创性，研制队伍在前期工作基础上已成功解决了反射波、二次波对试验气流时间和品质的影响，找到了缝合运行的优化配比方案，并经过翔实的理论分析、数值模拟和原理性试验验证，技术方案先进、可行，验收技术指标基本合理可行，经费预算基本合理。

承担单位自20世纪50年代起长期坚持激波管、激波风洞等方面的研究，有丰富的理论和技术积累，研制队伍长期从事该领域的研究，已成功建成了国际先进水平的大型激波风洞和世界上最早正式运行的爆轰驱动高焓激波风洞，研制基础好，项目负责人具有领导本项目建设的能力，项目研制队伍专业结构和年龄结构合理。

本项目研制和加工工作量大，建议项目研制单位提前落实风洞管体的加工，以争取缩短周期。

建议尽早立项启动。

论证专家组组长　庄逢甘
2006年10月18日

中国科学院对上述建议评审后，将"复现高超声速飞行条件的激波风洞"定为国家财政资金支持重大科研装备自主创新，以中国科学院为试点的首批遴选8个项目之一。项目于2008年1月获得立项，财政部安排国家财政资金予以支持。接着，俞鸿儒开始亲自选取实验基地。

由于装备长度较长（约260米），中国科学院力学研究所内无法安排。2008年10月21日，俞鸿儒致信路甬祥院长，汇报了项目的进展情况，请示能否将原中国科学院力学研究所怀柔分部的生活区调拨给中国科学院力学研究所使用，用来安装新型激波风洞。① 时隔不久，路甬祥院长亲自向北京市购买了一块地，专门给中国科学院力学研究所建立实验基地。

2009年6月12日，在北京市怀柔雁栖经济开发区举行了隆重的开工仪式。

实验基地一期工程第一步建设计划是当天开工建设的新型空天实验室，实验室主要包括两个创新研制设备，一个是复现高超声速飞行条件的激波风洞，另一个是高速列车的动模型实验装置。复现高超声速飞行条件激波风洞的建成，将成为该领域国际上最先进的风洞，有力促进相关领域的基础研究，为我国空天科学实验的发展提供重要的技术支撑。②

在JF-12激波风洞开始建造后，俞鸿儒很快意识到用高温高压的气体去做实验，在测温测力方面还存在一些棘手的问题，亟须改进测量技术。2011年3月9日，俞鸿儒在中国科学院力学研究所小礼堂内作了题为《气动加热瞬态测量技术》的学术报告。

在俞鸿儒的宏观指导和高温气动国家重点实验室主任姜宗林研究员的主持下，国际首座复现高超声速飞行条件激波风洞于2012年在位于怀柔的钱学森工程科学基地建成，该风洞命名"JF-12高超声速复现激波风洞"。俞鸿儒真的作出了让美国和全世界都惊叹的设备！③

JF-12激波风洞项目作为8个国家重大科研装备研制项目之一，自2008年1月正式立项，到2012年5月顺利通过验收，工程前后共耗资4600万元。这是一个典型的自主创新的实验设备，以中国独创的反向爆轰驱动方法为核心，克服了自由活塞驱动技术的弱点，设计、加工、建造及调试工作均由中国人负责，光安装调试就历时两年，取得了一次性安装、

---

① 俞鸿儒致路甬祥院长书信，2008年10月21日，未刊稿。资料存于采集工程数据库。

② 武佳丽："钱学森工程科学实验基地"开工仪式在怀柔举行，2009年6月15日，中国科学院力学研究所官方网站。

③ 俞鸿儒：大幅度延长激波风洞试验时间。《中国科学：物理学 力学 天文学》，2015年第45卷，第094701页。

图 7-2 俞鸿儒与姜宗林参观建造中的 JF-12 激波风洞实验室（左俞鸿儒，右姜宗林。俞鸿儒提供）

图 7-3 JF-12 高超声速复现激波风洞（中国科学院力学研究所高温气体动力学国家重点实验室提供）

调试、验收合格、获得试验结果的成就。

验收委员会一致认为，该风洞同时实现了"复现气流总温和总压""产生纯净实验气体""基本满足试验时间需求"和"全尺寸或接近全尺寸模型试验"四项关键技术指标，整体性能处于国际领先水平。

如果上述评语太过扼要，那么，通俗来讲，JF-12激波风洞实验设备的独特意义在于：第一，解决了"长试验时间"的问题，在一些关键时刻能发挥核心作用。高超声速吸气发动机的地面试验需要的试验时间至少为60毫秒，国外的激波风洞能做到30毫秒，而JF-12激波风洞已经超过100毫秒。特别是JF-12激波风洞的空气组分比较好，基本上是靠爆轰驱动纯空气，没有污染；而且能够复现25~40千米高空、5~9倍声速的高超声速飞行条件，宛如龙卷风吹过，温度可达3000℃左右，能完全模拟天上飞行器的飞行速度，可以说是个'超级风洞'。马赫数9意味着如果飞机以这一速度飞行的话，那么从北京到纽约所需的飞行时间，将由目前的14个小时缩短至2个小时。有人形容，当飞行速度达9马赫数时，对飞机的发动机点火来说，就像在龙卷风中点燃一根火柴，还要保证它能持续燃烧。而JF-12爆轰驱动激波风洞恰恰可以在地面完全复现"龙卷风"的状态，这就为研发高超声速发动机创造了条件。因此，JF-12激波风洞整体性能优于国外同类产品。只要在这个大风洞中做几项实验，测试几个典型状态，配合数字计算等，将这些数据和在别的设备如激波风洞、燃烧风洞上得出的实验数据一对比，对理论预设进行验证，就能解决问题。第二，它实现了大尺度模型实验，风洞的喷管直径可达2.5米，实验舱直径3.5米，基本能跟现在的飞行器原尺寸实验。这样在做燃烧实验等实验时，一般不需要缩比，就能更有效地反映出实际问题。

俞鸿儒深知，风洞的顺利建成是中国科学院力学研究所风洞研究团队集体合作的结果，他也欣慰地看到，他辛苦培育出的科研团队在钱学森、郭永怀等老一辈科学家精神的激励下，在姜宗林、赵伟、陈宏等人的推动下，正在不断成长壮大，人才也不断辈出。

图 7-4　JF-12 激波风洞团队主要成员合影（前排左三陈宏，左四赵伟，左五俞鸿儒，左六姜宗林。中国科学院力学研究所高温气体动力学国家重点实验室提供）

　　JF-12 大型高超声速复现爆轰驱动激波风洞是对俞鸿儒的技术路线最好的验证，也能解决一些工程上的问题，但是它的建造目的并不是真正为了今后频繁地去做实验，因此迄今为止它的实验次数或频率并不是很高。[①]事实上，JF-12 激波风洞在研究新型飞行原理以及承担大型特种实验等方面已经取得重大突破。由于保密原因，实验内容不便透露。这些风洞实验在国家重大专项关键技术验证、航天部门重大工程研究和高温气动学科前沿探索方面发挥了不可替代的作用。

　　关于 JF-12 激波风洞的定位和运行管理模式，俞鸿儒有自己的一套看法。有一次中国科学院条件保障与财务局让他写一个程式化的报告，以后风洞研究归口军用项目系列。俞鸿儒觉得手续比较麻烦，而且繁杂的军用项目管理距离科学研究本身相差太远，工作上恐怕多有不便，于是谢绝了院里的好意。

　　无论是运行人员还是配套设施，中国科学院都不具备中国气动中心

---

　　①　中国气动中心科技人员座谈会，2016 年 3 月 29 日，四川。资料存于采集工程数据库。上述引文为中国气动中心朱涛、罗义成的发言。

这样一天做几十次甚至更多次实验的条件。第一，在北京各方面运行保障措施都存在困难，单拿供气来讲，中国气动中心的供气都是用管道输送过去，一次性输几千立方米没问题。中国科学院力学研究所做实验要人工一瓶一瓶地搬。中国科学院力学研究所原来只有中关村一个园区，要用大型风洞做实验很困难，因为没有制氢站，得靠人工把气瓶一瓶一瓶地拉进去。但凡遇到重大活动，液氢液氧作为易燃易爆品，气瓶都不能拉进北京，更做不了实验。第二，这么大的设备运行时需要有专人维护，总长200多米，做一次实验之后要把里面打扫干净，需要不少人力；压缩机的排气效率指标是有限制的，风洞内2000多立方米的容积要抽五六个小时才能达到实验所需的真空状态，所需的气量也非常大。风洞充气也要4个小时。现在虽然雇了一些工人，但组织保障等措施依旧比较困难。第三，运行费尚需要妥善解决。JF-12激波风洞这样一个大设备用起来尽管能耗很低，但是做一次实验费用却很高，而且实验效率不高，平均一天也就做一次实验。仅JF-12激波风洞的模型就要花费100万元。中国气动中心各方面的运行保障则要好一些，大量的任务可以同时做。

另外，JF-12激波风洞的建造、运行方式是低成本的，从两个方面来说：第一，建造成本很低，整个风洞的建造所需费用不到5000万元。第二，运行成本低。爆轰驱动是一种燃烧驱动，用化学能的释放替代机械能的反复压缩，功率是机械能的几十倍，而且它的用气量很少。如果不用爆轰驱动，这么大的风洞根本运行不起来。

正是因为JF-12激波风洞用很少的建造经费和运行费用建了一个参数很高的设备，能解决一些常规风洞解决不了的技术难题，例如，射程在1000～2000千米的战斗弹头都可以在里面做实验验证，且实验时间基本能达到100毫秒以上，复现高超音速飞行条件，所以在国内外引起了很大的影响。①

---

① 中国气动中心科技人员座谈会，2016年3月29日，四川。资料存于采集工程数据库。上述引文为中国气动中心朱涛、罗义成的发言。

风洞获得国际同行的认可

在北京市怀柔区雁栖经济开发区乐园大街一栋灰色建筑内,一根半人多高、金属质地、蔚蓝色的钢铁长"管子"静静地躺卧着。在国内国际同行的眼里,这根平淡无奇的钢铁却是一条潜藏着巨大威力的超级巨龙。这座世界上最长的超大型激波风洞,因整体性能领先国际水平,已经在学术界和国际上产生了广泛而深远的影响。

国际著名激波管技术专家高山和喜(Kazuyoshi Takayama)作为当年国际激波研究院的理事长,对JF-12激波风洞的顺利建成给予了高度赞誉:"据我所知,这个设备是世界唯一的,不仅在于它产生的流场区域大、气流速度高、试验时间长,更重要的是应用了最独特的爆轰驱动技术,克服了自由活塞驱动技术的弱点。"

联合国教科文组织网站介绍了复现飞行条件激波风洞JF-12的研究进展。美国卡尔斯本大学布法罗研究中心(The Calspan-University at Buffalo Research Center,CUBRC)航空部副主席、LENS系列激波风洞首席科学家Michael Holden认为,"传统激波风洞有效实验时间太短,仅适用于开展冷壁热流测量,延长风洞实验时间可以开展吸气动力飞行器、火箭/羽流相互作用、气动力和力矩测量等实验研究,甚至可以用于开展动力学实验,而JF-12复现风洞实验时间已经超过了100毫秒。"[①] 普林斯顿大学航空与机械工程系教授琚诒光也充分肯定了JF-12复现风洞的独特优势,认为它显著提升了马赫数5~9、高度25~50千米高超声速飞行条件的实验能力,试验时间超过100毫秒,独特的纯净试验空气能够减少燃烧试验中气体污染带来的结果不确定性,将为燃烧基础研究和宇航工程提供更可靠的数据。

第31届国际激波大会主席、日本名古屋大学教授佐佐明弘(Akihiro

---

① 中国科学院力学研究所:复现高超声速飞行条件的激波风洞。《中国科学院院刊》,2018年第33卷Z1期,第37-40页。

Sasoh）认为，该JF-12激波风洞的最大特点是实验时间飞跃性增长，近百米长的自由活塞风洞实验时间仅数毫秒，而JF-12激波风洞的试验时间能超过100毫秒（最高可达200毫秒）。他还向日本航空学会呼吁："原创性想法的提出与国家大小和强弱无关，我们（日本）要努力。"[1]

2008年，美国杂志（*Aerospace America*）国际进展综述以"先进高超声速试验设备"为题介绍中国科学院力学研究所爆轰驱动技术的三项重要进展。2015年，该刊的年度进展综述部分报道，中国科学院力学研究所已完成马赫数5~9、实验段直径3.5米的JF-12激波风洞的校准，热流测量与模拟技术得到了外部气体流动和超声速燃烧的精确结果。该刊同期评价了JF-12激波风洞开展的超燃冲压发动机实验，认为复现飞行条件的实验数据对研究燃烧、超声速流动和激波动力学及其耦合具有基础性意义。

从20世纪40年代航空航天研究在全世界兴起以来，地面实验装备研制与技术试验一直是个难点。毕竟研制2013年、2014年美国国防部向国会提交的报告重点提到了JF-12激波风洞，2014年、2015年JF-12激波风洞又连续受到美国国防部的重点关注。

德国亚琛工业大学激波实验室主任奥利维尔（H Oliver）在接受访谈时回忆了与俞鸿儒及中国科学院力学研究所的密切合作，他认为实验和基础研究对于激波风洞技术的未来发展同等重要。对俞鸿儒在爆轰驱动技术风洞科研领域作出的开创性的巨大贡献给予了高度评价，认为他的科研成果意义重大。奥利维尔认为，俞鸿儒指导下的中国激波研究团队将成为全球顶尖团队。[2]

2015年，高超声速复现爆轰驱动激波风洞JF-12被中国力学学会授予首届中国力学科学进步奖一等奖。2015年10月28日，中国空气动力学会对"复现高超声速飞行条件激波风洞实验技术及其应用成果鉴定意见"如下：该团队提出了爆轰驱动和长实验时间激波风洞理论，研制成功国际首座可复现飞行条件的超大型高超声速风洞，实现风洞实验状态从"模拟"到"复现"的跨越，攻克了60年来久攻未破的世界难题，代表了国际高

---

[1] 详见日本航空宇航会刊，2013年第61卷第6期。
[2] H. Olivier访谈，2016年9月30日，北京。资料存于采集工程数据库。

超声速风洞技术的领先水平,对于新世纪宇航技术发展具有开创性影响。同时,这些发明技术也对解决高超声速流动的前沿学科问题产生了重大推动作用。建议申报国家技术发明最高奖项。①

2016年3月27日,美国航空航天学会(American Institute of Aeronautics and Astronautics,AIAA)揭晓了2016年度AIAA地面试验大奖,AIAA副研究员、中国科学院高温气体动力学国家重点实验室主任、中国科学院力学研究所姜宗林,作为中国力学学会"中国力学科学技术奖"一等奖获奖项目"复现高超声速飞行条件激波风洞"的第一完成人荣获了这一奖项。②这是亚洲人第一次获得这一奖项,也标志着这一成果得到了国际同行的认可。

此外,这一团队的科研成果"复现高超声速飞行条件激波风洞实验技术"还荣获2016年度国家技术发明奖二等奖。2017年1月9日,中共中央、国务院在北京人民大会堂举行了2016年度国家科学技术奖颁奖大会,姜宗林作为获奖代表上主席台接受奖项。

殊荣纷至沓来。除国家级科学技术奖外,中国科学院力学研究所复现高超声速飞行条件激波风洞研究集体还荣获了2016年度中国科学院杰出科技成就奖。姜宗林、赵伟、俞鸿儒被授予突出贡献者。2017年1月16日,中国科学院院长、党组书记白春礼在全院工作会上,为获奖集体/个人颁发了奖杯、奖章及证书。

突出的成果也吸引了国家领导人的关注。2017年2月7日,中共中央政治局委员、国务院副总理刘延东,中共中央政治局委员、北京市书记郭金龙,全国政协副主席、国家科技部部长万钢,中国科学院院长白春礼,北京市市长蔡奇等前往中国科学院力学研究所怀柔园区调研。中国科学院力学研究所樊菁所长向刘延东一行介绍了怀柔园区的复现高超声速飞

---

① 中国空气动力学会对"复现高超声速飞行条件激波风洞实验技术及其应用成果鉴定意见",2015年10月28日。中国科学院力学研究所韩桂来副研究员提供文件部分内容。

② 中国空气动力学会:姜宗林研究员赢得国际航空航天地面试验大奖,《空气动力学学报》,2016年第34卷第2期,第1页。

图 7-5 姜宗林获得美国航空航天学会 2016 年度地面实验大奖（右为姜宗林。中国科学院力学研究所提供）

图 7-6 激波风洞研究团队核心成员在人民大会堂领奖时的合影（左起：刘云峰、王春、韩桂来、姜宗林、赵伟、苑朝凯、李进平、吴松。中国科学院力学研究所提供）

行条件激波风洞和高速列车动模型试验平台。① JF-12 这座超级风洞也引起了国内科技领域和社会公众的热切关注。

在 JF-12 激波风洞顺利建成后，俞鸿儒没有被鲜花和掌声冲昏头脑，而是始终保持着清醒砥砺前行。他深知该风洞的应用

图 7-7　俞鸿儒获中国科学院杰出科技成就奖（中国科学院力学研究所提供）

范围是有限的，需要在持续的运营中不断调试和完善。已进入耄耋之年的他，转换思维，深入思考在 JF-12 激波风洞建成后如何最大限度发挥它的实质性作用的问题。"JF-12 激波风洞将为高超声速吸气式推进技术的发展提供可靠的地面试验基础，但离真正实现高超声速巡航飞行还有相当距离。"俞鸿儒解释道，"需要继续做下去，一点点把没有解决的问题搞清楚，然后挨个解决。"② 后来，他们实验室又开始研制后续型号 JF-14 和 JF-16 等风洞。

在俞鸿儒的带动下，高温气动实验室非常重视这方面的科普工作。实验室每年接待夏令营人员和数以万计的社会公众前来参观，由科研人员和博士生认真细致的讲解。JF-12 激波风洞模型还曾参加了 2016 年在北京民族文化宫举办的大规模科技展览。在俞鸿儒的建议下，中国科学院力学研究所将这台造价 100 万元的风洞模型送给了山东荣成的郭永怀事迹陈列馆，以缅怀郭永怀对我国激波管研究的开创性作用。③

---

① 刘延东考察北京科技创新中心建设情况时强调：争当建设世界科技强国的排头兵．《人民日报》，2017 年 2 月 8 日．

② 李舒亚：《匠心　走近中国院士》．合肥：安徽人民出版社，2017 年，第 324 页．

③ 张涵信：《近代高温气体动力学研讨会论文集——祝贺俞鸿儒院士八十华诞》．中国空气动力学会，2008 年．

第八章
高温气动与激波管技术应用探索

俞鸿儒在高温气体动力学、激波管与激波风洞领域开展了一系列前沿探索性研究，不仅围绕航天器的研制协助进行关键技术问题攻关，还开创了新颖低温风洞等激波管技术的新方向。他还率领团队成员围绕激波管技术在工业界的多维度应用进行产学研合作，如用气动加热方法裂解生产乙烯等。

上述各种研究万变不离其宗，都涉及激波。激波作为一种能量与动量瞬态的传递过程，和原子弹爆炸的激波在本质上属于同一类自然现象。所不同的是，原子弹爆炸的激波是让人听了心悸的一大祸害，而在俞鸿儒领导的激波管实验室里，科技人员自有其独到的办法使之"俯首贴耳"，以造福于人类，为航天航空事业效劳。

深化气动力学基础理论研究

俞鸿儒深知，利用大型科研装备配合型号研制开展气体动力学实验，可切实有效地带动超高声速空气动力学相关基础研究。除爆轰驱动激波管技术研发外，俞鸿儒还开展了多项气体动力学相关的重要课题研究。

空气动力学是一门非常重要的学科，倘若采用钱学森的定义，空气动力学是一门技术科学，是建立在基础和应用之间的桥梁，在人类文明进步中发挥了很大的作用。人们常说，空气动力学的一些重大创新或发现都会引发飞行器的升级换代。如果没有空气动力学研究的发展，突破音障的问题等都不可能实现。现在的航空航天非常发达，例如美国、俄罗斯，而这两个国家确实有全世界最好的空气动力学机构，这有它的必然性。也就是说，空气动力学在支撑和引领飞行器的发展中发挥着巨大作用。

高温气体动力学这个学科虽然起步较早，但发展起来却面临诸多困难，不仅要有自己的学科内涵，还需要很先进的实验设备。20世纪60年代初，高温气体动力学这门学科与我国高超声速飞行器的研制同步发展。当飞行器的飞行马赫数达到6以上时，由于流动滞止、激波和黏性的作用，飞行器周围气流的温度急剧增高，前缘（驻点）温度可达2000~10000K，远远超过了一般结构所能承受的程度。同时，气流温度的升高引发了气体分子内自由度的激发、离解甚至电离等复杂物理化学过程的发生，出现了不同于完全气体热力学和化学性质的"真实气体效应"，还产生了飞行过程中的"热障"问题。因此，气动热化学是高温气体动力学的重要领域。

俞鸿儒很重视基础研究，他敏锐地意识到，传统流体力学的进一步发展，要考虑更为复杂的介质，特别是要考虑流体的内部结构与介质内部进行着物理化学变化的流体力学，于是出现了全新的非平衡流流体力学。20世纪80年代初，俞鸿儒的"气动力和气动物理若干问题的预研"项目获得中国科学院力学研究所1990年度所长择优基金，经费额度7万元。[①] 胡鸿儒等研究了突出物附近激波与湍流边界层干扰区域的传热问题，发现通过圆柱形凸起物周围的局部热流可达到平板值的30~46倍，并提出了圆柱

---

① 01-007，中国科学院力学研究所1990年度所长择优基金表。存于中国科学院力学研究所。

后掠可减轻气动加热的相关建议。①②

1991年4月，俞鸿儒和崔季平在《中国科学院院刊》上发表了《非平衡流流体力学》，探讨了流体力学向非平衡流方面的发展及其展望。③ 1991—1995年开展"粒子云在激波层中的动、能量交换规律及模拟理论研究"课题④。这一课题为国防科学技术工业委员会气动（85）预研院国防军工重点项目，经费总额12万元。此前，俞鸿儒曾于1988年5月13—18日参加了广州粒子云侵蚀专题讨论会。⑤ 1991—1995年开展了"粒子云在激波层中的运动规律"研究。后来，他又于1993—1995年开展了中国科学院重点二级课题"基础燃烧"，经费总额4.5万元。⑥

图8-1 俞鸿儒参加广州粒子云侵蚀专题讨论时的照片（左二俞鸿儒。1988年5月13日至18日，俞鸿儒提供）

俞鸿儒在20世纪90年代初即充分注意到了高焓非平衡流动这一重要的气动力学基础问题的重要性。1991—1995年，俞鸿儒和马家欢、唐贵明、魏叔如等联合开展了国防科学技术工业委员会重点预研课题、中国科

---

① 北京市地方志编纂委员会编：《北京志·科学卷·科学技术志》。北京：北京出版社，2005年，第298页。

② 俞鸿儒，李仲发：圆柱形突出物诱导的激波湍流边界层干扰区传热实验研究。《力学学报》，1981年第17卷第1期，第70-80、111页。

③ 俞鸿儒，崔季平：非平衡流流体力学。《中国科学院院刊》，1991年第1期，第30-32页。10.16418/j.issn.1000-3045.1991.01.005.

④ 01-003，中国科学院力学研究所办公室一九九五年力学所年报·一九九五年项目鉴定验收情况统计表。存于中国科学院力学研究所。

⑤ 俞鸿儒1988年效率手册，内部资料。

⑥ 1993-01-004，业务机构。存于中国科学院力学研究所。

学院军工重点课题"高焓非平衡流研究等6项气动重大预研课题"[①]。1996年8月,他主持在北京召开的中国力学学会高温气体动力学研讨会,在会上报告了"高温气体动力学实验模拟参数",并主编了《高温非平衡流动及其在重大工程中的应用前景一九九六年夏季高级研讨会文集》。[②] 1997—2000年,竺乃宜、俞鸿儒和沈青承担了中国科学院重大项目"高温非平衡流动及其机理研究",经费总额150万。[③]

在国外,以风洞实验推动基础研究的实例并不少。以飞行器减阻问题为例,在美国,一开始飞机的起落架都是不可收的,后来通过风洞实验发现起落架在飞行阻力中占的比例非常大,才逐渐发展出了可收放的起落架。此外,一开始飞行达到声速时,阻力突然增加,飞机飞行总过不了跨声速的关卡,也是通过大量的风洞实验发现了面积力的规律,才突破了飞机跨声速飞行的难题。

在研制过程中也会遇到看似不可逾越的技术难题,这些问题有时是风洞本身的问题。要解决这些问题,就要积极借鉴国外研制一流科研装置与开展气动实验的经验,但不能盲目迷信与一味模仿,而是要走出自己的路。这是因为,第一,在国际航空航天竞争日益加剧的大环境下,单纯靠模仿或技术引进是不现实的。特别是近些年来国外对中国相关领域的技术引进与核心信息交流封锁得非常厉害,风洞内柔壁喷管等关键技术部件不转让,必须靠我们自己去摸索。第二,美国人也不能完全解决我们的问题。我国飞行器研制面临的一些气动问题,还要靠中国人自己的创新性工作去解决。

此外,研究大型低温风洞时需要作出相应的大型空气压缩机,而大型压缩机恰恰是国内常规风洞实验室的瓶颈。柔壁喷管、半柔壁喷管、跨声速实验弹,以及更高性能风洞的二喉道等技术难题,也必须靠我们自己去攻关。

[①] 03-002,中国科学院力学研究所业务处力学所一九九零年度科研工作总结。存于中国科学院力学研究所。

[②] 俞鸿儒:高温气体动力学实验模拟参数。见:中国科学院力学研究所编,《高温非平衡流动及其在重大工程中的应用前景一九九六年夏季高级研讨会文集》。内部资料,1996年,第3-5页。

[③] 重点实验室,王柏懿主编:《中国科学院力学研究所志》。内部资料,2016年,第299页。

这种技术难题需要联合国内外航空航天和高校的专家一起进行技术攻关，有时候也要从基础的理论研究做起，深挖问题根源。因此，在俞鸿儒的影响下，中国气动中心原主任阮祥新多次要求中国气动中心要加强基础研究，加强创新。在他的建议下，中国气动中心开始建设气动力数据库，保存以前所有的吹风试验的数据。还专门建起了一个研究性风洞群，以研究型的设备来进行一些研究和创新。

在俞鸿儒的带领下，团队运用激波、非定场气体动力热力学领域已取得的成果和经验，在开辟气动新研究领域和应用、开发方面进行了成功的尝试，开辟了很多新的学科生长点。

为航天器技术难题攻关贡献力量

导弹再入现象

在以俞鸿儒为首的科技人员的共同努力下建立起来的激波风洞实验室，适应了20世纪70年代我国人造卫星、战略导弹研制的需要，为解决研制中的技术疑难问题提供了依据和解决办法，推动了航天事业的发展。1986年11月8日，中国科学院力学研究所完成的"第一代战略弹头再入气动力学和气动热力学研究"成果获得中国科学院科学技术进步奖一等奖。此次奖励没有发放个人证书，但在申请人中俞鸿儒排在首位。[1] 1987年7月，"激波风洞、炮风洞用于战略弹头气动力、气动热和再入通讯的研究"获得国家科学技术进步奖三等奖。[2]

---

[1] 张涵信：《近代高温气体动力学研讨会论文集——祝贺俞鸿儒院士八十华诞》。中国空气动力学会，2008年。

[2] 同[1]。

长征火箭级间分离和游机喷管辐射加热影响问题

远程导弹、大容量地球同步卫星、飞船等航天器的发展都依赖于运载火箭的发展，长征二号捆绑式大推力运载火箭（以下简称 CZ-2E）正是在此背景下研制的我国新一代的大推力运载火箭。殊不知，我国 CZ-2E 的研制成功，也同样有俞鸿儒和他的同事们的一份贡献。

由于 CZ-2E 大幅度增加了推力和有效载荷，从安全性和可靠性以及提高火箭的效率考虑，一二级间决定采用蒙皮结构，但研制时存在较棘手的技术困难。航天部门由此提出的级间分离中气动力和气动热课题直接关系着整个系统的成败，具有十分重要的意义。1988 年年初，航天部门找到俞鸿儒。为了完成任务，俞鸿儒组织了联合课题组，和林建民、赵润民、李仲发、李振华等人一起开展 CZ-2E 级间分离气动问题的研究和游机喷管辐射加热影响研究。经过分析研究，提出简化的级间排气流模型，给出了不影响发动机正常工作的临界外壳开孔面积计算公式。首次采用氢氧爆轰产物模拟火箭发动机的燃气实验，并在稍加改造的激波风洞中立即开展实验研究，不但加快了研究进度，而且模拟性能也优于当时国外的模拟方法。在研究阶段获得的结果直接提交设计部门并被用于 CZ-2E 一二子级间连接方案、外壳开孔排焰方案以及各关键部位机件的强度、热防护等方面的设计中，为 CZ-2E 的研制成功作出了重要贡献。1988 年 10 月 1 日，国防科学技术工业委员会为俞鸿儒颁发了"献身国防科技事业"荣誉证章，以表彰俞鸿儒从事国防科技事业三十年，为国防现代化建设作出的贡献。① "863" 计划实施后，俞鸿儒受邀参加了"国家高技术大型运载火箭及天地

图 8-2　俞鸿儒荣获"献身国防科技事业"荣誉证书（俞鸿儒提供）

---

① ZS-001-014，俞鸿儒：1988 年献身国防科技事业奖，1988 年 10 月 1 日。资料存于采集工程数据库。

往返运输系统专家组"（即"863-204"专家组），1989年，"863-204"专家组致信中国科学院力学研究所，感谢俞鸿儒及中国科学院力学研究所在空气动力（热）规划论证组工作中的贡献。① 1991年10月，俞鸿儒主持完成的"长征二号捆绑式运载火箭级间分离气动力、气动热研究"获得中国科学院科学技术进步奖三等奖。

载人航天工程气动攻关和助力澳星发射

从20世纪80年代中期开始，俞鸿儒积极参与了中国载人飞船工程（简称"921工程"）的空气动力学攻关工作，并作出了重要贡献。1992年9月21日，中共中央政治局十三届常委会第195次会议讨论同意了中央专委②《关于开展我国载人飞船工程研制的请示》，正式批准实施我国载人航天工程。"921工程"七大系统中的核心部分载人飞船以中国空间技术研究院为主进行研制，气动问题则由中国气动中心牵头。

1993年2月26日，航空航天部科技委副主任庄逢甘主持召开"921-3气动研究大纲"讨论会。为了发挥中国科学院力学研究所、中国气动中心、中国航天一院、中国航天五院等单位的技术特长，决定成立"921-3气动专业组"，以便协调和讨论921-3气动问题。该专业组办公室设在五〇一部，国防科学技术工业委员会"921工程"办公室林树副局长、二十九基地副总师张涵信、七〇一所副所长崔尔杰、中国科学院力学研究所俞鸿儒等39人参加了讨论会。③

为完成"921工程"气动技术的攻关工作，1993年10月12日成立了

---

① 中国科学院力学研究所：1989年"863-204"专家组致中科院力学所的感谢信（1989年8月31日），未刊稿。资料存于采集工程数据库。

② 中央十五人专门委员会又称中央专委，1962年11月成立。周恩来任主任，成员有贺龙、李富春、李先念、聂荣臻、薄一波、陆定一、罗瑞卿、赵尔陆、张爱萍、王鹤寿、刘杰、孙志远、段君毅、高扬。中央专委由领导原子能事业开始，逐渐成为国家尖端科技和国防科技的中央级专门领导机构，具有极高的权威。

③ 01-004，航空航天工业部五院第五〇一设计部文件（1993）设质字第035号"921-3气动研究大纲"讨论会纪要。存于中国科学院力学研究所。

"921 工程"气动协作与攻关指导小组和技术攻关协调专题组,负责审议技术攻关协调专题组提交的议题,组长为庄逢甘,成员包括崔尔杰、张涵信、俞鸿儒、安复兴、王壮。[1] 此后,俞鸿儒每年都要去南昌、绵阳等地参加气动专业组的学术讨论。

俞鸿儒对我国航天事业发展的另一大贡献是在两个月内帮助分析出了澳星发射的故障原因。1991 年,我国西昌卫星发射中心试发射通信卫星时出现故障,导致我国为澳大利亚发射的人造卫星未到达预定目标。航空航天工业部门[2] 的领导们非常焦急,要求在两个月内分析出事故原因,并解决问题,以确保同年 3 月上旬澳星的发射成功。

热源以及辐射加热对安装在附近的姿态控制发动机的控制电缆可能产生恶劣影响。主管部门决定对这一问题进行地面模拟试验,这时距离奥赛特 B-1 通信卫星发射的日期只有一个月的时间。1992 年元旦前后,航空航天工业部来到中国科学院力学研究所,希望中国科学院力学研究所的同志来解决这个问题,很多人都迎难而退。后来,出于对俞鸿儒胆识和能力的信任,他们径直找到俞鸿儒。

来人告诉俞鸿儒,分析 CZ-2E 故障原因时,航空航天部门已注意到传输测控信号的电缆距离发动机喷管比较近。二级游机喷管在 80 千米以上高空工作时,表面温度达到 1500K。那么,该喷管作为热源对电缆的加热是否会造成破坏呢?回答这一问题需要进行地面实验才能给出判定。由于两三个月后就要再次发射卫星,时间紧迫。他们问俞鸿儒能否完成这一挑战性实验?经过短暂的思考后,俞鸿儒悟出,这项工作的关键性难点是高真空环境中如何将喷管模型加热升温到 1500K,并认为采用低压大电流电阻加热即可将模型加热到所要求的温度。为了维护国家声望,俞鸿儒临危受命,毅然接下了这项艰难的任务。

---

[1] 01-004,关于成立"921 工程"气动协作与攻关指导小组和技术攻关协调专题组的通知。存于中国科学院力学研究所。

[2] 1956 年,建立国防部第五研究院。1965 年,脱离军队系统,改名为第七机械工业部,简称七机部。1982 年,改名为航天工业部。1988 年,与航空工业部合并为航空航天工业部。1993 年,航空航天部撤销,成立中国航天工业总公司及国家航天局。1999 年,中国航天工业总公司改组为中国航天科技集团公司和中国航天机电集团公司。

实验过程中出乎意料的事情发生了。等实验模型送到实验室后，俞鸿儒等人测出电阻非常小，甚至低于导线接头处的接触电阻，他们原来提出的实验方案就难以实施。于是，他积极向大家请教，同时集中全部精力探求解决问题的途径。一天夜里，他突然想起初中物理老师讲过的内容：导体电阻与长度成正比，与横截面积成反比。若将板状导体切一刀，长度增一倍，截面减为一半，电阻不就增为四倍了。再切一次，电阻就可增为十六倍。

经过反复研究，俞鸿儒凭借广博的基础知识和丰富的实践经验，提出了巧妙的技术方案：利用 JF-8 激波风洞中 1.2 米真空罐来模拟 80 千米高空环境，用梯形平板构成喷管模型，通过均匀开缝的方法使平板模型的欧姆电阻提高了两个数量级，进而用自身电阻加热的方法将该模型加热到 1500K 的工作条件。就这样多切了几次，模型的电阻便很快满足了要求。

在准备和进行实验的日子里，航空航天工业部部长林宗棠两次到实验室考察，并积极提供支持。当时正是春节前后，天寒地冻，林宗棠获悉俞鸿儒他们因缺电，只能在深夜做实验时，特意通过国务院让北京市给他们增加电力供应，使他们能够在白天工作，并提出开展振动噪声实验。[①]

图 8-3 航空航天部原部长林宗棠（左）就长征二号捆绑式大推力火箭故障分析与俞鸿儒在中国科学院力学研究所试验现场进行交流（俞鸿儒提供）

在前后不到 40 天的时间，经过夜以继日的辛勤努力，俞鸿儒等人圆满完成了实验任务。不仅实现了澳大利亚通信卫星奥赛特 B-1 的如期成功发射，还为国际卫星发射市场开辟了广阔的前景。[②] 1993 年

---

① 俞鸿儒工作笔记，《1992 年效率手册》。
② 竺乃宜：俞鸿儒院士学术成就简介。见：中国空气动力学会编，《近代高温气体动力学研讨会论文集——祝贺俞鸿儒院士八十华诞》。2008 年，第 3 页。

10月,俞鸿儒作为第一完成人的"长征二号捆绑式运载火箭游机喷管辐射加热影响实验研究"获得中国科学院科学技术进步奖三等奖。

开创激波管技术应用的新方向

20世纪80年代,激波管技术用于工程应用研究的前景广阔,俞鸿儒和团队成员努力将激波管技术向横向扩展,研制了灰尘气体激波管,开展灰尘气体激波研究与粒子云课题;通过简单激波管产生理想爆炸波的新方法独具特色;研制出了生物激波管,开创了核爆情况下生物受激波作用的受损机理研究的新领域;用于乙烯裂解的气动加热方法研究,开辟了一条高温化工的新途径;气动雾化铝粉制备技术的先导性研究成果,开创了气动方法粉体制造新工艺;以非定常气体动力学原理发展起来的热分离器,不仅成功用于油井尾气回收,还为高雷诺数低温风洞的一种新制冷技术提供了基础[1]。他们力争将激波管技术用于工业生产,创造良好的经济和社会效益。

研制新型含灰气体激波管

20世纪80年代初期,周围同事已能承担航天设计部门提出的研究试验任务。俞鸿儒主动退出这方面的具体工作,开辟新的研究方向。

为了研究粒子云对飞行器侵蚀的机理,俞鸿儒和他的课题组在20世纪80年代初建成了国内第一座竖直含灰气体激波管,完成扬灰装置,灰尘气流浓度、激波速度测量装置的研制[2]。在这一竖直含灰气体激波管中,

---

[1] 1997-07-004,中国科学院力学研究所基础性研究科研基地试点方案(二)。存于中国科学院力学研究所。

[2] 竺乃宜。俞鸿儒院士学术成就简介。见:中国空气动力学会编,《近代高温气体动力学研讨会论文集——祝贺俞鸿儒院士八十华诞》。2008年,第2页。

俞鸿儒利用激波管实验对含灰气体激波结构做了研究，测得灰尘气体的激波结构，其中在国际上首次观察到理论预计存在的无间断前沿的耗散激波结构，这一点很有意义。

通俗来讲，灰尘气体激波管通常采用吹气扬尘，扬起的微粒空间分布和速度不均匀，性能难以提高。固体微粒受地心吸引力的作用，下降的速度逐渐增大。当微粒阻力与重力相平衡时，下降速度将保持不变，这一速度被称为沉降速度。根据这一原理，他们将激波管竖直安装，在膜片附近扬灰，当灰尘达到沉降速度后，破膜气动激波管。这样一来就使得入射激波到达前，固体微粒的速度空间分布均匀起来，从而大大提高灰尘气体激波管的性能。[①]

不仅如此，根据实验观察获取的数据，俞鸿儒还获得了含灰气流驻点区热流增大的新认识。例如，他提出了含灰气体驻点区增大分析模型，按其计算获得的结果与实验数据相符。在灰粒负荷率低于 0.4 及激波马赫数低于 1.5 的范围内测量了压力、激波速度及灰粒浓度。激波后冻结及平衡压力可用 R-H 关系很好地加以计算，但松弛区长度则较基于球定常运动的计算值短得多。实验中观察到耗散激波结构并发现灰尘的存在减少气流中的压力脉动。激波传播速度与基于"等效气体"模型计算值相符。[②]

1986 年，中国科学院力学研究所举办 30 周年所庆活动，俞鸿儒在会上作了《含灰气体驻点热增量机理研究》的报告。[③] 1991 年，他在没有专门经费支持的情况下，开展了粒子云在激波层中的运动规律研究。

合作研制生物激波管

为了研究核和化学爆炸对生物、建筑物和机械装备的破坏作用，美国

---

① 本卷主编郑哲敏，总主编钱伟长：《20 世纪中国知名科学家学术成就概览 力学卷（第二分册）》。北京：科学出版社，2015 年，第 343 页。

② 俞鸿儒，林建民，袁生学，李仲发：含灰气体激波结构的实验观察。《力学学报》，1983 年第 6 期。

③ 中国科学院力学研究所：中国科学院力学研究所科研报告和资料摘要汇编 1986-1987 年，第 137 页。

于20世纪60年代建造了一座长达750米的巨型锥激波管,但正压作用时间有限。德国和法国发展了一种多驱动段激波管,长度缩小,正压时间延长,但产生的压力波形出现与驱动段数目相同的干扰。这两类设备都不能产生负压。

20世纪80年代初,国内做冲击伤研究的方法是将炸药点燃,利用起爆后生成的高压气体造成机体损伤。第三军医大学野战外科研究所所长王正国认为这种方法太"土",跟不上时代发展的需求。于是,他产生了研制先进的冲击伤研究装置的想法。[①] 1985年,王正国[②]派人到中国科学院力学研究所找俞鸿儒,希望俞鸿儒的团队能帮助他们研制用来进行生物冲击伤试验的爆炸激波发生器。俞鸿儒对美国和欧洲的爆炸波激波管一一进行了深入分析和研究,创造性地提出了模拟爆炸波的激波管新思路,并形成了按照这种新方案来研制低成本、高性能的生物激波管的设想,这一创新思路为国际首创。意想不到的是,王正国告诉俞鸿儒,由于他们只申请到非常少的经费,因此不能给中国科学院力学研究所提供经费了。一般来说,较充足的经费是开展科研合作的必备条件之一。鉴于新方案很可能获得有重大意义的研究成果,俞鸿儒同意自费参加研制。于是,1985—1988年,中国科学院力学研究所的俞鸿儒、谷笳华、李振华、李仲发等人和第三军医大学王正国教授等人开始合作。

在研制期间,俞鸿儒曾多次到第三军医大学激波管实验室深入讲解设计原理与构思,与合作者探讨问题。[③] 随后,中国科学院力学研究所的谷笳华在计算物理的学术会议上报告了生物激波管新方案的设计结果,北京大学黄敦教授听后说:"这是一个世界性难题,你们竟然这么算算就把问题解决了?回去转告俞鸿儒,除非给出实验结果,否则谁也不会相信。"于是,俞鸿儒和同事们加紧进行设备改造,开展多次模拟实验,新方案被证实是切实可行的。之后的生物冲击伤爆炸波模拟器的研制工作非常顺

---

① 肖飞:《生命的守护者——医学大家》(一)。上海:复旦大学出版社,2013年,第205页。
② 王正国,1935年12月12日出生于福建省漳州市(祖籍安徽省合肥市),中国工程院院士,是中国冲击伤、创伤弹道学、交通医学研究的主要创始人之一。
③ 档案号SP-001-003,中科院力学所. BST-I型生物激波管论证会视频(时间:1989年)。资料存于采集工程数据库。

利。① 1988年，双方成功合作研制出国内第一台用于冲击伤研究的生物激波管，俞鸿儒有关用普通激波管产生爆炸波的创新性设想在生物冲击伤试验装置中得以顺利实现。之后他们又陆续研制出大、中、小（微）系列生物激波管。

此后的大量动物实验表明，这套装置结构简单，操作方便，可使羊、狗、兔、豚鼠、大鼠等动物造成从轻伤至现场死亡的不同程度损伤，因而能较好地满足冲击伤实验研究的需要。② 专家鉴定意见认为："工作原理新颖和模拟爆炸波很成功，实验室中模拟爆炸波难度很大。……本管对常规激波管在结构上作了不大但很巧妙的改动，在管中不同部位都可以做到两点：首先，压力波从峰值就开始衰减；其次，衰减到出现有足够长时间的负压……国外至今难以做到。"③ 专家的意思是，这种设备不仅可模拟正压，还可模拟负压，能完全模拟爆炸带来的冲击伤的实际情况，而当时美国同类设备仅能模拟出的冲击波仅有正压波，没有负压波。④ 总体来看，该项成果为我国冲击伤试验提供了优良的装置，还为将来进行核爆破坏效应实验室研究作了技术储备。

在与外单位的合作中，俞鸿儒从不计较排名先后，一心想着把事情做好。他和王正国等人围绕系列生物激波管的研制与应用，发表了多篇论文⑤。俞鸿儒作为第二完成人，与王正国等合作完成的"系列生物激波管的研制及其应用"这一研究成果获得1989年中国科学院科学技术进步奖二等奖⑥。1990年，"BST-Ⅱ型生物激波管及其应用"这一成果又获得中国人民

---

① 俞鸿儒：《虚怀若谷　宗师风范——林同骥先生诞辰九十周年纪念文集》。中国科学院力学研究所，2008年，第56—60页。
② 朱光亚，周光召：《中国科学技术文库　院士卷4》。北京：科学技术文献出版社，第4663页。
③ 竺乃宜：俞鸿儒院士学术成就简介。见：中国空气动力学会编，《近代高温气体动力学研讨会论文集——祝贺俞鸿儒院士八十华诞》。2008年，第2页。
④ 肖飞：《生命的守护者——医学大家》（一）。上海：复旦大学出版社，2013年，第205页。
⑤ 王正国，孙立英，杨志焕等：系列生物激波管的研制与应用。《爆炸与冲击》，1993年第13卷第1期，第77—83页。
⑥ 张涵信：《近代高温气体动力学研讨会论文集——祝贺俞鸿儒院士八十华诞》。中国空气动力学会，2008年，第6页。

解放军总后勤部科技进步奖一等奖[①]。1991年4月，BST-Ⅰ型生物激波管获得国家科学技术委员会颁发的"国家科技成果完成者证书"，俞鸿儒是第一完成人。1992年11月，"系列生物激波管的研制及其应用"获得国家科学技术进步奖一等奖。[②]

图8-4 1988年俞鸿儒在第三军医大学激波管实验室讲解原理（图中站立者为俞鸿儒。俞鸿儒提供）

1993年，王正国与俞鸿儒等人合作发表了论文《系列生物激波管的研制与应用》，俞鸿儒的名字在作者中排在第五。[③]他自己并不以为意。值得一提的是，1994年王正国被遴选为中国工程院医药卫生工程学部首批院士，上述合作研究成果在一定程度上发挥了重要作用。

研制高压校准激波管

高压动态测量是研制和改进火炮性能的基础技术，压力传感器动态校准是进行高压动态测量的基本设备。激波管能提供标准的谐跃波，因而是进行压力传感动态校准的一种理想装置。但20世纪90年代初校准激波管能产生的压力阶跃幅值一般在10MPa上下。当时去国外访问的代表听国外专家说西方校准激波管的压力阶跃幅值个别高达60MPa，但基本特性不明。在这种情况下，俞鸿儒提出利用氢气驱动并提高激波马赫数的方案，

---

① 张涵信:《近代高温气体动力学研讨会论文集——祝贺俞鸿儒院士八十华诞》。中国空气动力学会，2008年。

② 同①。

③ 王正国，孙立英，杨志焕，冷华光，俞鸿儒，谷家华，李振华，李仲发：系列生物激波管的研制与应用。《爆炸与冲击》，1993年第1期，第77-83页。

与兵器工业总公司204所合作研制出了高压校准激波管。

俞鸿儒分析了高压校准激波管内气体的流动状态后，根据激波管流动特性和多年实验的经验，提出利用氢气驱动并提高激波马赫数的方案。第一，在高初始压力条件下，激波管壁边界层变薄，激波马赫数提高到2，仍能获得理想的校准压力波形，从而克服了通常激波马赫数约为1.3、最高不超过1.6、阶跃幅值难以提高的障碍。第二，因注意到驱动气体压力可低于校准压力幅值，建议采用氢气代替空气驱动。上述两项技术措施奠定了研制高压校准激波管的技术基础。

基于提出的方案，俞鸿儒所在的中国科学院力学研究所与兵器工业总公司204所合作研制成GXT高压校准激波管已获得验证。当时该激波管是国际上压力最高、性能优越的校准装置，其谐跃幅值高达105MPa，谐跃波形完善，对高压动态测量提供了有力的支持。[1]

1994年5月12日，由俞鸿儒、李振华、李仲发作为主要完成人的"GXJ-100S高压校准激波管系统研制"校准激波管研究成果因性能优越，特色鲜明，获得兵器工业总公司部级科技进步奖一等奖，1996年12月又荣获国家科学技术进步奖二等奖。[2]

尝试产学研合作

20世纪80年代起，在国家实施产学研计划，推动应用研究成果向生产力转化的大背景下，俞鸿儒和他的课题组重视根据现有科研积累和优势，积极推进科研成果产业化，推动科研成果与国家经济发展相结合，为我国许多其他行业领域的技术研究和应用开发作出了突出贡献。

---

[1] 竺乃宜：俞鸿儒院士学术成就简介。见：中国空气动力学会编，《近代高温气体动力学研讨会论文集——祝贺俞鸿儒院士八十华诞》。2008年，第2-3页。

[2] 张涵信：《近代高温气体动力学研讨会论文集——祝贺俞鸿儒院士八十华诞》。中国空气动力学会，2008年，第6页。

在俞鸿儒的领导下，团队成员进行了不少成功尝试，其中生物激波管的建立，开辟了核爆情况下生物激波受损机理研究的新领域；用于乙烯裂解的气动加热方法的研究，开辟了一条高温化工的新途径；气动雾化铝粉制备技术的先导性研究成果，开创了气动方法粉体制造新工艺，以非定常气体动力学原理发展起来的热分离器不仅成功用于油井尾气回收，还成为高雷诺数低温风洞的一种新的制冷技术。[①]

热分离器内流分析和应用

20世纪70年代，法国发明了一种结构简易抗侵蚀的热分离器制冷机，可用于回收油井气。国内按法国这种样机仿造的热分离器性能不稳定。俞鸿儒对热分离器内流进行分析后指出，这是一种多激波管装置。他利用激波管理论分析其内部流动，先画出流动波图，然后尝试提出改进热分离器性能的措施。素来爱动脑筋琢磨的他想到，能否用热分离器进行制冷呢？

后来，俞鸿儒在国内首先建立了热分离器理论（又称气波机理论）。应用俞鸿儒的热分离器理论，可制造一种利用气体压力能产生激波和泰勒波使气体制冷的新型制冷机械，又名气波制冷机。此后，俞鸿儒和大连理工大学化工机械系方耀奇教授、胡大鹏教授联合开发了气波制冷机产品，目的是用于石油油田气[②]回收。气波制冷机研制成功后，大连理工大学拥有自主知识产权，虽然这是将俞鸿儒的热分流器理论加以工程实现的结果，但俞鸿儒却从不计较。

知识产权归属大连理工大学的气波制冷机，自1990年被国家科学技术委员会列为科技成果重点推广项目，被认为达到国际先进水平，先后荣获国家技术发明奖三等奖1项，国家科学技术进步奖三等奖1项，国家级火炬计划项目2项，国家教委科技进步奖一等奖1项、二等奖2项，辽宁省

---

① 1997-07-004，中国科学院力学研究所基础性研究科研基地试点方案（二）。存于中国科学院力学研究所。

② 油田气亦称油田伴生气，是指在开采石油的同时所采出的天然气。石油伴生气的产量很大，每采出一吨石油，就伴生几十立方米到几百立方米的油田气。

政府科技进步奖一等奖1项及其他省部级二、三等奖4项，被应用于大庆、吉林、盘锦、新疆等油气田和国防部门，创造了巨大经济效益。[①]

微细球形铝粉中试生产装置及产品应用

微细球形铝粉是固体推进剂燃料组分高级涂料和热喷涂料的重要原料。20世纪80年代，俞鸿儒还主持研制了以先进工艺制作铝粉的研究。由于过去铝粉是火药的主要成分，铝粉加得越多，火药的冲击力就越强。铝粉有一定的军事用途，因此那时美国对中国完全禁止铝粉加工制作工艺的技术转让。中国航天304研究所是专门研制航空材料的研究所，俞鸿儒和梁保秀一起前去承接了该铝粉项目。起初俞鸿儒感觉这个项目不能做，一来是因为与他们的主营业务没有关系；二来铝粉化成液体以后，蒸发到空气中非常危险，容易发生爆炸，造成人员伤亡。为了安全起见，他提出用锡做实验，因为锡是200℃的熔点，怎么做都不会爆炸。该项目改进了制粉技术，解决了粒度分级，粉体输送收集、雾化介质循环使用和连续生产等技术难题，使生产线达到国际先进水平。产品经用户使用鉴定认为性能明显优于现用非球形铝粉，且成品率提高10倍以上，可用于国家重点任务DF31等型号。[②] 1991年10月，俞鸿儒参与完成的"微细球形铝粉中试生产装置及产品应用研究"获国家科学技术进步奖一等奖。

裂解生产乙烯的气动加热方法

20世纪90年代初，俞鸿儒开始在国内率先探索用气动方法研制乙烯裂解问题，这是他关系国计民生、推动力学工业应用的又一次尝试。

乙烯是当代石油化工业的基础和重要原料，大量的长链有机化合物需裂解成为乙烯，再由它聚合成各种物质。化学动力学的计算结果表明，乙

---

① 大连理工大学科技实力概况，大连理工大学科技处开发科，第8页，内部资料。
② 中国科学院计划局，中国科学院文献情报中心编：《中国科学院科学技术成果汇编》。1990年，第56—57页。

烯是裂解反应过程中的中间产物，乙烯回收率随反应时间变化。裂解反应温度越高，乙烯峰值产率越高，要求对应的最佳停留时间也越短。如反应温度为1500K，最佳停留时间不超过2毫秒。20世纪80年代，工业生产中普遍采用的是管式裂解炉，这种管式裂解炉的性能虽已接近完善，受管壁导热这一固有特性约束，裂解反应温度受限，停留时间过长，难以降低生产成本，乙烯产率不高，不能满足裂解工艺需求。乙烯产率尚有大量提升空间，也有大量潜力可以挖掘。①

从20世纪90年代初开始，俞鸿儒着手探索提高裂解生产乙烯产率的新途径。经过长期调查研究和反复探索，他创造性地提出了反向射流混合加热法这一裂解乙烯的新方法。1993—1994年，俞鸿儒承担了中国科学院重点及所长基金项目"乙烯裂解的气体动力学方法"基础研究项目。

俞鸿儒还围绕乙烯裂解的气体动力学方法申请国家自然科学基金委员会（以下简称基金委）的项目支持，得到了大多数专家的支持，时任基金委主任的化学家张存浩了解这一项目后，当即明确表示支持。

此后，俞鸿儒申报的"用于裂解制造乙烯的气动加热方法研究"获批为自然科学基金委重点项目（1997—2000年），经费为80万元，这在当时是一笔相当可观的经费了。他对乙烷裂解制造乙烯的非平衡过程进行了分析，在理论研究上着力解决超声速混合增强和非平衡激波加热两个关键科学问题，其直接应用目标是裂解制造乙烯，发展一个完全摒弃传统工艺和装置的全新构思。在研究中，他发现为了获得高的乙烯产率，需准确控制裂解停留时间并提高裂解反应温度。他的这一研究的创新之处就恰恰在于利用新颖实用的气动方法，达到了提高反应温度和缩短停留时间的双重要求。凭借自身雄厚的数理基础，俞鸿儒还探明了气动方法裂解乙烯的科学原理。

2004年11月3日，俞鸿儒作为第一完成人的"反向射流混合加热裂解装置及生产乙烯的方法"获得发明专利，申请日为2001年12月30日。

---

① 本卷主编郑哲敏，总主编钱伟长：《20世纪中国知名科学家学术成就概览 力学卷（第二分册）》。北京：科学出版社，2015年，第343页。

可惜的是，虽然原理走通了，但由于当时国内工业化水平与通过气动加热方法裂解生产乙烯的技术概念不匹配，在工程化阶段遇到了一些困难，还不能真正用到工业生产中。但这一气动新思想如能在化工中实用，将会产生重大的经济和社会效益，有望开拓激波管应用的一个新局面。[①]

---

① 陈宏访谈，2016 年 4 月 13 日，北京。资料存于采集工程数据库。

第九章
独树一帜 一专多能

辩证思维与独特风格

与众不同的思维方式

自幼在父亲的影响下,俞鸿儒就形成了鲜明的辩证思维,对事件有自己清醒的认识。在科研和生活中,他这种否定之否定的辩证思维得到了深刻的体现。

一般人听到批评的话和反对意见心里就不舒服,俞鸿儒却从内心真心欢迎反对意见,觉得赞赏的意见虽能愉悦身心,但真正帮助你做学问的恰恰是那些反对意见。因为反对意见可以提醒一个人自己未注意到的问题,可促使你深入思考。反对者越多,说明你的研究越需要创新,而那些普遍赞成的项目难有重大创新。

不过,反对意见分为几种,一种是确实点中要害的,指出你根本没有想到的问题。中国科学院力学研究所激波风洞团队建了一个风洞,兄弟单位的人觉得中国科学院力学研究所的人抢了他们的饭碗。其中有人提出意见，说你们的风洞有缺点。中国科学院力学研究所激波风洞团队的人一听，第一反应是对方嫉妒我们，吃不到葡萄说葡萄酸。俞鸿儒却不然，他认真听完后又仔细思考，知道对方是点中了自己工作上的要害，马上找学生把这个问题解决了，这样工作反而得到了促进。当然，还有一种反对意见是对方意见提错了。但这种情况也有好处，你能了解到对方错在哪儿，再顺着慢慢往前想，这样一步一步地探索下去，你对问题的思索就会更加深入。

还有一点，反对人的多寡反映了你工作新颖度的强弱。一般来说，没人反对的工作新颖度不会高。现在大家都很看重Nature、Science，Nature的办刊宗旨提出"创新是指科研成果新颖，出人意料或令人吃惊"；Science的办刊宗旨提出，"创新应该具有冲击性"。俞鸿儒认为，一项工作反对的声音越多，可能新颖度越强；而获得一片赞扬的工作或许并没有那么好。

看事情要看两面。俞鸿儒的治学格言是："读书要用两只眼睛，一只看纸面上的，另一只看纸的背面。"他认为，读书和做学问就是要认真思考事物背后的本质。

俞鸿儒的"肯定思维"能力很突出，在研究中能不断地提出新思路、新方法和新方案。科研工作者必须有创新性思想，才能取得有重要科学价值的成果。反过来，只有创新思想，没有辨别力，就无法分辨真伪，使科研面临风险。因此，做好科研同样需要"否定思维"（或逆向思维），这种思维在俞鸿儒身上得到了很好的展现。

俞鸿儒对科研具有敏锐的判断力。一般的实验工作者容易

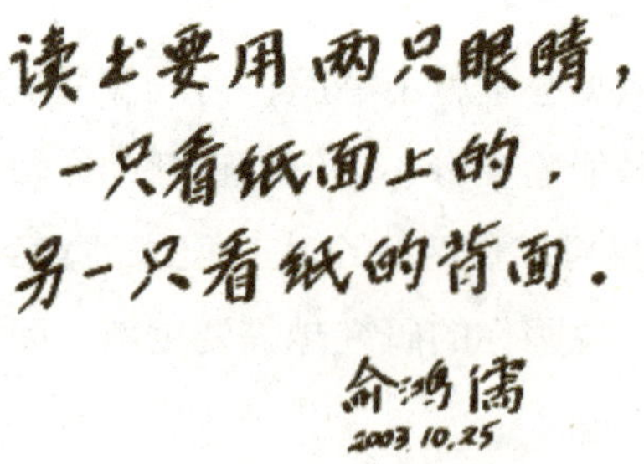

图9-1　俞鸿儒的治学格言（俞鸿儒提供）

局限于实验本身或某个测试技术等层面，他却能从更高的思想方法层面去思考科研，能非常明确地判断出什么样的选题是对的，什么样的选题是不能做的；怎么做是对的，怎么做是错的。

俞鸿儒曾启发学生去思考为何有些重要的课题别人不做？想来不过两点：一是实在难以作出来，前人已经探索过却没有成功，因此他从不盲目鼓励科研人员去挑战那些少有人问津的"千年难题"，而是建议对此类课题要谨慎选择，量力而行；二是课题的根本原理是错误的，如果想法错了，就可能白费力气，产生荒谬的结果。

俞鸿儒非常善于倾听否定意见，当认识到研究可能走入歧路时，能及时回头，否定自己不成熟的思想，从而做到尽量不犯错误，不走错路，取得最好的成果。正如他曾说，一些复杂现象的规律性往往事先难以估计和想象，如果科研工作者的思路与客观规律相违背，但你还要硬坚持下去，在实验中"只能碰得头破血流"。但是，他对那些否定性的、批评性的意见却并不盲从，不会因为别人批评或否定的话就轻易放弃自己的研究。对于什么事情应该坚持下去，什么应及时收手，他有着清晰的判断。否则，也就不会诞生爆轰驱动技术了。

甘于被冷落和忽视

俞鸿儒认为，从事科研工作要甘坐冷板凳，要甘于被冷落和忽视。中国科学院院士邵峰曾写过这样一段话：中国最缺的不是多少论文，而是原创性的工作。原创性工作往往需要甘于被冷落和忽略，因为只有这样思维才不会被过多影响，才能独立思考，产生奇思妙想。他非常赞同，认为邵院士的想法非常高明，这不仅对一般人是一种修养，对科学研究人员也是非常重要的。他由此联想到了毛泽东主席提到的一个问题，即历代状元，为何作出成绩的不多？国内报纸上也经常刊载这种话题，相关议论也很多。有人认为这些状元的学问是假的，只是擅长应试。俞鸿儒认为，这些状元肯定算得上是人才，要强于一般人。他们做不出成绩的原因很可能是由于被过度关注，自己就忘乎所以了，人啊，一骄傲就完

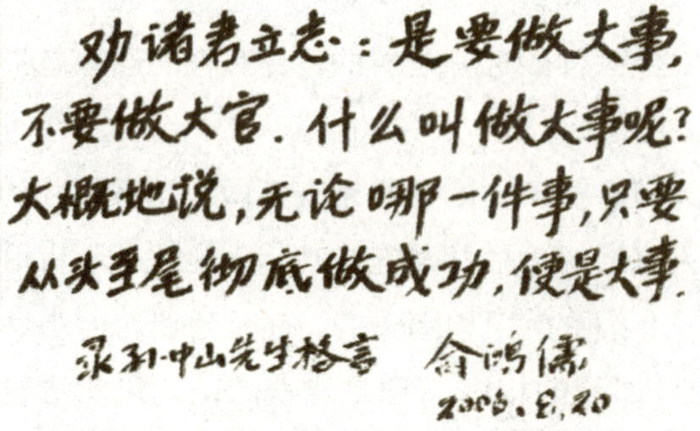
劝诸君立志：是要做大事，不要做大官。什么叫做大事呢？大概地说，无论哪一件事，只要从头至尾彻底做成功，便是大事。

录孙中山先生格言 俞鸿儒

2006.8.20

图 9-2 俞鸿儒誊录孙中山格言（俞鸿儒提供）

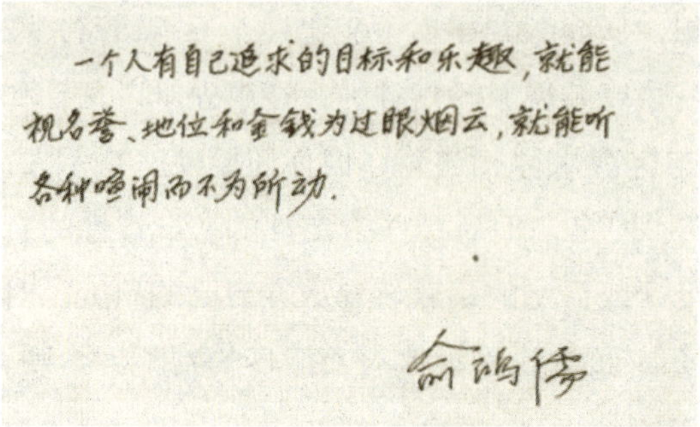
一个人有自己追求的目标和乐趣，就能视名誉、地位和金钱为过眼烟云，就能听各种喧闹而不为所动。

俞鸿儒

图 9-3 俞鸿儒的人生格言（俞鸿儒提供）

了。所以说，被冷落、被忽视还是很重要的，郭永怀早期对他的教导中就有这一点。

2006 年 8 月 20 日，78 岁的俞鸿儒誊录孙中山的格言："劝诸君立志：是要做大事，不要做大官。什么叫做大事呢？大概地说，无论哪一件事，只要从头至尾彻底做成功，便是大事。"后来，他专门写下了自己的人生格言："一个人有自己追求的目标和乐趣，就能视名誉、地位和金钱为过眼云烟，就能听各种喧闹而不为所动。"

以信念引领科研

1984 年 1 月，56 岁的俞鸿儒光荣加入中国共产党。① 过去，他目睹过旧社会的黑暗，中华人民共和国成立前在上海读大学期间就积极参加了反对国民政府腐败的游行活动，在全国解放前夕，他光荣加入共青团。改革开放以后，他是当时第一批加入中国共产党的高级知识分子，之后又担任过中国科学院力学研究所党委委员。每当回忆起在党旗下宣誓的一幕，他总说这是他有生以来最激动的时刻。无论在支部学习会上，还是在日常生

① 1998-04-002，优秀共产党员登记表。存于中国科学院力学研究所。

活工作中,他最常说的一句话是"人的一生总得有所追求"。

对于俞鸿儒专门从事的国防科研任务,他认真负责的精神令人赞叹。在解决高超声速气动热气动力的问题中,他作出了一系列独特的、关键性的贡献。由于这些科研工作的保密性质,这些奉献越是重要,在公众面前就越要当一名无名英雄。但在他心目中,最重要的不是有多少人真正了解自己。[①]他无时不期望的是祖国的航天飞行器能顺利飞向蓝天,实现中华民族的伟大复兴梦。

俞鸿儒为何60年如一日,历经挫折却长期不懈地坚持在高温气体动力学研究的第一线?把常温空气在十万分之一秒的短暂时间里加速到每秒5千米的速度,靠的是爆轰的能量。那么,产生并且"鞭策"着爆轰波前进的知识分子,其自身的能源来自何方?答案就是"信念引领科研",俞鸿儒源源不竭的动力来自他对党和国家无尽的热爱。

作为实验室的早期创建者,俞鸿儒时常向科研人员传输科研信念,号召他们要以信念引领科研。他经常从自身体会谈起,大到钱学森、郭永怀等科学家的爱国情怀和对科研的执着信念,小到自己的科研攻关体验和成长历程。在他的影响和带动下,中国科学院力学研究所高温气体动力学国家重点实验室形成了"以信念引领科研"的浓厚氛围,激发了很多年轻人的信念,引导他们找到人生目标,真正喜欢并走上科研道路;引领年轻人在做好基础领域工作的同时,进一步践行"工程科学思想",做到基础研究、应用研究以及国家建设任务"三足鼎立"均衡发展,努力在力学领域、国家层面和国际上都能够做出留下足迹并经得起历史考验的工作。

1998年3月,俞鸿儒当选中国科学院力学研究所优秀共产党员,同年7月1日当选中国科学

图9-4 俞鸿儒被授予中国科学院(京区)优秀共产党员(俞鸿儒提供)

---

① 1998-04-002,优秀共产党员登记表。存于中国科学院力学研究所。

院（京区）优秀共产党员。2000年，他再次被评为中国科学院（京区）优秀共产党员。2008年四川汶川大地震，他一次性交纳"特殊党费"2000元，用于支援抗震救灾工作。

俞鸿儒对高超声速复现爆轰驱动激波风洞JF-12的研制与建造，是少有的将国家需要研究的大项目与个人研究兴趣很好地融合在一起的典范。俞鸿儒从个人兴趣出发，在国家自然科学基金委员会、中国科学院的经费支持下，对长时间爆轰驱动激波风洞技术进行了技术验证，并得到财政部对国家重大科研装备研制计划的支持。另外，这一优秀典型也吸引了国家科研管理部门的注意。2012年4月，国家自然科学基金委员会数理学部党支部第一次与中国科学院力学研究所举办了联合党日活动。高温气体动力学国家重点实验室主任姜宗林对高超声速复现爆轰驱动激波风洞JF-12进行了详细解说。这台两代科学家付出50多年心血的国家重大装备深深吸引了来访者。当中国科学院力学研究所所长樊菁提到JF-12激波风洞只花了4600万元时，汲培文感慨道："没有创新思想，4个亿也未见得搞出来。"俞鸿儒作了题为《领会钱学森所长晚年忧虑的问题》的报告，他在报告中语重心长地说，钱学森提出的关于重要科技创新成果的问题还需要人们给予更多的关注。他提醒大家注意：钱学森使用"创新"一词的实质是"创造"，而不是改造。在交流讨论中，基金委的同事表示，JF-12激波风洞不仅建造成本低，运行费用也比国外同水平风洞低出很多。这种花小钱办创新性大事的做法，正是钱学森勇于创新精神的现实体现。

2016年11月21日，中国科学院传播局党支部与高温气体动力学党支部联合开展活动，中国科学院院长、党组书记白春礼一行到中国科学院力学研究所怀柔园区调研指导工作，参观复现高超声速飞行条件激波风洞。2017年7月17日，国家自然科学基金委员会与中国科学院力学研究所组织了"以信念引领科研、以党建促进创新"为主题的推进"两学一做"学习教育常态化、制度化交流活动。基金委主任、党组书记杨卫带队到怀柔园区调研，参观了中国科学院力学研究所的科研成果展和复现高超声速飞行条件激波风洞等大型科研装备，并在参观过程中与科研人员进行了深入的互动与交流。杨卫充分肯定了中国科学院力学研究所"以党建促进创

图9-5　俞鸿儒在中国科学院力学研究所钱学森国家工程科学实验基地作报告（图中左为姜宗林，中为俞鸿儒，右为李进平。俞鸿儒提供）

新、以党建促进传承"的工作方法。①

　　俞鸿儒在专心科研的同时，也一直关心着国家大事，时刻以一名优秀的共产党员的身份要求自己。几十年来，他一直把党和国家的追求当作自己的追求。改革开放之后的每一阶段喜讯传来时，他的喜悦之情总是溢于言表，无论是农村水稻的收成，还是高速公路的连通，都成为他前进的动力。单位组织救灾活动，他支援的现金常常是集体中最多的。有时他出差在外，一听到中国科学院支援灾区，赶回家后的第一件事就是挑选尽可能好点的衣服、被子，洗净和烘干后叠得整整齐齐送到所里。每当单位组织大家捐款的时候，他总是积极伸出援手。俞鸿儒在工作的几十年，多次捐款捐物。

　　长期以来，俞鸿儒对中国科学院力学研究所及高温气动国家重点实验室的党支部活动也给予了最大的支持。2021年9月16日，国家国防科技工业局直属机关党委二十余人到中国科学院力学研究所开展"学习人民科

---

①　杨卫一行到力学所交流"两学一做"并调研力学所，2017-07-19。中国科学院力学研究所官方网站。

第九章　独树一帜　一专多能　*159*

图9-6 俞鸿儒参加中国科学院力学研究所与国家国防科技工业局直属机关党委的主题党日活动（左二为俞鸿儒。中国科学院力学研究所提供）

学家事迹，弘扬科学家精神"主题活动，93岁高龄的俞鸿儒受邀参加。他和一行人先是参观了中国科学院力学研究所展馆、中国科学院弘扬科学家精神示范基地和"人民科学家·强国奠基石"党员主题教育基地，然后为大家作了一场题为《传承科学精神 践行科技强国》的党课。他结合自身经历和一个个生动的小故事，阐述了科研人员必备的基本素质以及如何做好科学研究工作。

改革开放初期恢复研究所科研秩序

"文化大革命"期间，中国科学院力学研究所被下放到北京市，由北京市科学技术委员会管辖。气动部分的研究人员包括林同骥、卞荫贵、吴承康等人都分到了701所，俞鸿儒带领的激波管组则到了29基地（中国空气动力研究与发展研究中心的前身），还有一些零散的部分。后来，中国科学院力学研究所大部分被调离的人又调了回来。

"文化大革命"结束后，中国科学院力学研究所逐渐恢复科研秩序，有了固定的领导班子。郑哲敏被任命为所长，吴承康、俞鸿儒担任副所长。新的党委书记由北京市科学技术委员会调来的韩林担任。

20世纪八九十年代，是俞鸿儒一生中社会活动最丰富的阶段：1981年起被聘请为全国计量和单位标准化技术委员会第一分委员会委员。1984年2月至1987年12月，56岁的俞鸿儒担任中国科学院力学研究所副所长。[①] 经过领导班子的商量、讨论，决心按照钱学森以"工程科学"建所的思想恢复中国科学院力学研究所的正常工作。1984年2月15日，中国科学院党组下达了关于郑哲敏、俞鸿儒、吴承康、韩林、刘守熹任职的通知，任命俞鸿儒为力学研究所副所长。[②] 因1985年中国科学院实行所长负责制，要求一名所领导进研究所党委。在研究所党建方面，党龄还不到两年的俞鸿儒因性格温和、处事积极，在1985年研究所党委班子改选时，经大多数支部提名，入选研究所党委委员，并被中国科学院党组破格批准。[③]

在大家齐心协力的努力下，中国科学院力学研究所一扫过去无人管理、比较混乱的状态，科研秩序逐渐恢复，能源、国防、国民经济发展和环境等几个大科研方向得以确定，各项工作井井有条，研究所呈现出欣欣向荣的局面。

所里的行政工作非常烦琐，俞鸿儒事无巨细，工作起来认真负责，又相当讲求原则，什么钱该花，什么钱不该花，什么事情该做，什么不该做，他都一清二楚。那几年他主要在行政处和财务处的配合下开展工作，杂事特别多，他做事讲究民主，对中层干部比较放手。[④] 每年年终总结会上，他都要向全所报告研究所的整体收支情况，研究所的账目一直非常清楚。

---

① A011：1998-04-002，中国科学院力学研究所年报（1984）。
② DA-001-028，存于中国科学院力学研究所。资料存于采集工程数据库。
③ 韩林访谈. 2017年3月15日，北京。资料存于采集工程数据库。
④ 同③。

当时，俞鸿儒留给郑哲敏的一大印象是实事求是。比如，当时研究所一年的经费支出非常有限，只有不到 100 万元。所内某个风洞的建造属大型科研设备的基本建设业务。因为俞鸿儒对风洞项目很了解，所里请他帮忙看看。俞鸿儒诚恳地说，从实验需求的角度，这个项目的规模大了，把预算估少了。

那时中国科学院还面临着养活自己、办公司的问题。中国科学院力学研究所的一部分实验技术研究工作跟社会上联系得较密切，大家兴致勃勃地办起了几个小规模的公司。1986 年 8 月 2 日，时任副所长的他还担任中国科学院力学研究所技术劳动服务公司领导小组组长。[①] 同年 8 月，俞鸿儒与中国科学院力学研究所党委书记韩林、电子所所长柴振明等人一同参加了中国科学院组织的考察团，到深圳调研高新技术企业的发展，为探索如何办好中国科学院力学研究所的所办公司吸取经验。可惜中国科学院力学研究所的这些公司大都不太成功，毕竟科研人员以往只知道一门心思钻研学问，可以把一项技术做好，却对如何经营管理一家公司不太擅长。随着时间的推移，新的问题又呈现出来，有的公司设计制造出来的产品总保持在同一个层次，质量却还越做越差，甚至不懂经营公司还需要在推销和广告上下功夫，而且也不擅长跟其他人合作。慢慢地，大多数公司倒闭了。俞鸿儒等人渐渐意识到，除了上述原因，最关键的还是思想和体制问题。1988 年，院里派来了新领导班子，俞鸿儒摆脱了冗繁的行政事务，转入第一线做学术研究。[②]

先当博导再评研究员

俞鸿儒曾说，"我一生中只有两次考大学和一次考研究生是自己申报的

[①] 1986-02-002，力学所技术劳动服务公司领导小组成员及通知。存于中国科学院力学研究所。

[②] 俞鸿儒工作笔记，《1988 年效率手册》，未刊稿。

（整个中小学不用考）"。评职称、当选中国科学院学部委员和调动工作等，他自己都没有提出申请，而是单位办好再告知他的。免受这些烦心事的煎熬，实为平生幸遇。①

很多人不知道，俞鸿儒差点这辈子都永远不能被提研究员。1956年左右，中国科学院力学研究所组织过一次研究员的晋升工作，但晋升的基本都是从国外回来的资深研究人员。"文化大革命"期间，中国科学院力学研究所的职称评定工作被废弃了。1977年，中国科学院院部将郑哲敏提升为研究员，将俞鸿儒提升为副研究员。截至1984年年底，除了20世纪50年代国外回国定为副研究员的套升研究员外，中国科学院力学研究所从未提升过研究员。1985年，中国科学院力学研究所重新开始评定研究员。当时国家职称主管部门规定，科研人员年龄超过55岁，就不可再参加研究员的职称评定。这一年，俞鸿儒已经58岁，超过了55岁的年龄限制。按照规定，他从此丧失了被提成研究员的机会。正高级职称对于一个在全国最高科研机构工作的人来说，其重要性毋庸置疑。但俞鸿儒自己觉得无所谓，他想自己本来就是要做铺路石的，提不提研究员都一样。

后来，中国科学院相关部门把俞鸿儒上报为流体力学方向的博士生导师，他被国家学位委员会批准为博士生导师。根据相关规定，博士生导师必须是研究员。就这样，俞鸿儒先被评上博士生导师，再被评上研究员。

当选中国科学院学部委员

中华人民共和国成立后，国家仅仅在1955年、1957年和1980年三次评选院士，1980年之后有十年的时间，院士增选工作中止。1991年，中国

---

① 本卷主编郑哲敏，总主编钱伟长：《20世纪中国知名科学家学术成就概览. 力学卷（第二分册）》. 北京：科学出版社，2015年，第344页。

图 9-7 俞鸿儒当选为中国科学院学部委员的通知（中国科学院力学研究所提供）

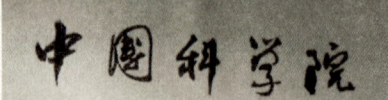

科学院恢复院士的增选工作，这也是 1980 年以后十年来国内首次增选院士，因此竞争非常激烈。1991 年 1 月 22 日，学部委员推荐委员会推荐小组决定：中国科学院力学研究所推荐学部委员从吴承康、白以龙、胡文瑞、薛明伦、俞鸿儒等 7 人中选出。1 月 30 日，俞鸿儒接到中国科学院通知，自 1991 年 11 月起他和白以龙、吴承康正式增选为中国科学院学部委员[1]。俞鸿儒作为本土培养的科学家，第一次参评就顺利当选为中国科学院技术科学部的学部委员，这充分证明了俞鸿儒的学术水平。

建设国际一流高温气动实验室

如今的中国科学院高温气体动力学重点实验室是在 20 世纪 50 年代末由钱学森、郭永怀建立，并在中国科学院力学研究所气动研究力量的基础上逐步发展起来的。起初阶段，在钱学森、郭永怀的指导下，1958 年由俞鸿儒带领激波管小组研制出了我国第一台激波管，由康寿万带领一个小组研制了我国第一台等离子体射流发生器。正是以此为起点，经过一批批科技人员在长达半个多世纪的攻坚克难和坚持不懈的努力，逐步发展出了一个有一定规模的，集理论、实验、数模于一体的中国科学院乃至国家的一

---

[1] 1991-02-002，白以龙、吴成康、俞鸿儒三位教授为当选为学部委员。存于中国科学院力学研究所。

个高温气体动力学研究的重要学术基地。

从 1979 年起,俞鸿儒开始担任中国科学院力学研究所第八研究室主任。20 世纪 90 年代开始,为了更好地集中优势,增加显示度,更好地沟通上下渠道,以参加国家重大科研项目及国民经济重大项目的竞争,中国科学院力学研究所进一步深化科技体制改革和结构性调整,组建了四个横向联合体。1990 年 6 月 1 日,中国科学院力学研究所将原分散在四室、八室、十一室和十五室的有关气动力学方面的主要设备和课题组统一组织起来,成立了气动力学和气动物理联合实验室。① 它包括八个分实验室:高温气体实验室、激波管和激波风洞实验室、电弧风洞实验室、弹道靶实验室、管风洞实验室、超声速风洞实验室、环境风洞实验室和高超声速流动的理论分析与数值模拟研究实验室。② 时年俞鸿儒已 62 岁,于 1990 年 6 月至 1993 年 1 月担任实验室的主任,蒋金贵任副主任,竺乃宜任秘书长。身为实验室的掌舵人,俞鸿儒的眼光不再仅仅局限于自己的激波管团队,而是放眼整个实验室的长远未来。

高速高温气体动力学研究力量的整合按照矩阵结构方式运作。为了规划该实验室的发展方向,俞鸿儒决定利用所长择优基金对真实气体效应、测试技术以及高焓设备等研究方向开展调研,在从事军工项目的同时,积极开拓应用基础研究。该实验室后来又申请了"空气动力学若干重大问题研究"领域的重点项目。③

随着科技体制改革和结构性调整,1993 年又在原来的气动力学／气动物理联合实验室基础上,组建了气动力学／气动物理研究部(以下简称气动研究部),从事高速高温气动力气动热研究。在机构上包括亚、跨声速实验室,超声速实验室和气动物理实验室三个实验室④,按一级建制运行,

---

① 1997-07-004,中国科学院力学研究所基础性研究科研基地试点方案(二)——力学所基础性研究主要领域综述(一九九七年十月)资料。存于中国科学院力学研究所。

② 重点实验室,王柏懿主编,《中国科学院力学研究所志》。2016 年,第 292 页。

③ 1990-01-017,中国科学院力学研究所办公室一九九零年力学所年报。存于中国科学力学研究所。

④ 1997-07-004,中国科学院力学研究所基础性研究科研基地试点方案(二)。存于中国科学院力学研究所。

下含原来的八室、十五室全部及原四室、十一室部分。蒋金贵（1993年1月—1994年5月）和王发民（1994年5月—1996年9月）先后任主任。①

从1994年起，为了更好地推进这一重要学科领域中的基础研究和应用基础研究工作的开展，将高速空气动力学、物理力学和化学流体力学等分支学科的骨干队伍统一起来，成立了高温气体动力学开放研究实验室，把理论研究、实验和数值计算紧密地结合在一起，并经所长办公会讨论决定，批准力学研究所"高温气体动力学开放实验室"正式对国内外开放。②高温气体动力学研究的任务是准确预测飞行器表面的气动特性；热防护研究的任务是揭示热防护机理和按热加率分布合理分配热防护资源，以保证飞行器及其有效载荷的安全；再入气动物理研究的任务是研究飞行器在再入过程中产生的物理现象。③

高温气体动力学开放研究实验室聘竺乃宜为实验室主任，谷笳华、马侠为实验室副主任，俞鸿儒于1994年5月12日被任命为该开放实验室学术委员会主任④。实验室升格为中国科学院开放研究实验室。⑤ 1995年3月22日，中国科学院力学研究所高温气体动力学开放研究实验室成立大会暨第一次学术委员会会议召开。⑥ 该研究室制定的主要研究方向为研究分子内部自由度激发，分子间化学反应的真实气体的性质；重点研究高速、高焓化学非平衡气流的基本现象、微观物理机制、物理化学效应，以及相关的关键参数和理论模型，为航空、航天高技术（如21世纪空天飞机、"超燃技术"）和高温化工、能源等重大工程提供理论基础和技术依据。

1997年12月19日，高温气体动力学开放研究实验室向研究所建议，

---

① 王扬宗，曹效业：中国科学院院属单位简史（第一卷 上册）。北京：科学出版社，2010年，第161页。

② 1994-03-004，关于批准"高温气体动力学开放实验室"正式对国内外开放的通知。中国科学院力学研究所。

③ 本卷主编郑哲敏，总主编钱伟长：20世纪中国知名科学家学术成就概览力学卷（第二分册）。北京：科学出版社，2015年，第33-34页。

④ 1994-02-002，关于气动部任命实验室主任的请示的批复。

⑤ 1994-01-004，大事记。中国科学院力学研究所。

⑥ 中国科学院力学研究所高温气体动力学开放研究实验室成立大会暨第一次学术委员会会议通知。中国科学院力学研究所。

图 9-8　俞鸿儒在中国科学院力学研究所办公室工作时的照片（1994 年 9 月 13 日，中国科学院力学研究所提供）

考虑到俞鸿儒在流体力学方面的丰富学识和研究成就及其在国内外学术界的广泛联系和所内外的崇高威信，虽然他的年龄已到七十岁，但身体健康、思维敏捷，对科研事业有执着的追求，并能对该实验室的发展和内部工作的协调等起到不可替代的作用，故提名俞鸿儒仍为该实验室第二届学术委员会主任[1]，后得到中国科学院力学研究所研究批准。

该实验室学术委员会可谓大师云集，一共 18 人，包括俞鸿儒、庄逢甘、张涵信、吴承康、童秉纲五位中国科学院院士，乐嘉陵、赵伊君、李椿萱三位中国工程院院士，以及日本高山和喜（K.Takayama）教授、德国亚琛工业大学吕尼希（H.吕尼希）教授等。学科方向囊括了流体力学、物理、空气动力学、物理力学和气体动力学等。[2] 成员单位来自中国科学院

---

[1] 1998-14-003,（1998）力发办字第 167 力学所关于报送高温气体动力学开放实验室主任和学术委员会换届名单的函。1998 年 12 月 29 日。存于中国科学院力学研究所。

[2] 1998-14-003, 高温气体动力学开放研究实验室第二届学术委员会名单。存于中国科学院力学研究所。

力学研究所、中国空气动力学研究中心、航天总公司、中国科学技术大学研究生院、北京航空航天大学、国防科技大学，以及日本东北大学和德国亚琛工业大学。

1998年4月3—4日，中国科学院基础局组织评估专家组对中国科学院力学研究所高温气体动力学开放研究实验室进行了现场评估。专家组听取了室主任竺乃宜的实验室工作报告和俞鸿儒、俞刚、樊菁、彭世镠的研究工作报告，并参观了激波风洞、超声速燃烧、管风洞、高温激波管、化学激波管、激波管叶栅风洞实验室，对实验室的运行状态进行了实地考察。专家组还组织了实验室固定人员和青年人员座谈会，听取了各类人员和依托单位对实验室的意见。经过认真讨论，专家组认为该实验室在高温气体动力学学科方向上有创新的学术思想，有很强的学术带头人和明显的学术优势，不断扩大学术交流和开放度。实验室已取得一批优秀成果，成为国际上有一定地位的实验室。同时希望实验室进一步加强对中、青年优秀学科带头人的培养，使之能够逐步发展成为世界上一流的实验室。[①] 2000年10月，实验室晋升为中国科学院高温气体动力学重点实验室，刚回国不久的姜宗林任实验室主任。从2000年起，俞鸿儒一直担任中国科学院力学研究所高温气动实验室学术委员会的荣誉主任。

2001年，中国科学院高温气体动力学重点实验室更名为高温气体动力学国家重点实验室。2006年国家自然科学基金委员会批准中国科学院力学研究所创新团队（2007—2009年），成员有樊菁、俞鸿儒、姜宗林、张新宇、杨国伟、潘文霞、范学军。2006年1月12日，俞鸿儒被聘为高温气体动力学国家重点实验室学术委员会名誉主任。

2007年7月17日，中国科学院党组夏季扩大会议原则批准成立"中国科学院高超声速科技中心"。经过一年多的试运行，高超声速科技中心于2008年5月11日在中国科学院力学研究所正式挂牌成立。高超声速科技中心由中国科学院的中国科学院力学研究所、金属所、过程所、大化所、工程热物理所、化学所、上海硅酸盐研究所、自动化所与中国科学

[①] 中国科学院力学研究所高温气体动力学开放研究实验室评估会。存于中国科学院力学研究所。

技术大学联合组建，依托单位为中国科学院力学研究所，中国科学院力学研究所所长樊菁担任首任主任；5月11日，黄瑞松、俞鸿儒分别担任中国科学院高超声速科技中心科技委员会正、副主任。高超声速科技中心设有5个研究部，分别为发动机推力性能研究部、主动冷却与结构研究部、材料研究部、气动构型研究部、地面综合实验研究部。高超声速科技中心通过组织全院有关科研和技术力量，形成学科交叉、优势互补的研究队伍，力争为高超声速学科前沿的发展与重大基础问题的关键技术研究作出基础性、战略性、前瞻性的重大创新贡献，为相关的国民经济和国家安全的重大需求提供科学基础理论支撑。

图 9-9　俞鸿儒被聘为高温气体动力学国家重点实验室第一届学术委员会主任（中国科学院力学研究所提供）

实验室先后以优良成绩通过中国科学院或国家重点实验室在1998年、2004年、2005年和2009年的评估。2009年，中国科学院对院内的重点实验室进行评估时，中国科学院力学研究所高温气体动力学实验室在数理领域20个实验室中排名第一。国家科技部于2011年10月13日批准49个国家重点实验室开展建设工作，依托中国科学院力学研究所建设的高温气体动力学国家重点实验室正式进入国家重点实验室的建设进程。

2011年12月23日，俞鸿儒被中国科学院力学研究所聘为高温气体动力学国家重点实验室第一届学术委员会主任。这一时期，高温气体动力学重点实验室注重研究热化学反应流动规律，不断提高模拟高焓热化学反应流动的能力，发展先进的测试技术，探索若干典型高焓流动过程的规律，并积极探索稀薄气体与非平衡流动。

2013年8月14日，高温气体动力学国家重点实验室通过科技部验收。专家组经讨论后认为，高温气体动力学国家重点实验室面向国家航空航天重大战略需求和高温气体动力学学科前沿，开展高温、高超声速极端条件下的复杂流动研究，完善高温气体动力学理论体系，支撑高超声速关键技术突破。实验室定位准确、研究方向明确、优势和特色明显。重视大型仪器设备购置、安装、调试及相关配套设施建设，为创新研究提供了有力的支撑。实验室也取得了一系列重要科研进展，如依据我国独创的激波风洞爆轰驱动方法，发展了系列具有创新性的长实验时间激波风洞技术，研制成功了复现高超声速飞行条件激波风洞，运行与开放情况良好；主管部门和依托单位高度重视实验室建设，促进了实验室的建设与发展；建设期内，队伍建设与人才培养成效显著；按建设计划顺利完成实验室建设。

专家组成员一致认为，高温气体动力学国家重点实验室完成了建设计划任务书的各项要求，达到了预期目标，同意通过验收。同时，提出紧密围绕实验室研究方向，进一步提升实验室承担国家重大任务的能力和基础研究水平等建设性意见。

2015年，高温气体动力学国家重点实验室换届，俞鸿儒担任实验室名誉主任，姜宗林担任实验室主任。在交流中，俞鸿儒希望实验室在新形势下应抓住机遇，迎接挑战，继续坚持技术科学的发展理念，面向国家战略需求和学科前沿，继续加强重大科技创新活动、装备建设和人才队伍建设。

俞鸿儒始终坚持，高温气动实验室要坚持钱学森倡导的"工程科学"理念，坚持面向国家重大需求、面向国际学术前沿的指导方针，号召实验室要多出创新性成果，力争建设具有国际一流研究水平与持续创新能力的科研基地。

俞鸿儒现在虽然不是每天去实验室，但他对研究工作与进展、团队建设、人才培养、合作交流、实验室平台建设等多方面一直非常关心，并经常对实验室下一个阶段的工作设想和发展蓝图提出诚恳的建议。他平时跟年轻人聊天时总是语重心长地启发诱导，当前我国空气动力学领域的需求不断增加，是学科发展的大好时机；科研工作要以国家重大战略需求为牵引，以发展高温气动基础科学为目标，以可重复使天地往返运输技术研究为背景，重视理论与工程的结合，集中力量突破共性的重大关键技术难题，开展相关物理规律的研究，强化基础研究，保证实验室的可持续发展；

同时，应该注重理论与工程的结合，多与各单位合作交流。

俞鸿儒深知，实验室今天的良好局面和态势是经过几十年的努力进取和持续发展获得的，希望实验室珍惜取得的成绩、脚踏实地继续坚持长远发展。结合科学前沿动态和国家发展的迫切需求，充分发挥实验室引领学科发展和支撑国家需求的积极作用。①

图 9-10　俞鸿儒和高温气体动力学实验室大家庭合影（前排左七为俞鸿儒爱人金生，左八为俞鸿儒，2001 年 8 月，山东。俞鸿儒提供）

诚然，该实验室经过长期努力取得了显著进展，基础研究积累深厚，基础研究与国家需求结合紧密，平台建设与基础研究结合紧密，建成了一支很有战斗力的科研团队。俞鸿儒希望实验室进一步加强培养有国际影响力的学术带头人，引领相关领域基础研究和前沿关键技术研究，成为国际一流的研究中心。

高温气体动力学国家重点实验室每年召开一次学术年会和实验室学术委员会会议，从未间断。俞鸿儒时刻心系实验室的发展，直至最近两年，已然九十多岁的他还坚持到中国科学院力学研究所小礼堂现场参加实验室

---

① 中科院高温气体动力学国家重点实验室，LHD 召开 2009 年度学术年会暨学术委员会会议。

图 9-11　俞鸿儒参加高温气体动力学国家重点实验室 2021 年学术年会暨学术委员会会议时的合影（前排左二姜宗林，左四中国科学院力学研究所所长、党委书记刘桂菊，左五俞鸿儒，左六吴承康。中国科学院力学研究所提供）

的学术年会暨学术委员会会议。

　　从 20 世纪五六十年代开始，俞鸿儒在开拓激波风洞技术的同时，着手推动我国的激波研究团队、人才队伍建设。随着激波管技术一步步向前发展，逐步培育出激波技术研究团队，从当时的一个组发展成中国力学学会的一个专业委员会，已有一二百人的规模了。这个团队在我国需要做高超声速的时候发挥了重大作用，而且团队的学术水平已经走在世界前列，在国际上的影响也越来越大。2017 年，第 31 届国际激波大会在日本名古屋召开，组委会专门来信邀请他们去大会作报告。①

---

① 姜宗林访谈，2016 年 5 月 11 日，北京。资料存于采集工程数据库。

第十章
学术交流与合作

改革开放后,俞鸿儒虽年事已高,但仍一如既往地奋战在科研第一线,还积极参加国际国内学术交流,并在专业学会、重要学术机构和社会团体中任职,积极贡献力量。

1978年重新打开国门后,俞鸿儒多次出访德国、日本等国家在空气动力学、激波与激波管等研究领域具有世界一流水平的重要大学和研究机构,积极参加国际激波管与激波学术会议,并与国际顶尖学术专家保持着密切的学术交往,如德国亚琛工业大学的吕尼希教授、日本东北大学的高山和喜教授等。

与亚琛工业大学的不解之缘

应德国学术交流中心邀请,俞鸿儒于1979年10—12月到亚琛工业大学激波管与激波风洞实验室工作3个月。当他抵达亚琛工业大学时,该校机械系特意组织了一场欢迎会。

因为共同的研究风格,俞鸿儒很快与吕尼希教授熟识。德方对这位平

图 10-1 俞鸿儒 1979 年首次访问德国亚琛工业大学时留影（俞鸿儒提供）

时言语不多，做事兢兢业业且颇有想法的中国人颇有好感。在访问亚琛工业大学期间，俞鸿儒结识了多位访问学者，并认识了在该校机械系液压气动研究所任客座研究员的路甬祥。当时在该校的中国留学生按照中国科学院和高等教育部（含工厂等）两个党小组开展党支部活动。因浙江大学当时归口中国科学院管理，来自浙江大学的路甬祥与俞鸿儒等几位来自中国科学院的研究所的访问学者担任中国科学院党小组成员。在此期间，路甬祥和俞鸿儒相识，虽然当时并没有过多接触，但彼此都留下了很好的印象，这也为日后路甬祥担任中国科学院院长后对俞鸿儒科研工作的理解和支持埋下了伏笔。

1980 年，德国亚琛工业大学吕尼希教授回访中国科学院力学研究所激波管与激波风洞实验室。此后的 1990 年、1993 年和 1996 年，吕尼希教授又先后三次访问中国科学院力学研究所，双方逐渐构建起深入且稳定的合作研究关系。

国际激波与激波管学术讨论会两年开一次，因为这个国际会议的专业背景与军事工业有密切的联系，刚开始不让中国学者参加，直到 1983 年才有所转变。① 继俞鸿儒和韩肇元 1985 年参加了在美国加州大学伯克利分校举行的第十五届激波管学术会议后，他们又于 1987 年 7 月 26—30 日到德国亚琛参加第 16 届国际激波管与激波学术讨论会。② 这次会议由亚琛工业大学主办，会议期间在亚琛市政厅举办了接待晚宴。会上，俞鸿儒作

---

① 韩肇元访谈，2016 年 5 月 6 日，北京。资料存于采集工程数据库。
② 俞鸿儒工作笔记，《1987 年效率手册》，未刊稿。

图 10-2　1987 年第 16 届国际激波与激波管会议与会者在亚琛市政厅合影留念（左五俞鸿儒，左六、左七为吕尼希夫妇。俞鸿儒提供）

图 10-3　俞鸿儒在 1987 年国际激波学术会议上作报告（俞鸿儒提供）

第十章　学术交流与合作

图10-4　1987年俞鸿儒在参加国际激波学术会议期间参观亚琛工业大学激波管实验室（左一俞鸿儒，左三吕尼希教授，左四R.J.斯托克。俞鸿儒提供）

了关于激波管研制的报告，并在吕尼希教授的陪同下，与自由活塞驱动技术的创始人R.J.斯托克、日本学者东野文男等人一起参观了亚琛工业大学激波管实验室。会议间隙，他还与张帆等中国留学生和学者进行了充分交流。张帆本是工农兵学员，从南京理工大学毕业后到亚琛工业大学攻读研究生，后来作为助手，帮助俞鸿儒在亚琛工业大学激波管实验室完成爆轰驱动激波管实验。

　　改革开放后，中国科学院与联邦德国马普学会签订了科学合作协议，开展长期人才合作交流项目。根据两院合作研究计划，联邦德国马普学会邀请中国科学院一批科研人员到该国访问或研究停留[1]，中方也可提出相应的人才推荐名单。该项目的资助额度较高，在中国科学院各研究所内广受欢迎。1987年，德国亚琛工业大学向马普学会提出邀请中国科学院力学研究所俞鸿儒到德国短期交流。1988年，俞鸿儒提出采用氢氧爆轰驱动技术产生高焓试验气流的建议。中国科学院力学研究所立即开始有关研究工

---

[1] 中国科学院科技五字第1091号关于联邦德国马普学会函告我科所人员赴德事，科学院国防工作局，1988年3月26日。

作,并与德国亚琛工业大学激波实验室开展合作,相关研究成果和科技进展很快在国际上获得同行关注。①

1988年1月25日,俞鸿儒接到德国亚琛工业大学的邀请,实验室主任吕尼希在写给中国科学院力学研究所所长郑哲敏、副所长薛明伦的出国申请中提到:联邦德国马普学会已将俞鸿儒列入该学会今年邀请去德国合作研究的中国科学院科学工作者名单,邀请他赴德国参加"高超声速高焓流动"研究工作。该研究与欧洲航天器Hermes研制需要相关,如能参加合作研究,可与欧洲通航建立联系,并开展合作研究,同时推动我国航天高技术领域的国际合作与联系。② 中国科学院力学研究所上报国际合作局,申请将该项目列入中国科学院与联邦德国马普学会的院级合作协议。

后来,中国科学院和联邦德国马普学会召开双方合作交流会,商议人选。名单里没有俞鸿儒,中国科学院说名单用完了。联邦德国马普学会表示,合作协议上未说人员名单全由中方决定,后来俞鸿儒被列入名单。究其原因,在20世纪80年代德法热衷于空天研究,认为俞鸿儒及中国科学院力学研究所的高超声速高焓流动的探索颇有特色且很有潜力,想以国际合作的方式了解中国的相关研究。于是,作为联邦德国马普学会向中国科学院提名邀请的科学家③,俞鸿儒于1988年9月到12月参加"高超声速高焓流动"专题研究3—4个月④,合作发展高超声速高焓流实验方法,研究解决航天器气体动力学难点问题。⑤ 俞鸿儒也是中国科学院力学研究所唯一一个入选的人。在德国访问期间,他与来自国内航空航天领域的访问学者,包括来自航空航天部的飞机空气动力学家、飞机设计专家顾诵芬⑥,以

---

① 本卷主编郑哲敏,总主编钱伟长:《20世纪中国知名科学家学术成就概览力学卷(第二分册)》。北京:科学出版社,2015年,第340页。

② 中国科学院力学研究所,俞鸿儒院士1988年赴德国亚琛工业大学出国申请材料。资料存于采集工程数据库。

③ 1500280,关于办理院级协议项目出国人员政审手续的通知。存于中国科学院力学研究所。

④ 1500286,关于联邦德国马普学会函告我科所人员赴德国。存于中国科学院力学研究所。

⑤ 1500293,中国科学院国际学术交流项目派出项目申请表。存于中国科学院力学研究所。

⑥ 顾诵芬,1986—1991年担任航空航天部科技委员会副主任;1988年担任航空航天研究院副院长、名誉院长;1991年当选为中国科学院学部委员;1994年当选为首批中国工程院院士;2021年11月获得2020年度国家最高科学技术奖。

及来自中国航天第三研究院第三十一研究所的冲压发动机专家刘兴洲[①]等人增进了了解。

俞鸿儒到达德国亚琛工业大学以后，德国人希望他参与欧洲联合航天实验，但法国人不想让中国人参与。亚琛工业大学吕尼希教授当时在德国竞争自由活塞激波风洞的研究项目没有成功。在这种情况下，鉴于爆轰驱动技术费用低廉、性能优异，俞鸿儒遂建议吕尼希教授开展突破氢氧爆轰驱动技术产生高焓试验气流，探索氢氧爆轰驱动技术的发展障碍，并提出了关于带有卸爆段的反向爆轰驱动技术的概念。俞鸿儒认为，在高压段末端串接一卸爆段，并在高压段主膜起爆的氢氧爆轰驱动具有产生高焓试验气流的能力。如获成功，可能开辟建造高焓激波风洞的新途径，也可以证明自己以往的实验方案是否可行。吕尼希教授对这一研究方案很感兴趣，

图 10-5　俞鸿儒 1988 年在德国进行合作研究（左顾诵芬，中俞鸿儒，右刘兴洲。俞鸿儒提供）

[①]　刘兴洲（1933—2011），中国航天科工集团第三研究院第三十一研究所研究员、航天科工集团总公司科技委顾问。1957 年进入中国航天科工集团第三研究院第三十一研究所工作；1965 年获得苏联茹科夫斯基空军工程学院副博士学位；1987—1992 年担任国家"863"计划航天技术领域专家委员会委员；1995 年当选为中国工程院院士。

立即按照俞鸿儒的实验设想开展研究工作。在吕尼希的积极支持下，俞鸿儒利用亚琛工业大学激波实验室的风洞，围绕爆轰驱动技术开展原型实验。不过限于德国气候潮湿，作出来的性能曲线图并不好看。

1988年，俞鸿儒在德国亚琛工业大学读到澳大利亚科学家G. A. 博尔德的一篇报告。当时激波管实验领域内最大的权威是亚伯拉罕·赫茨伯格，他也跟俞鸿儒他们做一样的激波管试验。当时亚伯拉罕·赫茨伯格提出了等压燃烧模型，全世界也都这么说。1957年，G.A.博尔德认为，亚伯拉罕·赫茨伯格等提出的"等压燃烧"模型与任何可能发生的燃烧过程矛盾。为了找出异常现象的原因，俞鸿儒对等容燃烧、膜片处起始爆轰（反向爆轰）和尾端起始爆轰（正向爆轰）等驱动方法进行计算比较。他的数据表明：在初始条件相同时，正向爆轰驱动产生的入射激波马赫数高于等容燃烧，入射激波马赫数随着传播距离和时间的增加而明显衰减；而反向爆轰则低于等容燃烧。G.A.博尔德据此得出结论，驱动气体中产生了向下游传播的爆轰波，可使入射激波马赫数升高。俞鸿儒进一步领悟出，对权威的理解，也要有分辨力和判断力。

诚然，爆轰驱动有正向和反向两种运行模式，它们各自具有不同的驱动特点。正向爆轰驱动能将气体加热升温至8000K（压力80MPa），反向爆轰驱动能产生气源压力高达113MPa（温度1500K）。在激波风洞的研究中，反向爆轰驱动因难以控制实验过程，且受到G.A.博尔德的观点的长期影响，西方学者专注于正向爆轰驱动，而对反向爆轰驱动则不屑一顾，使反向爆轰研究长期处于停滞状态。俞鸿儒并没有放弃他的追求，锲而不舍地进行着反向爆轰驱动的研究。

1988年回国前夕，在国内朋友的帮助下，俞鸿儒有幸参加了庆祝中德科技合作协议十周年招待会。回国后，俞鸿儒利用JF-8风洞改建成试验用爆轰驱动激波管，爆轰驱动实验得到了完美的实现。俞鸿儒还研制出能将高含氢量（85%）氢氧混合气体直接起始爆轰的射流点火管和安全可靠的双临界喷管充气混合装置。

1989年是俞鸿儒国际学术活动较密集的一年，对他的科研生涯具有重要影响。4月，他受日本东北大学邀请，参加日本激波学术年会，并在会

图 10-6　俞鸿儒参加庆祝中德科技合作协议十周年招待会时留影（左一为中国驻德大使馆工作人员，左二俞鸿儒，左三、左四为吕尼希夫妇，1988 年。俞鸿儒提供）

后陆续访问京都大学、九州大学、东京大学、名古屋大学等高校和机构。

20 世纪 80 年代末，在吕尼希教授、中国留学生张帆博士等人的支持与配合下，俞鸿儒在德国亚琛工业大学激波实验室开展了爆轰驱动激波管实验。作为激波管与激波风洞实验领域的国际同行，俞鸿儒和吕尼希二人保持着密切的学术联系和思想交流。毕竟爆轰驱动激波风洞技术是自 R.J. 斯托克发明激波管以来在全球领域的一个革命性进步，因此，吕尼希很期待能继续与俞鸿儒在该领域开展合作。

1990 年，吕尼希根据俞鸿儒的相关数据资料，向德国研究部申请了 150 万马克的资助，开始爆轰驱动研究[①]，着手将欧洲最大的 TH-2 激波风洞改造成可爆轰驱动的激波风洞。项目申请成功后，格尼希在亚琛工业大学盖起了简易厂房，招收了一名博士生，开始继续爆轰驱动原型实验，改造他们原来的普通风洞以验证爆轰驱动原理。1990 年 5 月，吕尼希携夫人

---

① 竺乃宜：俞鸿儒院士学术成就简介。见：中国空气动力学会编，《近代高温气体动力学研讨会论文集——祝贺俞鸿儒院士八十华诞》。2008 年，第 5 页。

第二次到访中国科学院力学研究所，并与俞鸿儒的家人进行了接触和交流。随后，俞鸿儒还与吕尼希夫妇一起到四川绵阳安县的中国空气动力研究与发展中心进行学术研讨。

1992年，俞鸿儒和吕尼希教授合作发表的 Gaseous detonation diver for a shock tunnel（《激波风洞的气体驱动装置》）介绍了世界各国实验室，被国际的同行所了解。欧美国家也逐渐采用爆轰驱动改造或建造激波风

图 10-7　俞鸿儒家人和吕尼希夫妇合影（前排左一为俞鸿儒爱人金生，左二、三为吕尼希夫妇；后排左一俞镔，左二俞铧，左三俞鸿儒。1990年5月摄于俞鸿儒家中。俞鸿儒提供）

图 10-8　吕尼希夫妇和俞鸿儒等人在中国气动中心合影（左四俞鸿儒，左六、七为吕尼希夫妇，1990年5月。俞鸿儒提供）

第十章　学术交流与合作　*181*

洞，发表相应的学术成果。① 这篇论文也是俞鸿儒提出激波管爆轰驱动技术以后写过的唯一一篇英文文章。

我国的科研大环境一度重论文发表、重引用率和影响因子，在这种科研导向下，很多人在做科研时以论文马首是瞻。俞鸿儒却不为所动，他总是以解决科学问题为目的。在俞鸿儒的影响下，很多跟随他多年的学生和团队成员的科研观和人生观也悄然发生了变化。

1993年2月15日，由中国科学院力学研究所所长薛明伦和德国亚琛工业大学工程系系主任K. Krauge牵头，俞鸿儒与吕尼希教授分别代表中国科学院力学研究所激波管实验室和亚琛工业大学激波实验室签订了关于"激波动力学"合作研究协议，就爆轰驱动风洞与激波管爆轰驱动方面的研究进行合作，以促进国际交流和年轻科技人员的成长。②

1993年5月，德国亚琛工业大学激波实验室主任吕尼希夫妇再次访

图10-9 俞鸿儒夫妇与吕尼希夫妇及苟光贤在四川安县留影（左三俞鸿儒，左五苟光贤，1993年。俞鸿儒提供）

---

① 竺乃宜：俞鸿儒院士学术成就简介。见：中国空气动力学会编，《近代高温气体动力学研讨会论文集——祝贺俞鸿儒院士八十华诞》。2008年，第5页。

② 03-008，俞鸿儒书信。存于中国科学院力学研究所。

问中国。他们先是到访了俞鸿儒所在的中国科学院力学研究所高温气体动力学开放实验室，调研爆轰驱动激波风洞技术的进展。随后俞鸿儒陪同他们夫妇二人先到四川绵阳访问了中国空气动力研究与发展中

图 10-10　俞鸿儒（中）在重庆大学作报告（俞鸿儒提供）

心，又一同游览了都江堰水利工程。5 月 21 日，俞鸿儒和吕尼希教授一起参加南京理工大学博士论文答辩。在南京时，他还陪同吕尼希夫妇一起参观了南京紫金山天文台、南京植物园等地。

受德国亚琛工业大学激波实验室主任吕尼希邀请，俞鸿儒于 1994 年 10 月 27 日至 11 月 27 日在该校访问一个月，开展"激波风洞与激波管爆

图 10-11　俞鸿儒和吕尼希教授参加南京理工大学博士论文答辩会（左四俞鸿儒，左五吕尼希教授。俞鸿儒提供）

第十章　学术交流与合作　*183*

图 10-12　俞鸿儒和吕尼希夫妇参观南京紫金山天文台（俞鸿儒提供）

轰驱动研究"的理论和实验探索工作。双方联合探索高起始压力气体燃气直接起爆的实验方法研究，研发膜片快速破开技术，探究爆轰波的衍射和折射，以及爆轰波的技术应用，并联合培养博士生。[①]

此后，俞鸿儒还参加了 1994 年 7 月 31 日在北京举办的首届中俄超声速流会。这一会议的最初名称是中苏气体流动复杂流场研讨会，由庄逢甘院士担任中方主席，首次会议于 1991 年 11 月在北京举行。苏联解体后，随着中苏双边交流的一度中断，该学术会议在 1994 年恢复，名称改为中俄高超声速流动会议。庄逢甘院士担任首届中俄超声速交流会的主席，俞鸿儒受邀参会。在这次中苏双方的会议交流中，中方参会者接触了超声速燃烧冲压发动机、乘波体等新概念，对俄罗斯航天飞机和载人飞船技术的最新近况有了更多了解。俄罗斯科技人员扎扎实实的科研态度也给俞鸿儒留下了深刻印象。

1996 年，德国亚琛工业大学吕尼希教授携夫人、该校激波管实验室的接班人奥利维尔（Michael Oliver）一同访问中国。一行人先到中国科

---

① 03-008，关于俞鸿儒同志赴德国合作研究一个月的请示。存于中国科学院力学研究所。

学院力学研究所参观激波风洞实验室,又到中国航天科工集团三院三十一所进行交流。随后,俞鸿儒陪同吕尼希夫妇到他的母校上海同济大学进行会议交流,并陪同二人游览了上海城隍庙、黄浦江畔的外滩,品尝了特色

图 10-13　俞鸿儒(右二)参加中俄超声速流会议(俞鸿儒提供)

图 10-14　俞鸿儒夫妇设宴招待吕尼希夫妇(左一奥利维尔,左三金生,左四俞鸿儒,左五、六为吕尼希夫妇,左七俞鸿儒的女儿俞铧,1996 年。俞鸿儒提供)

第十章　学术交流与合作

美食。

　　1999年7月，俞鸿儒又到德国亚琛工业大学，与吕尼希教授及奥利

图10-15　1996年俞鸿儒与吕尼希夫妇在上海黄浦江畔合影留念（俞鸿儒提供）

图10-16　俞鸿儒在德国亚琛工业大学进行学术研究（左一俞鸿儒，左三奥利维尔，1999年7月29日。俞鸿儒提供）

维尔一起进行合作研究。

1998年夏天，俞鸿儒遭遇车祸，吕尼希教授来信表示问候，希望俞鸿儒给其名下的博士生迈克·哈伯曼（Michael Haberman）提供到中国科学院力学研究所学习爆轰激波风洞技术的机会。

图10-17 俞鸿儒夫妇为哈伯曼夫妇饯行（1998年10月25日。俞鸿儒提供）

在得到俞鸿儒的热情应允后，迈克·哈伯曼到中国科学院力学研究所激波管与激波风洞实验室常驻一个月，跟随俞鸿儒学习爆轰激波风洞技术。俞鸿儒对哈伯曼给予了细致的指导，并对他们夫妇在北京的生活提供了不少关怀和照顾。在哈伯曼夫妇返回德国时，俞鸿儒夫妇还专门设宴，组织实验室的年轻人一同为哈伯曼夫妇饯行。因为得到了俞鸿儒的"真传"，哈伯曼回国后协助导师吕尼希将亚琛工业大学的原有风洞成功改造成应用反向爆轰驱动技术的高焓激波风洞 TH2-D。[1][2] 据继任德国亚琛工业大学激波实验室主任的奥利维尔评价，俞鸿儒在德国建立首个爆轰驱动激波风洞的过程中发挥了举足轻重的作用。[3]

此后，哈伯曼又多次以信件方式向俞鸿儒请教和沟通了若干关于亚琛工业大学爆轰激波风洞的建造问题。[4]

---

[1] YU H R, ESSER B, LENARTZ M, et al. Gaseous detonation driver for a shock tunnel. Shock waves, 1992, 2: 245-254.

[2] HABERMANN M, OLIVIER H, GRONG H. Operation of a high performance detonation driver in upstream Propagation mode for a hypersonic shock tunnel. Proceedings of the 22nd International Symposium on Shock Waves, 1999, 1: 447-452.

[3] 德国亚琛工业大学激波实验室主任奥利维尔访谈，2016年9月30日，北京。资料存于采集工程数据库。

[4] 俞鸿儒院士提供，亚琛工业大学 H. Groening 的博士生 Michael Haberman 给俞鸿儒的信。资料存于采集工程数据库。

与日本高山和喜教授的合作

尽管1982年俞鸿儒就曾和林同骥一起接待过日本学者。不过，他与日本学界的密切交流与合作开始于1987年。1987年，俞鸿儒在德国亚琛参加第16届国际激波与激波管学术会议时作的报告引起了日本资深空气动力学东北大学高速力学研究所激波研究中心高山和喜的浓厚兴趣。他曾长期在美国学习和工作，与郭永怀在美国相识，对钱学森也较为了解。在俞鸿儒的引荐下，高山和喜教授在1988年首次到访中国科学院力学研究所。第二年，俞鸿儒受高山和喜教授邀请，出席了1989年度日本激波现象学术会议，并作了关于爆轰驱动的报告。高山和喜教授在1989年日本激波现象学术会议论文集的序言中写道："这种爆轰驱动对于发展高超声速试验设备具有重要意义。"[1]

会议期间，俞鸿儒还和德国的吕尼希教授参观了东北大学的自由活塞风洞。会后，俞鸿儒在日本东北大学高速力学研究所进行了一个月的访问。本次出访，俞鸿儒除了访问东北大学，还访问了日本宇宙科学研究所的小口伯郎教授、东京大学东野文男教授、京都大学赤松映明教授、名古屋大学保原教授和大阪大学青川孝雄教授等[2]，他还在日本大阪大学与师生一同聚会，那种其乐融融的场景至今他依然感到愉悦。

1991年7月15日，俞鸿儒、王柏懿和浦以康一行三人赴日本参加第十三届国际燃烧动力学会议，以及在仙台举办的第十八届国际激波和激波管学术会议。浦以康时任中国科学院力学研究所"铝粉操作特性及防护综合研究"课题组组长，经她联系，在日本大北技术贸易（株）的邀请和安排下，他们三人对日本粉体工程及城市垃圾焚烧处理等工业部门进行了技

---

[1] 张涵信：《近代高温气体动力学研讨会论文集——祝贺俞鸿儒院士八十华诞》。中国空气动力学会，2008年。

[2] 1500303、1500304、1500308，关于我院研究员俞鸿儒同志在日本东北大学邀请参加日本激波学术年会访问该所的报告，1989。存于中国科学院力学研究。

图 10-18　俞鸿儒与日本大阪大学师生聚会（俞鸿儒提供）

术考察和学术访问，8月2日，三人还参观了日本横滨市环境事业局北部工场。①

1994年4月14日，高山和喜教授曾到中国科学院力学研究所进行交流访问，与俞鸿儒就气体动力学与激波风洞装备研究进行了深入交流。

应高山和喜教授的邀请，1995年3月5—25日，俞鸿儒赴日本参加激波学术会

图 10-19　俞鸿儒与浦以康、王伯懿参观日本横滨市环境事业局北部工场（左一俞鸿儒，左二浦以康，左四王伯懿。俞鸿儒提供）

---

① 中国科学院力学研究所（91）力发外办字第044号关于我所俞鸿儒研究员、王柏懿副研究员申请延长访问日本期限的请示，中国科学院力学研究所，一九九一年十月十四日。

第十章　学术交流与合作　　**189**

议，就"爆轰驱动激波风洞"作了30分钟会议报告①。会后，他又应邀到东北大学等单位进行了十余天的访问，交流研究成果并对他们如何改进爆轰驱动提出建议。②

图10-20 高山和喜教授到中国科学院力学研究所交流访问（左一高山和喜教授，左二浦以康，左四俞鸿儒，1994年4月14日，摄于北京友谊宾馆。俞鸿儒提供）

在日本东北大学访问期间，俞鸿儒结识了正在东北大学跟随高山和喜教授攻读博士的姜宗林，这为后来他将姜宗林引入中国科学院力学研究所埋下了伏笔。

在俞鸿儒和中国科学院力学研究所激波管与激波风洞团队建成爆轰驱动激波风洞JF-10以后，高山和喜教授很快到访中国科学院力学研究所，对这座创新性设备进行实地考察。2000年5月，高山和喜教授再次到访中国科学院力学研究所，并被中国科学院力学研究所聘为兼职教授。

图10-21 俞鸿儒（右一）参加日本激波学术会议（1995年3月16日。俞鸿儒提供）

佐佐明弘是高山和喜教授的学生和东北大学气体动力学研究的接班人。

---

① 03-006，中国科学院力学研究所文件（95）力发外字第010号〈关于俞鸿儒同志赴日本访问的请示〉。存于中国科学院力学研究所。

② 1995-03-006，俞鸿儒访问日本的出国申请。存于中国科学院力学研究所。

图 10-22　俞鸿儒向高山和喜教授介绍氢氧爆轰驱动技术进展（左一姜宗林，左二高山和喜，左三赵伟，左四俞鸿儒，2000 年 5 月 4 日。俞鸿儒提供）

中国科学院力学研究所建成 JF-12 激波风洞后，他对于宣传和提高 JF-12 激波风洞在国际上的影响力发挥了积极作用。2016 年 5 月 9 日，俞鸿儒收到时任第 31 届国际激波大会委员会主席佐佐明弘的邀请信，邀其 2017 年赴名古屋大学作"大会邀请报告"。后来俞鸿儒因年事已高，未能参会。

与美国科技界的早期往来

正是由于对吴仲华在航天科技领域的卓越成就的认可，1979 年美国国家航空航天局第一次派出访华代表团时，专门到中国科学院力学研究所拜访了吴仲华副所长。吴仲华点名要十一室主任林同骥和俞鸿儒参加接待活动。

20 世纪 80 年代，俞鸿儒在国际舞台上也日渐活跃，开始有越来越多的国际任职。1985 年起，他连续被聘为国际激波学术会议指导委员会委

图 10-23　1979 年吴仲华、林同骥等接待美国国家航空航天局代表团（第一排左二李敏华，左三、左五为 NASA 专家，左四吴仲华，左六林同骥；第二排右一俞鸿儒。俞鸿儒提供）

员。① 1985 年 7 月 27 日，他到美国加州伯克利参加第 15 届国际激波与激波管会议，跟与会专家探讨了激波管实验、理论发展和在世界范围内的应用，讨论了激波管物理以及相关的化学、物理和生物科学与技术。② 会后，俞鸿儒和中国科学技术大学的韩肇元、中国气动中心的苟光贤参观了斯坦福大学。他们还幸运地参加了会后的技术考察，调研了美国宇航局艾姆斯研究中心内加热轻气体驱动的大型风洞。

1989 年的 7 月 15—29 日，俞鸿儒赴美国参加第 17 届国际激波与激波管学术会议。③ 11 月 8—11 日，俞鸿儒参加了由中国力学学会和中国空气

---

① 中国科学院学部联合办公室：《1991 中国科学院学部委员》。杭州：浙江科学技术出版社，1993 年，第 377 页。

② D Bershader. R. Hanson, Shock waves and shock tubes; Proceedings of the Fifteenth International Symposium, Berkeley, CA, July 28-August 2, 1985, published in January 1, 1986.

③ Kim, Yong W. Current topics in shock waves; Proceedings of the International Symposium on Shock Waves and Shock Tubes, 17th, Lehigh University, Bethlehem, PA, July 17-21, 1989. published in 1990.

图 10-24 第 15 届国际激波与激波管大会后俞鸿儒等人参观海边水利展览馆（左一韩肇元，左二吕尼希教授夫人，左三俞鸿儒，左四 H. 奥利维尔。俞鸿儒提供）

图 10-25 1991 年林同骥（右二）陪同威廉·希尔斯夫妇参观应用流体实验室（俞鸿儒提供）

图10-26 俞鸿儒参加第20届世界激波与激波管学术会议
（1995年7月22日，俞鸿儒提供）

动力学研究会联合主办的第五届全国激波管与激波学术会议，介绍了7月在美国召开的第17届国际激波与激波管学术会议和1989年日本激波学术年会的概况，并强调了加强国际交流与合作的重要意义。[1]

1991年，俞鸿儒陪同林同骥接待威廉·希尔斯夫妇参观应用流体实验室。威廉·希尔斯曾是加州理工学院冯·卡门在航空系的博士生。1995年7月，俞鸿儒到美国洛杉矶参加第20届世界激波与激波管学术会议[2]，参观了钱学森当年学习和工作过的加州理工学院。

参加国内首次国际激波会议

随着俞鸿儒在全球同行内学术影响力的提升，他在国际学术组织中也占有一席之地。20世纪80年代末期，俞鸿儒开始担任国际激波管系列会议执行委员会委员。[3]

1999年，俞鸿儒参加了在伦敦举办的第22届国际激波学术会议，之后在德国亚琛工业大学激波实验室进行了一个月的访问研究。这也是他最

---

[1] 中国科协学会工作部：学术活动纪要选编1989。1990年，第349页，内部资料。
[2] 俞鸿儒工作笔记，《1994—1996年效率手册》《1995年工作手册》，未刊稿。
[3] 1997-07-004，中国科学院力学研究所基础性研究科研基地试点方案（一）。存于中国科学院力学研究所。

后一次出国。

鉴于俞鸿儒对激波管与激波风洞研究的重要贡献,他后来被评为国际激波学会终身资深会员。在中国力学界同仁们的共同努力下,第24届国际激波学术会议于2004年7月11—16日在北京友谊宾馆成功召开。

图10-27 俞鸿儒在英国白金汉宫前留念(1999年7月22日,俞鸿儒提供)

国际激波学术会议是国际上激波研究领域的重要系列学术会议。从1957年第一届会议在美国波士顿召开起,每隔两年召开一次。这是我国力学学术界经过连续三届申办努力后,该会议首次在中国召开。由于SARS疫情的影响,原定于2003年召开的会期被推迟了一年,但是在国内外专家和学者的共同努力和支持下,本届会议一年后成功召开。来自日本、美国、加拿大、德国、英国、新加坡、意大利等20多个国家和地区的230多名代表出席。本次会议由中国科学院力学研究所、中国科学技术大学、中国空气动力学研究和发展中心,以及北京空气动力学研究所联合主办。[1]

俞鸿儒受邀担任会议组织委员会名誉主席,并作了大会主旨发言,回顾了爆轰驱动激波风洞的发展历程,以及中国爆轰驱动技术发展的关键节点。令人钦佩的是,他的英文发言稿完全是他自己手写的。

与会代表在会后还参观了中国科学院力学研究所高温气体动力学重点实验室的高超声速和高焓风洞、超声速推进实验装置和激波与爆轰物理实验室。代表们对高温气体动力学重点实验室的研究工作表现出很大兴趣并给予了高度评价。[2]

---

[1] 浦群:第24届国际激波学术会议简介.《力学进展》,2005年第4期,第616页。

[2] 同[1]。

图 10-28　俞鸿儒在第 24 届国际激波学术会议上发言的手写稿[1]（俞鸿儒提供）

国内航空航天学术交流

图 10-29　俞鸿儒负责的"激波风洞应用研究"获全国科学大会奖（中国科学院力学研究所提供）

1978 年全国范围内科研秩序逐渐恢复，各种学术交流活动也日益活跃，一些专业类学会也纷纷建成。

牵头全国激波管与激波会议

1978 年 3 月 18 日，全国科学大会在北京人民大会堂隆重开幕。这次大会是我国科学史上一次空前的盛会，在中国科技发展史上具有里程碑的意义。邓小平在大会开幕式上指出"现代化的关键是科学技术现代化""知识分子是工人阶级的一部分"，重申了"科学技术就是生产力"。科学界的

---

[1] 俞鸿儒：在北京科学会堂召开的第 24 届国际激波学术会议上所作大会报告的手写稿，2004 年 7 月 16 日。资料存于采集工程数据库。

春天又回来了。俞鸿儒作为负责人的"激波风洞应用研究"项目荣获全国科学大会奖和中国科学院重大成果奖。

为了在改革开放的新形势下大力推动郭永怀创立的中国激波管研究事业,1978年,中国力学学会正式成立激波与激波管专业组(后更名为专业委员会),俞鸿儒任组长。这个专业组比较特殊,因为科研领域与国防、航空航天的关系相当密切,所以成员基本来自国防科学技术工业委员会相关单位,以及中国科学院力学研究所和中国科学技术大学等机构。1980年在上海成立中国空气动力学研究会[①]后,激波管专业组成为同时隶属于中国力学学会、中国空气动力学学会这两个国家一级学会的专业委员会。1978年,激波管专业组在合肥举办了第一届全国激波管与激波学术讨论会,俞鸿儒到会参加。此后他连续多年参加了国内多届全国激波管会议。他还先后担任激波与激波管专业委员会第二届(1983—1986)、第四届(1990—1994)组长,以及第五届(1995—1999)主任委员,中国科学技术大学韩肇元教授、中国空气动力研究与发展中心的乐嘉陵研究员和王喜荣研究员、总参工程兵科研三所的周丰峻研究员等曾担任该专业委员会上述时段的副组长。[②]

1984年4月5—6日,由中国力学学会与中国气动学会联合举办的第三届全国激波管与激波学术讨论会在昆明召开,中国科学院力学研究所的林同骥、卞荫贵、郑

图10-30 俞鸿儒在第三届全国激波管会议上发言(俞鸿儒提供)

---

① 中国空气动力学研究会1980年6月10日在上海成立,钱学森、沈元当选为名誉会长,庄逢甘为会长。1980年9月12日,经中国科协批准,命名为中国空气动力学研究会。1989年经中国科协批准,改名为中国空气动力学会。

② 中国力学学会:《中国力学学会史》。上海:上海交通大学出版社,2008,第349-350页。

哲敏和俞鸿儒等参会，俞鸿儒在会上作了会议报告。[①] 1987年4月21—24日，俞鸿儒参加了在华东工学院举办的第四次全国激波管会议及审稿会。

1989年11月8—11日，俞鸿儒赴西安参加由中国力学学会和中国空气动力学研究会联合主办的第五届全国激波管与激波学术会议。他在会上介绍了当年7月在美国召开的第17届国际激波与激波管学术会议和日本激波学术年会的概况。谷笳华在会上代表中国科学院力学研究所生物激波管研究团队汇报了在俞鸿儒指导下研制的生物激波管的结构特征和调试结果。[②] 1993年5月，俞鸿儒参加了中国力学学会激波与激波管专业组学术讨论会。在俞鸿儒的引介下，德国亚琛工业大学吕尼希教授也一同参加了此次会议。同年7月，俞鸿儒还随中国科学院学部委员一起访问了航天六——研究所。

图10-31 中国科学院学部委员视察航天六——研究所（左三为俞鸿儒，1993年7月7日。俞鸿儒提供）

1995年4月21—23日"第七届全国激波管学术交流会议"在洛阳举

[①] 上海科学技术情报研究所：《中文科技资料目录》，1985年第1期，第108页。
[②] 谷笳华，李仲发，李振华，俞鸿儒：生物激波管结构特征和调试结果．中国力学学会直属激波管与激波专业组．第五届全国激波管与激波学术会议论文集，1989年，第59页。

行，俞鸿儒和张守保主持会议。[①] 1995年5月10日，中国力学学会聘请俞鸿儒担任第五届激波与激波管直属专业组组长，任期四年。

图10-32 俞鸿儒（左三）陪同吕尼希教授（左六）访问中国气动中心（1993年5月。俞鸿儒提供）

激波管与激波风洞联系紧密。激波管的应用范围很广，也是郭永怀回国之初着力发展的一种重要的高超声速研究的仪器设备。俞鸿儒自1958年担任中国科学院力学研究所激波管组组长以来，一直在不遗余力地推动激波管研究。后来因航天事业的发展需要，国家急需大型高性能的激波风洞来开展研究，投入了充足的资金，参与的科技人才也更多，俞鸿儒在激波风洞的研究与建造方面取得了更显著的成绩，社会影响也更大。

空气动力学学术交流

相比于激波管与激波风洞的设备研制，俞鸿儒在空气动力学研究领域

---

① 俞鸿儒工作笔记，《1994—1996年效率手册》《1995年工作手册》，未刊稿。

有着更大的学术影响力。1980年6月，中国空气动力学研究会在上海成立，俞鸿儒到上海参会。钱学森为大会发了贺信，大会选举产生第一届委员会，庄逢甘当选为会长。[①] 1981年10月10日，俞鸿儒被聘为中国空气动力学研究会高超声速专业第一届委员会委员。1984年9月15日，他又被中国空气动力学研究会聘为第二届《空气动力学学报》编委会委员。

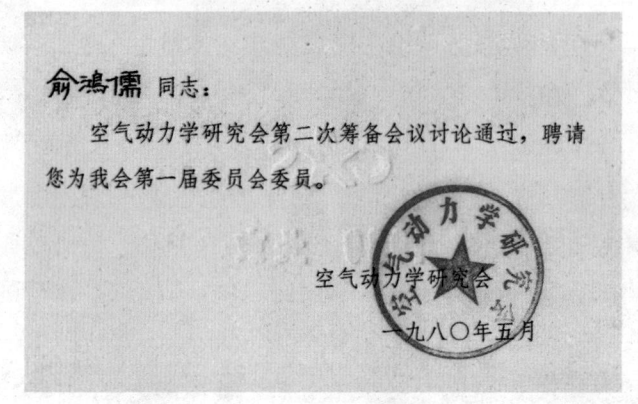

图10-33 空气动力学研究会聘请俞鸿儒为第一届委员会委员（俞鸿儒提供）

1985年，俞鸿儒从美国参加完国际激波管与激波学术会议后，又于11月5—9日参加了国内第三届流体力学会议[②]，同月还参加了钱学森建立的国防科学技术工业委员会空气动力学专业组会议。因他曾经在中国气动中心工作过六年时间，与军工部门和型号系统建立起了较为坚实的合作纽带，这也成为他日后在中国科学院众多力学家中的独特优势。此后，他几乎每年都参加国防科学技术工业委员会空气动力学会议。

因俞鸿儒在1987—1991年国防科学技术工业委员会专业组工作中成绩显著，1991年被评为先进个人。1991年7月被国防科学技术工业委员会空气动力学专业组聘为委员会成员，任期五年。

[①] 张应吾：《中华人民共和国科学技术大事记1949—1988》。北京：科学技术文献出版社，1989年，第397页。

[②] 俞鸿儒工作笔记，《1985年效率手册》，未刊稿。

图10-34　1992年12月俞鸿儒参加国防科学技术工业委员会气动专业组工作会议（前排左二张涵信院士，左三乐嘉陵院士，左四庄逢甘院士，左六俞鸿儒。俞鸿儒提供）

"文化大革命"期间，俞鸿儒曾在中国空气动力研究与发展中心工作过七年，因此20世纪90年代俞鸿儒多次奔赴位于四川绵阳的中国空气动力研究与发展中心，坚持参加每年一度的国防科学技术工业委员会气动专业组工作会议，与张涵信院士、乐嘉陵院士、庄逢甘院士等人保持了多年密切的合作与交流。

1994年，中国空气动力学会选举钱学森、沈元为名誉理事长，庄逢甘为理事长，俞鸿儒等为副理事长。[①] 为了表彰俞鸿儒在国防科学技术工业委员会空气动力学专业组担任成员（1991年至1996年）期间的贡献，1996年10月25日，国防科学技术工业委员会为俞鸿儒颁发了荣誉证书。

几十年来俞鸿儒兢兢业业的工作，得到了学界的认可。1998年5月27日，全国航天气动研究学术讨论会暨庆贺俞鸿儒院士七十华诞召开，崔尔杰院士、张涵信院士、童秉纲院士，航天一院701所所长，以及俞鸿儒和夫人金生应邀出席。

---

① 齐让：《中国科学技术协会年鉴2007》。北京：中国科学技术出版社，2007年，第329页。

2004年6月，在神舟五号飞船载人飞行成功后，为了总结中国空气动力学的研究成果与其在神舟飞船研制中的作用，以及气动力、气动热研究工作中的经验与教训，探讨、研究未来载人航天事业对气动研究的需求，推动气动力、气动热研究工作的发展与进步，由中国载人航天工程办公室和中国航天科技集团公司主办，中国空间技术研究院与中国空气动力学会承办，于2004年7月1日召开了"载人航天工程气动工作总结暨关键问题研讨会"。[①] 俞鸿儒因以往在载人航天项目中的贡献受邀参会。

　　2005年9月，中国空气动力学会聘请俞鸿儒担任该学会第五届低跨超声速专业委员会荣誉顾问。为了传扬俞鸿儒院士踏踏实实、求是求实、不断创新的治学精神，2008年6月，空气动力学会召开了"近代高温气体动力学学术讨论会"，并与庆祝俞鸿儒院士八十华诞大会联合举办。中国科学院和来自各方的学术界代表、俞鸿儒的同事、朋友以及中国科学院力学研究所的科研人员、研究生等200余人参加了会议。郑哲敏、吴承康、李

图10-35　全国航天气动研究学术讨论会暨庆贺俞鸿儒院士七十华诞（1998年5月27日，主席台左起：崔尔杰、安福新、邓学颖、张涵信、俞鸿儒、金生、童秉纲）

[①] 谭邦治著，《中国航天院士传记丛书》总编委会组织编写：《庄逢甘院士传记》。北京：中国宇航出版社，2019年，第137页。

图10-36 俞鸿儒（左三）参加载人航天工程气动工作总结暨关键问题研讨会（2004年7月1日。俞鸿儒提供）

佩以及与俞鸿儒一同工作过的老、中、青科研人员发表了热情洋溢的讲话。他们高度赞扬了俞鸿儒在五十余年科研工作中取得的丰硕成果和对国家作出的卓越贡献，并对俞鸿儒认真严谨、公正正派、平易待人的工作作风和高尚品格表达由衷的敬意。

会后出版了论文集，其中竺乃宜概括了俞鸿儒院士的学术成就，韩肇元撰写了有关俞鸿儒的《创新中的"肯定思维"和"否定思维"》，马家骥则深情回顾了俞鸿儒引领他进实验室，开始科学研究的故事。唐贵明回顾了他和俞鸿儒共事的点滴。姜宗林作了他和俞鸿儒、林贞彬、刘云峰一起合作的《超高速高焓流动研究进展》的报告，陈宏汇报了他与李进平、单希壮、吴松和俞鸿儒合作的《高超声速吸气发动机燃气模拟装置》。文集中还收录了赵伟、姜宗林和俞鸿儒合作撰写的《爆轰驱动在高超声速气动试验的应用》。①

2009年8月6—9日，中国空气动力学会高超声速专业委员会召开第十五届全国高超声速气动力/热学术交流会，会议特别邀请中国航天科技

---

① 张涵信：《近代高温气体动力学研讨会论文集——祝贺俞鸿儒院士八十华诞》。中国空气动力学会，2008年。

第十章 学术交流与合作　　**203**

集团公司的庄逢甘院士、中国科学院力学研究所的俞鸿儒院士、中国航天空气动力技术研究院的崔尔杰院士等专家。俞鸿儒作了题为《克服"高超声障"的设想实现进展》的大会报告,在我国高超声速空气动力学研究的新领域提出了独到的思路和见解,令人耳目一新。[1]

社会任职与服务

20世纪80年代是俞鸿儒科研工作的快速发展期。随着科研水平的显著提高,他在国内学术界的影响力也大大提高,工作更加繁忙,学术交流增加,同时还担任很多社会兼职。

一是在中国科学院力学研究所与中国力学学会任职。1991年10月1日,俞鸿儒开始享受政府特殊津贴[2],11月18日开始担任中国科学院力学研究所研究员级评审委员会委员。[3] 1994年,他担任中国科学院力学研究所第9届学术委员会委员[4]和任职资格评审委员会委员[5],以及中国科学院力学研究所科技开发系统研究员级高工评委会委员[6];同年当选为中国力学学会第五届理事会常务理事。1998年11月28日,当选中国力学学会第六届理事会常务理事。1999年5月,担任中国力学学会第六届流体力学专业委员

---

[1] 第十五届全国高超声速气动力/热学术交流会会议纪要,中国空气动力学会高超声速专业委员会,2009年8月。此材料由中国气动中心提供。

[2] 中国科学院力学研究所享受政府特殊津贴人员名单(共十人):纪家驹、薛明伦、张建华、柳春图、解伯民、俞鸿儒、王吉南、白以龙、胡文瑞、李家春。从1991年7月起发放。02-002,中国科学院文件(91)科发人字1356号〈关于一九九一年政府特殊津贴工作的通知〉。存于中国科学院力学研究所。

[3] 02-002,中国科学院(91)人字284号关于中国科学院力学研究所组建研究员任职资格评审委员会的批复。存于中国科学院力学研究所。

[4] 01-004,中国科学院力学研究所第九届学术委员会。存于中国科学院力学研究所。

[5] 01-004,中国科学院力学研究所研究员任职资格评审委员会名单(共19人)。存于中国科学院力学研究所。

[6] 中国科学院力学研究所档案,目录号:1994,案卷号:01-004,《力学所科技开发系统研究员级高工评委会名单(共19人)》。存于中国科学院力学研究所。

会多相流非牛顿流专业组成员。

2002年，俞鸿儒被聘为中国科学院力学研究所第十一届学术委员会委员。2007年被聘为中国力学学会第八届理事会名誉理事。2009年被聘为中国科学院先进轨道交通力学研究中心科技委员会委员。2011年被聘为中国科学院力学研究所第十三届学术委员会委员，同年被聘请为中国力学学会第九届理事会名誉理事。2015年1月继续被聘为中国力学学会第十届理事会名誉理事，任期五年；同年还获颁了中国力学科学技术奖一等奖。

二是在专业期刊担任编委。1980年11月，中国空气动力学研究会测控专业委员会聘请他担任《气动实验测控技术》编委会委员，1981年2月担任编委会副主任委员。1988年10月22日，中国航空学会聘请他担任《航空学报》编委会委员，中国航空学会空气动力学专业委员会聘请他担任副主任委员。1992年12月，《航空学报》在全国优秀科技期刊评比中荣获一等奖，《航空学报》特意颁发证书，奖励俞鸿儒为该学报的发展作出的重要贡献。

图10-37 俞鸿儒参加中国科学院军工史会议时的合影（1990年7月28日，大连。第三排左一中国科学院力学研究所汤宁，左三姚康庄，左四俞鸿儒，右三中国科学院力学研究所科技处处长姜伟。俞鸿儒提供）

1990年7月28日，俞鸿儒与中国科学院力学研究所的几位同事一起到大连参加了中国科学院军工史会议。后来中国科学院军工史办公室在1992年主编完成《中国科学院国防科学技术史资料丛书：火箭与导弹》，其中包括俞鸿儒对自己在郭永怀的指导下参与激波风洞研制过程的回忆，他还回顾了我国脉冲风洞早期发展与应用的基本历程。

1994年12月中国空气动力学会聘请他担任《气动实验与测量控制》第二届编委会顾问。2007年11月20日，他受邀担任《空气动力学学报》第四届编委会副主编，此后他还较长时间地担任该学报的副主编和顾问，凡是送到他那审查的稿件，他都是认真严谨、逐条给予修改并提出意见。2014年，他还专门对学报的发展提出了三条建议：第一，刊物的论文一定要有创新。他认为创新是刊物的生命力，如果刊物刊登的文章都没有创新，那这个刊物就没有生命。第二，国内科研人员的成果首先要在中国的刊物上发表。他认为中国人要有自信，不能崇洋媚外，不能有一篇好文章就赶快拿到国外去发表，应该先在中国的刊物上发表。第三，刊物的编委必须发挥作用，不能只当挂名编委。在这方面俞鸿儒以身作则，身体力行。

晚年的俞鸿儒对科学传播、科学普及也更加重视。2019年，他和姚克共同主编的科学文化素养丛书[①]正式出版。这套丛书包括《谣言粉碎机》《科学在身边》《解密黑科技》《科学新史话》《解读新发现》等主题，受到了社会好评。

三是在重要机构、学会及重大项目中担任专家。俞鸿儒先后担任过气动学会的理事、副理事长，国防科学技术委员会空气动力学专家组成员，中国气动中心空气动力学国家重点实验室学术委员会主任，在中心的学科建设、创新研究和人才培养方面也有很多建树。

1993年5月，俞鸿儒被国防科学技术工业委员会第一计量测试研究中心、航空航天工业部第304研究所聘为科学技术顾问。1993年7月，在中国航空学会第五次全国会员代表大会上，他当选为中国航空学会第五届理事会理事；8月2日，国家技术监督局聘请他担任全国量和单位标准化技

[①] 俞鸿儒、姚克：《科学文化素养丛书 科学在身边》。杭州：浙江教育出版社，2019年。

术委员会委员。

  2001年，俞鸿儒被聘为第二炮兵武器装备预先研究专家组导弹总体技术组专家。2005年6月15日，他被聘为总装备部电子信息基础部国家安全重大基础研究项目"导弹再入段目标光电特性机理研究"专家组组长；同年被聘为中国空气动力学会第五届低跨超声速专业委员会荣誉顾问。2006年8月，受航天空气动力技术研究院邀请，担任《气动物理——理论与应用》学报第一届编辑委员会高级顾问。2007年9月，被总装备部军兵种装备部聘为国家安全重大基础研究项目"飞行器高雷诺数气动特性预测方法研究"专家组组长。2008年7月，受中国航空工业第一集团公司第304研究所邀请，担任动态测试与校准技术航空科技重点实验室学术委员会主任。2009年被聘为总装备部军兵种装备部国家安全重大基础研究项目"基于风洞虚拟飞行试验的空气动力学或飞行力学非线性耦合机理研究"专家组组长；同年3月被聘为中国航天科技集团公司重大专项工程专家委员会成员。2010年被聘为中国空气动力学会低跨超声速专业委员会第六届专委会荣誉顾问。2011年6月，受计量与校准技术国防科技重点实验室的邀请，担任该实验室第一届学术委员会主任；同年被聘为中国航天十一院第二届科学技术委员会外聘顾问，以及《计测技术》第四届编辑委员会特邀委员。2012年6月被聘为航天科工集团二院203所（即北京无线电计量测试研究所）计量与校准技术国防科技重点实验室第一届学术委员会主任。

第十一章
为中国气动中心的发展倾注心力

中国气动中心是为适应我国航空航天事业和国民经济发展需要，由钱学森、郭永怀规划，于1968年2月组建而成（当时名为第十七研究院）。经过多年的建设，中国气动中心已经建成为大、中、小设备配套，低速、高速、超高速衔接，风洞试验、数值计算、模型飞行试验三大研究手段齐备，气动力、气动热、气动物理等研究领域宽广的国家级空气动力试验研究中心，完成大量航空航天飞行器及汽车、高速列车的试验、研究和计算任务，获得国家级和部委级科技进步奖千余项。

俞鸿儒与中国气动中心有很深的渊源。1969—1975年，他曾经在该中国气动中心工作。2005年2月6日，俞鸿儒在写给中国气动中心超高速研究所徐翔所长及全所同志的信中，他深情回忆，在该中心工作的那段时间"是我一生中重要的时刻，为我建立起与型号单位的联系，使以前的工作结果能发挥作用，为以后科研选题开辟更有价值的空间。"[①]

几十年来，在国家发改委、工信部的支持下，中国气动中心建造起许多高性能风洞，俞鸿儒也始终关心着中国气动中心的建设发展，并力所能及地多做一些工作，对中心的建设发展倾注了大量心血。走进中国气动中

---

① 2005年2月6日，俞鸿儒写信给中国空气动力研究与发展中心超高速研究所徐翔所长暨全所同志，热烈祝贺超高速研究所创建40周年。资料存于采集工程数据库。

心，人们不难发现，这里的人们给予俞鸿儒很高的评价，敬仰之情溢于言表。俞鸿儒何以在中国气动中心有这么高的名气？答案有两个，一个是他的工作，另一个是他的为人。

为中国气动中心的发展战略把关

俞鸿儒为中国气动中心的建设发展把关定向，提出了很多极具前瞻性、针对性和可操作性的意见，并在促进该中心的发展转型方面发挥了重要作用。阮祥新记得，在他担任中国气动中心主任的十几年间，在中国气动中心发展的每一个阶段，俞鸿儒都在为他们指引方向，帮助厘清发展思路。每当围绕中国气动中心的发展向俞鸿儒请教时，他都能对答如流，仿佛有所准备，对于中心取得的成绩，俞鸿儒总是由衷地感到高兴。

2007年8月，科技部批准筹建空气动力学国家重点实验室[①]，2008年5月正式进入建设期。2011年11月实验室通过验收。俞鸿儒受邀担任该实验室的学术委员会委员。每逢开会的时候，他经常跟实验室主任王勋年、副主任廖达雄等人提出关于实验室发展和科技体制改革的一些看法，这些真知灼见反映出他高超的管理思想。他建议重点实验室要凝聚方向，不能太散；选题要准确，选取一些基础性的、共性的，而且国内没人做过、国外还没有解决的问题去开展研究。

从2007年开始，中国气动中心重新成立专家顾问组，庄逢甘任组长，俞鸿儒不仅是该专家顾问组的专家，还是顾问组的核心成员。专家顾问组每年开一次会，连续五届，俞鸿儒均到会参加。中国气动中心几个很重要的规划纲要都是俞鸿儒主持审议的，比如中国气动中心至关重要的《"十一五"规划》《"十二五"规划》《中国气动中心飞行力学与模型飞行

[①] 廖达雄访谈，2016年3月30日，四川。资料存于采集工程数据库。

实验规划》《中国气动中心计算流体力学（CFD）发展规划》《中国气动中心的飞行力学与模型实验"十三五"规划纲要》等。他在审议的过程中，从满足国家的重大战略需求的角度，对中国气动中心科研工作的建设发展提出了很多有前瞻性、针对性的建议。在制订规划时，令阮祥新印象最深的是，俞鸿儒强调这一规划要考虑国家相关行业的技术水平，包括制造能力和可实现性等，这使得中国气动中心的规划制订出来后都能实现，而不是纸上谈兵。

俞鸿儒还曾对阮祥新说，现在提到要建设世界一流的气动研究与发展中心。是否建成了一流的中心，很重要的一点是要看它是否能满足关于国家经济社会发展的重大战略需求，能否解决国家的现实和长远问题。

在2007年3月召开的中国气动中心专家顾问委员会第一次会议上，俞鸿儒曾说，从事基础研究、创新研究，不可能全面创新；全面创新是空谈，做不到的。2008年3月，中国气动中心专家顾问组举行第二次全体会议时，俞鸿儒做了一段引人深思的讲话。他提出，中国气动中心应该深入思考如何更大力度地支撑和引领型号研制的问题。这些事情尽管之前中国气动中心也一直在做，但他的讲话内容验证了中国气动中心之前一些想法的科学性，坚定了继续深入推动相关工作的信念。

俞鸿儒经常说，中国气动中心作为国家级的风洞研究中心，要着眼国家发展需求，形成凝聚力。在2015年3月20日空气动力学国家重点实验第二届学术委员会成立会上，对于中心实验室的建设和创新研究，他提出，中心的实验室要有自己的特色，要着眼于国家民族需求来做事，要避免大而不强，要主动去解决型号过不去的问题。他一贯的思想是不能老跟着国外走，切记不能简单模仿，要创新。要做一些国外也没做过的工作，学习人家的优点和创新思想，然后结合自己的优势去创新。①

2016年3月14日，俞鸿儒在审议中国气动中心科研实验"十三五"建设规划纲要时，又对中心提出要求：要注意发挥在实验鉴定工作中的作用，要牵头开展以气动为基础的相关性能评估。这恰好与中国气动中心综

---

① 阮祥新访谈，2016年3月29日，四川。资料存于采集工程数据库。

合发展部提出的发展方向一致，与中国气动中心的功能定位契合得比较紧密，极具前瞻性。事实上，从 2015 年起，中国气动中心就已经在提前做这一纲要的准备工作，因为实验鉴定是我国飞行器装备发展到新阶段出现的新要求，对中心来说也是个新生事物。多年来，大家非常钦佩俞鸿儒的眼光和判断力。

当时俞鸿儒还根据他多年的经验提议，气动中心可创造条件，设置一个交流厅，大家一边吃饭一边聊天。阮祥新吸取他的建议，专门设了一个沙龙性质的交流厅，大家可以一起喝茶和阅读书刊，有了奇思妙想能随时交流，有时就会碰撞出思想的火花。

合作研制新型原理性低温风洞

比热比和普朗特数是风洞试验气体的重要特性。风洞试验大多采用空气作为试验介质，因此比热比和普朗特数相同。对于跨声速、超声速风洞而言，改变喷管的形状便能改变马赫数，使马赫数相等是比较容易实现的，而雷诺数相等则难以实现。因此，提高风洞试验的雷诺数成为气动试验工作者长期追求的目标。

以往气动领域的专家曾尝试采用多种方法来增大雷诺数，或加大风洞尺寸，或提高试验气体压力，或改变试验介质，或降低试验气体温度。其中，降低试验气体温度这一方法呈现出了明显的优越性。20 世纪早期，法国人 W Margoulis[①] 和英国人 R Smelt 先后独立地提出降低风洞气流温度，提高雷诺数的想法。但要使跨声速风洞试验雷诺数明显增大，则需将试验气体温度降到近凝结低温，这种方法在流量巨大的条件下，不但技术上很困难，而且投资和运行费用相当昂贵。

随着低温风洞被证明是一条解决常规风洞雷诺数模拟不足问题的可行

---

① Margoulis W. Nouvelle methods d'essai de modeles ensouffieries aerodynamiques. Compts Rendus Acad Sci, 1920 171：997.

途径，20世纪70年代以后低温风洞在世界上变得热门起来。20世纪80年代开始，欧美国家先后研制和建造大型低温风洞。美国于20世纪80年代建成国家跨声速设备NTF，德国、法国、英国、荷兰于20世纪90年代联合建成欧洲两座大型实用跨声速风洞ETW，这两座低温风洞是当时国际上雷诺数最高的跨声速风洞，当时全球也只有这两座风洞具有进行大型先进飞机模型试验所要求的雷诺数模拟能力。他们普遍采用在风洞中喷入液氮，利用其汽化吸热来降低和保持试验气体的温度，以维持实验气体低温运行。由于在实验中要耗费大量液氮，致使费用高昂，而且还会造成环境污染。为克服上述缺点，俞鸿儒潜心探索，逐渐构思出一种借热分离器制冷，并回收排气冷量的新型低温风洞的设计理念。①

1995年，新颖低温风洞这一构思经分析计算和实验证实其可行性后，俞鸿儒开始思索如何将这一概念进行工程实现。廖达雄②也正是在这时认识了俞鸿儒。当时俞鸿儒刚刚与大连理工大学一起开发了热分离器，成功运用到油田中；之后又运用热分离器的原理研制出热分离器，并用于产生低温风洞实验用的气流，当时这一成果属于世界首创，为中国低温高雷诺数风洞的发展闯出了一个路子。廖达雄被俞鸿儒关于低温风洞的创新概念所吸引，中国科学院力学研究所与中国气动中心开始一起研制低温原理性风洞。③ 1995年1月至1997年12月，俞鸿儒主持的"新颖的低温风洞冷冻方案研究"获得国家自然科学基金重点项目支持④。

中国气动中心设备设计研究所是当时国内唯一从事低温风洞研制的单位，国内风洞实验雷诺数不足的问题是他们一直关注的重要问题之一。巡航飞机的飞行雷诺数大概是2000万量级到3000万量级，双发飞机波音

---

① 廖达雄，陶瑜，俞鸿儒：新型空气低温跨声速原理性风洞研制.《流体力学实验与测量》，2000年第14卷第3期，第66-72页。

② 廖达雄，男，浙江衢州柯城区人，中国共产党党员，中国人民解放军专业技术少将军衔。1979年毕业于石梁中学，当年以石梁中学状元的身份考入南京航空航天大学，毕业后加入部队。曾设计建设过5座重要航空航天试验设备，参与多项重大武器装备研制，取得20余项技术成果，获国家科学技术进步奖二等奖1项，军队科学技术进步奖一等奖4项。2014年八一前夕晋升为专业技术少将军衔。

③ 廖达雄访谈，2016年3月30日，四川。资料存于采集工程数据库。

④ 一九九七年在研课题汇总表（部分），中国科学院力学研究所年报，1997年。

777 这样的大型双通道飞机的飞行雷诺数要达到 4000 万量级，波音 787 飞机的飞行雷诺数可达 7000 万量级。但是常规风洞的试验雷诺数与上述型号飞机的飞行雷诺数要差一个量级。即使国内最大的跨声速风洞，在常压运行时的雷诺数也只能达到 300 万量级的水平，这就导致试验数据的精准度、与黏性相关的气动力现象和特性都会受到影响。中国气动中心打算先研制一座小型低温引导风洞，为后期建造大型生产性低温风洞奠定技术基础。

当时中国气动中心主要关注的还是英美国家提出的液氮制冷概念。后来在俞鸿儒与中国气动中心设备设计所进行接触时，介绍了自己的新型低温原理性风洞概念。朱长海所长和同事们对这一设想非常感兴趣，于是双方一拍即合。中国科学院力学研究所将发明专利权转让给中国气动中心使用，双方共同研制新型空气低温原理性风洞，由廖达雄担任课题组组长。1996 年 6 月 28 日，中国气动中心设备设计所聘请俞鸿儒担任"新型空气低温跨声速原理性风洞研制"课题的高级顾问，对研究的开展进行技术指导。

这一低温风洞在研制过程中遇到了很多困难。低温风洞的核心部件是热分离器和压缩机。一般而言，在闭式风洞里，空气在风洞内流动时会产生热量。而在进行风洞试验时，为了模拟一定的雷诺数，要求试验条件相对稳定，空气异常升温不是所需的理想实验条件。所以在闭式风洞里，换热器和压缩机相伴而生，压缩机给实验气体带来的多余能量需要靠热交换器交换出去，一般热分离器的功率基本等于压缩机的功率。

由于俞鸿儒曾与大连理工大学共同开发出热分离器产品，并将这一产品用于油田的油气回收，取得了相当不错的效果。因此一开始俞鸿儒就向中国气动中心引荐了大连理工大学的方曜奇教授。不过，大连理工大学之前专门研制的用于风洞的热分离器主要用于油田制冷，属于单级膨胀制冷，制冷能力低；而低温风洞要求的制冷温度非常低，要达到 120K，需作出两级甚至多级热分离器，这样高的要求对大连理工大学来说难度很大。于是，廖达雄等人随后与方曜奇教授手下的胡大鹏、邹久朋等几个博士一起研制更高要求的热分离器。中国气动中心研制风洞本体，并提出热分离器的具体设计技术指标，大连理工大学负责热分离器的具体设计、研究和制作。一年后，大连理工大学做出了热分离器。但是因为一开始缺乏经验，作出来的热分离器效率偏低，只有30%左右。俞鸿儒和中国气动中心一起找问题并分析原因，发现主要是两级热分离器的压力匹配、动力风和聚热保温等存在问题。之后，经过几个月的调整后，热分离器的效率能达到50%以上，这在当时已经是相当不错的水平了。杭州制氧机厂受委托，用一两年的时间作出热交换器，效率很高，达到了中国气动中心的要求。中国气动中心将热分离器和热交换器组合起来联合运行，低温风洞的气温一下子降至零下130K左右。后来该低温风洞在运行中出现了问题，俞鸿儒跟科研人员一起分析原因，发现是风洞里残留的二氧化碳导致。当时虽然采用了滤器和分子塞进行除水，但除湿效果不够。后来，他们又附加了过滤和吸附二氧化碳的措施，再做实验时温度一下降到零下120K，之后风洞运行良好。

　　由于风洞属于高投资设备，在俞鸿儒的上述构思完成了验证性实验，证实了新方法的可行性后，俞鸿儒所在的中国科学院力学研究所与中国气动中心设备设计所签署协议，由中国科学院力学研究所提供发明专利供对方无偿使用，双方共同研制新型原理性空气跨声速低温风洞，一起进行中间试验。经过两个单位的通力合作，1998年6月9日建成了世界上第一座试验段尺寸0.05米、马赫数0.5~1、采用压缩空气借热分离器制冷的新型低温跨声速原理性风洞。[①] 这一低温风洞实质上是一座原理验证性风洞[②]，用于验证俞鸿儒提出的采用压缩空气膨胀制冷的空气低温风洞概念。可实现气流总温118.5K，试验段气流温度低于100K。该风洞1998年通过总装备部验收鉴定。这一发明的成功应用从根本上克服了国外用液氮作为介质的低温风洞所带来的价格昂贵、污染环境的严重缺点，在世界上开拓了一条具有独特优点的建造低温高雷诺数风洞的新道路。

　　在中国科学院院士童秉纲看来，俞鸿儒的工作重在发明创造，而不是

[①] 王志强主编；绵阳市人民政府编：《绵阳年鉴1999》。成都：四川科学技术出版社，1999年，第16页。

[②] 廖达雄访谈，2016年3月30日，四川。资料存于采集工程数据库。

单纯地发表文章。① 1999年，作为完成人，中国科学院力学研究所的"借热分离器降低总温的低温风洞"获中国科学院发明奖一等奖。②③

国际上现有十几座低温风洞，生产性风洞有两座，分别在美国和欧洲，其他都是一些小型的研究性的低温风洞，这些低温风洞无一例外都采用液氮制冷。中国气动中心曾做了两座小型低温风洞，一座是0.1米口径的液氮制冷的低速低温风洞，另一座是跟俞鸿儒合作的空气低温原理性风洞。遗憾的是，由于中国气动中心的项目周期比较急，而采用压缩空气借热分离器制冷的新型低温跨声速风洞需要国内从未生产过的大型热交换器，因此，中国气动中心在实际建造低温风洞时，最后不得不选用了国外传统的液氮方法制冷。后来中国气动中心筹建大型低温风洞时，俞鸿儒也提出了很多好的建议。④

指导不同类型风洞研制

在中国气动中心已经建成了一系列大规模风洞后，如何创造性地、高效地利用这些风洞，使之更好地为国家航空航天事业发挥关键作用，以创新驱动国民经济发展，是中国气动中心不得不深入思考的问题。这其中不仅设计到技术问题，更关系到一个机构的基础研究能力的问题。对此，俞鸿儒向中国气动中心提出了很多建议。

中国气动中心几乎所有风洞从立项到结题验收，俞鸿儒都特别关注，并给予很大的支持与帮助。中国气动中心每次较大型风洞的建设或改造，都请他担任评审组组长，帮忙把关。1992年7月20日，中国气动中心举行2.4米口径引射式跨声速风洞方案设计评审会，俞鸿儒受邀担任该评审

---

① 童秉纲访谈，2016年4月25日，北京。资料存于采集工程数据库。

② 俞鸿儒提供，中国科学院发明奖申报书（1999年3月10日），未刊稿。资料存于采集工程数据库。

③ 1999年中国科学院发明奖一等奖证书。资料存于采集工程数据库。

④ 廖达雄访谈，2016年3月30日，四川。资料存于采集工程数据库。

图 11-1　中国气动中心 2.4 米风洞方案设计评审会全体代表合影（左八俞鸿儒，1992 年 7 月。俞鸿儒提供）

委员会主任[①]；12 月，中国人民解放军第二十九试验训练基地请俞鸿儒担任 2.4 米跨声速风洞设计技术顾问。该风洞具备验收条件后，1999 年 11 月 2 日，总装备部邀请俞鸿儒作为 2.4 米跨声速风洞性能评估会专家委员参加会议。[②] 2002 年，2 米激波风洞改造的时候，在北京召开的评审会也是由俞鸿儒担任评审组的组长。

作为评审专家组的组长，俞鸿儒先后

图 11-2　俞鸿儒（前排左四）参加 2.4 米跨声速风洞性能评审会（1999 年 12 月。俞鸿儒提供）

---

① 2.4 米风洞方案设计评审会全体代表合影。资料存于采集工程数据库。

② 中国人民解放军 89950 部队：关于邀请参加 2.4 米 ×2.4 米引射式跨声速风洞性能评估会的函，1999 年 11 月 22 日。资料存于采集工程数据库。

参加了 2.4 米低温高雷诺数风洞建造、4.8 米连续跨声速风洞建造、大型低速风洞建造的立项，这几座大设备都是世界顶尖级的大型科研装备。此外，一些国家重要项目和科技部重大专项，包括探月、火星探测等建设方案，基本上都是俞鸿儒担任评审组的组长。多年来，他不辞辛苦，辗转于北京、绵阳等地，光参加的立项评估会议就有 40 余次。

多年来，不管是哪个项目，无论是在评审会上还是在私下请教时，对于中国气动中心风洞的方案、指标、建造中可能会遇到的关键问题，俞鸿儒都不厌其烦地给予指导。他知识渊博，对细节了解得非常深。对年轻人进行指导时，他不是泛泛而谈，而是提出很详细且中肯的意见，提醒他们在某些方面该具体注意哪些问题。

对于一些风洞相关的基础研究和发展方向问题，俞鸿儒也将真诚的建议和盘托出。比如，围绕中国气动中心激波风洞性能提升，俞鸿儒曾多次表示，愿意将他的爆轰技术提供给中国气动中心，使之提高激波风洞群的实验模拟能力。但是由于一些复杂的原因，这一计划未能实施。又如，他还建议，对于稀薄气流地面模拟问题，需要提高总温，尽量模拟真实气体效应。中国气动中心采纳了这一建议，兴建了 1 米高超声速稀薄气体风洞，将总温从 1400K 提高到 3100K，取得了很好的效果。再如，中国气动中心在建造高焓膨胀管风洞时，按照俞鸿儒的指导实施，研究结果有效地延长了有效时间，发展出高瞬态的测量技术，从而可以在尽可能发挥这种设备高焓值优势的同时，克服时间过短带来的缺点。此外，围绕中国气动中心的弹道靶设备，俞鸿儒建议进一步提高发射速度，缩短测试时间间隔，充分发挥模型自由飞在真实气体效应模拟方面的潜能，中国气动中心按照这一建议开展相关研究工作，发展趋势良好。[1] 中国气动中心 502 室主任孔荣宗记得，新区建造的风洞，冲击载荷有 1000 多吨，当时俞鸿儒就指出，这个问题可能是设备安全运行的关键，给出很好建议，并为设备运行减震方面进行把关和指导。[2]

---

[1] 阮祥新访谈，2016 年 3 月 29 日，四川。资料存于采集工程数据库。

[2] 中国气动中心科技人员座谈会，2016 年 3 月 29 日，四川。资料存于采集工程数据库，此处文字为中国气动中心 502 室主任孔荣宗的发言。

早些年俞鸿儒年纪轻些、身体好的时候，多次被邀请到中国气动中心进行短期讲学，现场指导风洞设备建设，直接参与一些大型风洞的研制。每年他都要给中国气动中心的风洞研制进展写考评意见，提出很好的改进建议。后来由于年事已高，他转而采用线上会议、电话等多种方式指导和支持着中国气动中心的发展。

关心新区建设和人才培养

心系中国气动中心震灾后的恢复

2008年，"5·12"特大地震对中国气动中心的影响很大。由于空气动力学研究是国家的重大战略资源，为了使其避免再次遭受地质灾害的影响，中国气动中心在绵阳启动了占地4000亩的科研实验新区的建设。俞鸿儒对中国气动中心的灾后恢复非常关心，在整个新区建设中，从一开始立项论证、顶层设计、可行性研究，到具体的规划设计和实施方案评审，以及各种科研专项的配套，共四十余次会议，他基本都参加了，并提出了很多具有前瞻性和战略性的意见。2009年11月，俞鸿儒在审查中国气动中心的一个方案时，提出了整合基地吸气式推进技术研究力量的建议，对中国气动中心成立高超声速研究中心起到了推动作用。

中国气动中心原主任阮祥新认为，中国气动中心建成的这个布局合理、功能齐全、先进高效、世界一流的中国气动中心的新区，俞鸿儒功不可没。关于新区建设十多个很重要的规划方案，他主持参与了九次重要的评审会，无一不认真考量。

新区建成后，俞鸿儒受邀于2015年6月参观新区，6月3日他参加了"多功能结冰风洞"项目的验收，第二天阮祥新等人陪他参观了新区的建设设备和建设成果，并邀请他担任结冰风洞、声学风洞国家项目的验收专家组组长。第二天，俞鸿儒突然血压升高，周围的人都吓坏了。没想到，这位老人却说，没事，就是昨天看了以后高兴得血压升高了。

俞鸿儒建议，中国气动中心在后续发展中应该突出重点，突出核心能力建设，不能一味地去上规模铺摊子，越铺越大；不能光做增量，也要发挥好存量的作用。后来中国气动中心在制订"十三五"规划时充分考虑了他的这个建议。

关怀中心科技人才成长

阮祥新在调到中国气动中心工作后与俞鸿儒相识，他一直对俞鸿儒心存感激，中国气动中心的发展和他本人的进步，都得到了俞鸿儒无私、有效的帮助。阮祥新原来是研究电子的，到中国气动中心工作后，科研一切只能从头开始。在适应和走上新轨道的过程中，俞鸿儒给他的帮助最大。

多年来，遇到任何棘手的问题，大到中心发展大计，小到阮祥新在中国气动中心发表的重要讲话，他第一个想到的咨询对象就是俞鸿儒。在他看来，俞鸿儒看问题往往具有战略的高度，展示出前瞻的眼界和独到的视角，从中闪耀着理性的光芒，同时还总能给出解决问题的具体办法。他集科学家和工程师于一身，不拘泥于纯理论，而对实际问题有解决之道。

这位平时言语不多的老人，总是在不经意处触动人心，于无声处响惊雷。这里有一个例子生动地表明了俞鸿儒的这种预见性。美国人把2.1米口径的低温风洞叫作NTF，即"美国国家跨声速实验装置"，欧洲人将这种低温风洞取名为"欧洲跨声速风洞"，分别冠以"国家"和"欧洲"的前缀。当时中国气动中心也准备建一个2.4米口径的低温风洞。取名时，阮祥新认为这是件很大的事情，就去请教俞鸿儒："我把这个风洞叫作'国家跨声速风洞'怎么样？"他说："很好啊。"为了验证这个想法是否合理，阮祥新又问他："那我们下回还要建4.8米的风洞，比这个口径大了1倍，这个2.4米口径的低温风洞已经把'国家'两个字占用了，那个大点的风洞怎么办？"俞鸿儒却说："这个2.4米的风洞，它的雷诺数是可以达到飞行雷诺数的，如果连雷诺数都不能达到，你怎么敢叫'国家'？"听完这番话，阮祥新心里踏实了。

在原理性低温风洞项目完成后，中国气动中心的廖达雄还跟俞鸿儒保持着经常性的联系，基本每年都要赴北京拜访俞鸿儒一次，请教一些问题。2000年，廖达雄、王勋年被列为军队"学科拔尖人才培养对象"，他们当时选定的指导老师就是俞鸿儒。在接受俞鸿儒指导的几年内，廖达雄深刻地体会到俞鸿儒学术造诣极高，治学相当严格，创新思维极强。俞鸿儒对科研人员"做科研一定要有自己的特色"的教导，令他受益匪浅。[1]

中国气动中心的"俞鸿儒之问"

问题的提出

大型科研装置是我国航空航天领域开展科学研究的一个重要支撑，对于装备的研制和应用也具有重要意义。中国气动中心是国家大力支持的专门从事风洞研究的科研单位，通过风洞这种大科学装置，为航空航天飞行器的研制提供服务。长期以来，中国气动中心集万千宠爱于一身，在国家的巨资支持下，从小风洞做起，逐渐研制和建造了一大批大规模的不同类型的风洞设备，已建成亚洲最大的风洞群，且每年由国家投入数以亿计的科研经费进行支持。在俞鸿儒的指导下，中国科学院力学研究所高温气动团队以相对有限的资金支持、较小的团队规模，十年磨一剑，于2012年顺利建成高超声速复现爆轰驱动激波风洞JF-12。这一风洞震撼了全球激波与激波管研究领域乃至高速空气动力学界。这一风洞并非局部创新，而是体现了方法上的重大创新。

相比之下，中国气动中心的园区内建成的风洞基本是以国外为蓝本，采用与欧美国家基本类似的概念和总体方案建成。科研人员虽然在风洞的设计和建造上对风洞进行了局部创新，形成了自己的某些特色，但是迄今为止，

---

[1] 廖达雄访谈，2016年3月30日，四川。资料存于采集工程数据库。

中国气动中心尚未创造出具有原始创新且具有世界影响力的风洞。

其实十几年前，早在中国气动中心设备能力不断提升、任务量成倍增长、发展形势一片大好的情况下，在一次中国气动中心主办的会议上，俞鸿儒就曾在一次与阮祥新的谈话中问道：中国气动中心的实力这么强，有这么好的设备，这么多的科研任务和优秀的科技人才，每年开展大量科研实验，为什么高层次的研究成果、高水平的文章和有影响力的大家却不多？这一问题实际上是在问，中国气动中心为何存在创新研究不足的问题？

在 JF-12 激波风洞建成后，中国气动中心的科研人员心里多少有些惭愧。中国气动中心风洞研制的出路到底在哪？这一问题纠缠于人们心头，却又一筹莫展。类似于"李约瑟之问""钱学森之问"，中国气动中心的原主任阮祥新从 JF-12 激波风洞有感而发，将这一问题归纳为"俞鸿儒之问"。他认为，俞鸿儒的这一问题，为中国气动中心的发展敲响了警钟。为了激励中国气动中心的同志们知耻后勇，奋发有为，阮祥新曾在中国气动中心最大规模、最高层次的会议上连续三年提到"俞鸿儒之问"，在其他场合也曾反复提及。

思考"俞鸿儒之问"的答案

那么，怎么样才能创造性地运用这些设备？俞鸿儒给中国气动中心提出了很多启发性的建议。这里面有技术上的问题，更有基础研究的问题。

当时俞鸿儒并没有直接给出答案，而是希望中国气动中心能有更深入的自主探索。那么，"俞鸿儒之问"的答案到底是什么？其实中国气动中心的阮祥新、廖达雄等人多次讨论过这一问题。在他们看来，俞鸿儒本人独具特色的创新思维和持之以恒的科研精神，以及他对大型科研装置与基础研究的内在关系的深刻认知，是他指导中国科学院力学研究所高温气体动力学团队建成 JF-12 激波风洞的重要原因。此外，中国科学院相对自由的科研环境也是一大重要因素。中国科学院不仅支持与国家需求和国家战略紧密结合的研究，还支持科研人员开展自主研究，这样就使得科研人员可以将科研兴趣与国家任务较好地契合在一起。具体而言，可分为以下四点原因：

第一，俞鸿儒的创新思想具有一定的创新性和引领作用。正如他常说的，不要太迷信外国人，要有自己的东西，外国人的东西有的时候也不一定对，而且一定要超过外国人，不能跟在人家屁股后面走，他一直聚焦科研创新问题。他的站位很高，他曾几次在召开学术委员会会议时提到，科研工作一定要针对重要的科学问题有原始创新，而不是搞工作量的堆砌。创新对工作的要求较高，实践中很难做到，而重复性的工作则相对容易。

俞鸿儒的创新思维给中国气动中心的人留下了深刻的印象。他不是空头说说，而是亲身践行。他在不同的时期、不同的场合经常表达这些观点。作为激波与激波管的理论专家，无论中国气动中心建造什么类型的风洞设备，俞鸿儒都会提出很多创新性的意见和建议。阮祥新记得，俞鸿儒还多次强调，研究工作的价值在于"花比较少的钱、小的代价去解决大的、重要的问题"，一定不能落入"花钱越多、成果越大"的误区。

在阮祥新看来，中国气动中心要推进转型发展，以创新研究去解决别人不能解决的型号问题、空气动力学问题，向更高层次发展。在这种关键的转型过程中，"俞鸿儒之问"所蕴含的一系列真知灼见，对中国气动中心的转型发展起到了很大的推动作用。

第二，俞鸿儒具有持之以恒的精神。成大事者最重要的一点莫过于持之以恒，这一点俞鸿儒做到了。他的一大长处就是，不仅思维活跃、创新思维多，更关键的是，想到了以后能一心一意去做。高超声速复现爆轰驱动激波风洞JF-12就是这样诞生的。

当年俞鸿儒在"文化大革命"期间提出爆轰驱动激波风洞技术概念时，虽然理念很新颖，但实现起来非常困难，有很多人放弃了，但俞鸿儒凭着持之以恒的精神坚持下来了。朱涛1995年到中国气动中心工作后，曾跟随苟光贤研究员研制过一段高焓风洞。当时在研制高焓风洞的技术路径上，苟光贤和俞鸿儒之间是有争议的。俞鸿儒选择的是他一直坚持下来的爆轰驱动，苟光贤走的是学习国外流行的自由活塞驱动方式，这两种产生高焓气流的路径在当时的进展相当；中国气动中心获得的焓值总共做到了总温10000K左右，总压只能做到200兆帕左右，相当于2000~3000个大气压,但是实验时间较短。俞鸿儒团队研制成的 JF-10 激波风洞总温 8000K,总压 800 大气压,但试验时间长且稳定。俞鸿儒的爆轰驱动研究则从 20 世纪 90 年代初开始,一直坚持了下来。

第三,坚持试验与基础研究相结合。关于航空航天的基础研究和应用研究的关系,俞鸿儒有自己独到的见解。以前钱学森提出过,研究空气动力学有三种手段,一种是数值模拟,一种是风洞实验,还有一种是飞行实验。以前一直是风洞实验独大,最近十几年来,数值模拟发展得很快;飞行实验还是相对薄弱,近几年在国内外发展较快。三种手段开始较好地融合在一起。在俞鸿儒看来,实验工作就是要在一些纷纭复杂的现象中提取本质性、规律性的东西。

俞鸿儒本人兼工程师和科学家于一身,却也始终面临着一些质疑。有人说,他只作出了爆轰驱动激波风洞这样的大型科研装置,这种大型装置虽然可以做很多实验,但对基础研究的推动比较弱,这种说法显然是不成立的。他更倾向于在遇到问题时建立理论模型,从理论上透彻地分析问题,再以公式或理论来解决普遍性的问题,而不是简单地靠实验模拟去枚举。

现在,有些人批评国内航空航天研究主要是围绕型号研制来开展任务,为了解决型号研制中遇到的技术难题来开展一些相关的应用性基础研究,而国外大飞机研制却是基础研究先行,再进行型号研制和飞机生产。俞鸿儒认为,基础研究和应用研究并不矛盾,基础研究和试验研究应该同步发展。

国内航空航天相关的基础研究确实比较薄弱,创新性也有待加强,中国气动中心现在是在用世界一流的地面设备做世界一流的地面实验,总体偏重工程应用,研究侧重应用基础研究或应用研究,基础研究做得相对较少,在创新方面存在一些不足。中国气动中心应该把规律搞明白,而不仅仅是提供一个结果,否则实验就没有达到目的。而中国科学院系统的研究所则更偏重基础研究,为国防军工和国家重大专项做基础性的预研项目。俞鸿儒认为,二者要相互配合,优势互补。但不能等着把基础打好了再开展型号研制和工程应用,而是应该在借鉴国外一些先进成果的同时,继续巩固基础研究。

中国气动中心究竟该如何发展？俞鸿儒认为应做好两方面的工作：一是要重视基础研究。他认为，中国气动中心的风洞试验切不可只吹吹风就完事了。而是要用心建立实验数据库，还要将地面实验、数值计算与飞行实验这三种手段积累起来的数据相互对照和融合，审查三者的契合度，如果对不上，要进行相关性分析，找出原因。通过分析实验中出现的新现象，再进一步尝试提出一些规律性的认识，推动相关原理的发展。二是要培养拔尖人才。有了一流的科研装备，人员素质不过硬怎么办？他提出要提高科研人员的素质，培养理工结合的、具有很强的基础研究能力的拔尖人才，才能及时发展和解决风洞运行中面临的深层次理论问题，进一步推动空气动力学理论的发展。

2005年2月6日，作为一名超高速研究所的"老人"，俞鸿儒写信热烈祝贺超高速研究所创建40周年。他强调，超高速研究所是以实验为主的研究单位，地面试验装备应发挥两方面的作用：产生研制飞行器所需的精确定量数据和提供开创性新知识，后者目前还没有得到应有的重视。巧妙新颖的实验方法和手段对生产新的知识具有决定性的影响。要在尖端武器研制中发挥核心作用，并在国际科技界占有一定地位，两者均应重视。①

在俞鸿儒的建议下，中国气动中心正在将以往所有试验数据加以保存和整理，并努力建设气动力数据库。他们还专门建起了一个研究性的风洞群，开展一些研究和创新性的工作。

第四，中国科学院与国防科研机构的科研环境差异。俞鸿儒领导的高温气动团队之所以能够作出高超声速复现爆轰驱动激波风洞JF-12，与中国科学院和中国气动中心的科研体制有很大关系。与中国气动中心走马灯似的转换研究任务相比，中国科学院更加尊重科研人员的自主性，能够对一个研究方向持续地做下去。爆轰驱动概念虽好，但实施起来非常困难。国外很多人都一度放弃了，但俞鸿儒在一种相对包容和自由的环境中坚持了下来。他曾说过"我1958年开始搞激波管，（中国科学院力学研究所）

---

① 2005年2月6日，俞鸿儒写信给中国空气动力研究与发展中心超高速研究所徐翔所长暨全所同志。资料存于采集工程数据库。

十多年没有要求我写计划,写进度,只要你看准方向,尽全力往前走就行,我觉得宽松的环境比多给经费更重要。"①

当然,宽松的环境与关键人物的支持关系密切。俞鸿儒认为,在进行激波管爆轰驱动技术研究的时候,如果没有钱学森所长和郭永怀副所长的支持,这项研究是干不成的。1956 年 2 月,钱学森在提交给党中央的《建立我国国防航空工业意见书》中,特别提到了基本研究,"落实基本研究,当前尤其重要。但是各项研究内容都重要,基本研究只需要少数人参与;支持做基本研究不一定非要巨资投入,但是宽松的环境极其重要。""为设计而服务的研究有很大的计划性,必要在某一时期内完成某一工作,因此往往重点放在解决一定的问题而不放在完全了解这问题的机理。相反,长远及基本研究的重点放在完全了解一个问题的机理,因而我们不能把时间限制过于严格;也必须要把工作定得灵活些,可以随机应变,探索新方向。"当前最重要的是如何"以最迅速的方法,建立起我国国防航空工业的三部分:研究、设计和生产"。② 正是因为钱学森所长的支持,几十年来俞鸿儒在爆轰驱动研究方面逐渐有了深厚的积累和沉淀,最终水滴石穿,厚积薄发地做成了举世瞩目的 JF-12 激波风洞。③

创新却没有实现的建议

为什么俞鸿儒有理有据的科研建议却多次没有付诸实践呢?个中原因非常复杂。既有中国科学院和中国空气动力研究与发展中心这两个科研单位的性质差异,又有工程创新与追求安全的辩证法。

创新思维的人能启发人们突破固有思维桎梏,将事物发展向前推进。但如果观念和思想太超前,往往在工程实现上又存在困难。其实任何一项大科学装置都有很多关键技术、新问题需要去克服,需要工程技术的重大创新。

---

① 高雅丽,俞鸿儒院士:"与众不同"的钱学森。《中国科学报》,2021 年 12 月 31 日。
② 同①。
③ 廖达雄访谈,2016 年 3 月 30 日,四川。资料存于采集工程数据库。

由俞鸿儒和廖达雄牵头，中国科学院力学研究所与中国气动中心联合研制的新颖低温原理性风洞现在还矗立在风洞厂房。实际上后来中国气动中心真正建成并投入使用的低温风洞并没有采取俞鸿儒的技术。这主要是因为：

第一，国外对中国航空航天领域的技术引进与核心信息交流封锁得非常厉害。在研究大型低温风洞时需要作出大型空气压缩机，以产生气流马赫数，可国内从未有大型压缩机的研制经验。在柔壁喷管、半柔壁喷管，以及跨声速实验段、更高性能风洞的二喉道技术等方面的技术难题也必须我们自己去攻关。要解决这些问题，有时要联合国内外航空航天科研机构和高校的专家一同进行技术攻关，有时候也要深挖问题根源，从基础的理论研究做起。

第二，工程应用会对国民经济生活产生直接而长久的影响，为了保障工程的安全可靠，不允许有太多的新东西，否则连立项都通不过。如果新问题太多，人家就怀疑你立项的条件不成熟。到了工程设计和建设阶段，碰到新问题了，又必须采用新技术，国外发达国家的经验可以提供借鉴，但外国人的观点和结论并不一定就是对的，需要仔细消化，需要去很好地验证。如果完全照搬国外的东西，那肯定是不行的。中国气动中心以风洞的工程建造和实验研究为主，考虑的最重要因素就是国内现有的工业水平，一些急的任务在时间上等不及，于是不得不忍痛割爱。

无独有偶，在中国气动中心独具一格的声学风洞和结冰风洞的方案设计和建造过程中，俞鸿儒也给予了很大支持，提出了宝贵建议，包括结冰风洞的制冷方式和喷嘴设计等。当时俞鸿儒曾建议将热分离器应用到结冰风洞上，与拐角导流片集成在一块，设计人员经过比较研究，认为这是非常好的建议。但结冰风洞并不需要很低的温度，气体温度只需降到零下40℃就可以了，采用已经成熟的一般工业制冷设备即可达到很高的效益，而且国内生产分离器厂家的工业水平相当有限，只能作出较小规模的分离器。如果风洞建造规模很大，做大分离器就会遇到很大的技术困难，因此中国气动中心最后还是直接购买了工业制冷器。后来，中国气动中心到国外调研时发现，国外有不少风洞的做法与俞鸿儒的建议不谋而合。

有一事说起来也是令人遗憾。俞鸿儒曾积极支持中国气动中心建造一座爆轰驱动激波风洞，却未能实现。中国科学院力学研究所与中国气动中心激波风洞实验室在研究领域方面有较高的相似度，在某种程度上存在竞争关系。然而，俞鸿儒看问题往往高瞻远瞩，不是狭隘地站在自身或某个单位利益的角度，而是真正站在整个国家空气动力学发展的高度。他很早就说过，现在中国研制和建造风洞的技术，很多都是跟美国、澳大利亚和日本学的。中国科学院力学研究所研究出的激波风洞爆轰驱动技术，很希望全世界采用，包括国内同行。

俞鸿儒早年参评中国气动中心激波风洞改造方案时，就曾对中国气动中心的人说过：你们的风洞走高焓这条路的时候能不能采用爆轰的形式？你们可以把中国科学院力学研究所的爆轰驱动技术拿去用。在看到了爆轰驱动技术的巨大价值后，2009年，中国气动中心向中国科学院力学研究所表示想引进爆轰驱动技术，俞鸿儒非常痛快地就答应，并积极促成这件事。他很爽快地给中国气动中心超高速研究所的同仁们在技术方面提供了详细指导，他还愿意到现场来指导。中国气动中心也跟着做了一些爆轰驱动激波风洞的设计工作，开始加工部分部件。

遗憾的是，后来由于中国气动中心要赶工期，以及国内机械加工水平较低等诸多因素，最后合同没有执行完。因此，该中心到现在还没有一座自己的爆轰驱动的激波风洞。尽管这个项目没有最终做成，但从中可以看出，俞鸿儒很愿意看到爆轰驱动技术被广泛使用，切实推动国家科技发展。

第十二章
枫林不晚　科研不息

　　过去几十年来，中国科学院力学研究所、中国气动中心和国内一些相关单位围绕空气动力学研究与飞行器研制开展了重要工作，这些科研成果对于国民经济的发展和国防建设发挥了不可替代的作用。过去我国在相关领域的积累较为薄弱，技术相对落后，一直是跟跑者。现在我们正在变成并跑着，并力争在某些领域成为领跑者。这将是一个巨大的挑战和机遇。

　　探索是没有止境的。在乙烯裂解项目节节胜利的时候，俞鸿儒已经考虑如何用激波管、激波风洞技术推广运用到化工等更为宽广的领域，爆轰驱动高焓激波风洞取得进展之后，他心中又想到航天飞机性能有关的种种研究题目。航天飞行器正飞向月球、火星和太阳系的其他星球，在茫茫宇宙中发生种种新的现象和由此引起的科学与技术问题将会越来越多地呈现到人类面前。21世纪的航天飞行器将飞向更加遥远的星空，俞鸿儒院士的目光也将更加开阔。引用屈原的一句诗句来表达他作为一位探索者的心胸"路漫漫其修远兮，吾将上下而求索"。[①]

---

　　① 1998-04-002，《优秀共产党员登记表》。存于中国科学院力学研究所。

把机会让给年轻人

与一般院士相比，俞鸿儒以第一作者或通信作者发表的中英文学术论文的数量并不算多，但已发表的每一篇论文在激波管与高温气体动力学领域都称得上经典。在张涵信院士看来，他的多年好友"老俞"热爱国家，热爱集体，不喜欢揽功。俞鸿儒认为，那些创造性的科技成果不是他一个人作出来的，而是他领导一个团队协同攻关的结果，理应归国家和集体所有。他不愿意把一个集体的科研成果以个人名义发表。

与那些年少成名的科学家相比，一直谦虚低调、踏实肯干的俞鸿儒可谓"大器晚成"。他不但对金钱利禄漠然视之，就连奖项的申请和评定工作都不以为意。他经常是在中国科学院力学研究所科技处和宣传部门的催促下才去填报一些申请材料。1995年，光华科技基金会授予俞鸿儒1995年度光华科技基金奖一等奖，以表彰他在发展中华民族科学技术事业中取得的重要成绩。1996年3月，中国科学技术大学聘请俞鸿儒任该校兼职教授（1996年3月至1999年3月）。

图12-1　俞鸿儒获得1995年度光华科技基金奖一等奖（俞鸿儒提供）

2002年，74岁的俞鸿儒荣获何梁何利基金科学与技术进步奖数学力学奖。

2013年6月15日是俞鸿儒85周岁生日，他坚决不同意祝寿。最后商定项目组汇报一年来应用进展，作为给俞鸿儒的生日礼物。俞鸿儒听了之后，才消除了顾虑。① 实验室还遴选他多篇学术论文，印制了论文集，编

---

① 俞鸿儒致何友声同志书信，2013年6月18日，未刊稿。资料存于采集工程数据库。

了一本简单的《俞鸿儒论文选》。做事低调的老人不同意同事和学生们正式出版他的论文集，认为只要能起到交流效果就可以了，不拘泥于形式，坚持仅仅作为内部资料保存。即便如此，也只肯印刷200册，亲手送给行业内那些需要的人。

2016年3月，时任高温气体动力学国家重点实验室主任的姜宗林，作为"复现高超声速飞行条件激波风洞"的第一完成人，获得2016年度美国航空航天学会地面试验大奖。这一激波风洞是在俞鸿儒爆轰驱动技术思想的指导下，由姜宗林率队完成的。俞鸿儒由衷地为姜宗林感到高兴，他认为这对于中国激波管与激波风洞领域，乃至整个中国力学界都是一件好事，毕竟这是亚洲人第一次获得这一奖项，标志着中国科学家在这一领域已经跻身世界领先地位。

JF-12爆轰驱动激波风洞和核心成员因"复现高超声速飞行条件激波风洞实验技术"科研成果荣获2016年度国家技术发明奖二等奖。虽然这一成果是在俞鸿儒的技术思想指导下完成的，但他主动把自己在功劳簿上往后排。他说，奖项排名对我们这些老人已经不重要了，对年轻人有用，应该让他们经常走到台前。因此，在这一成果的"主要完成人"一栏他位列六名科研人员中的最后一位。

俞鸿儒认为自己是不专门争求上进的人，只求默默努力。几十年来，他不仅自己在科研上成绩卓著，还在学术传承上起到了很好的引领作用。几十年科研实践使他深深懂得，青年人才是国家科学事业发展的希望。中国高温气体动力学事业要不断发展，需要一代又一代人不断奋进。因此，他不仅不遗余力地为我国高温气体动力学培养了能干的科技人员，还在科研工作中总是选择"及时退出"，把机会让给更多的年轻人。至于选择及时退出的原因，他曾说"我这么做是由于看到国外有几位很有成就的同行专家离任后活动方式未做改变，妨碍接班人的成长，使他们的研究中心逐步衰落。自己虽然不具备他们的权威度，但也要时刻警惕，不能影响年轻人开展工作。"他常说，我们这一代人搞风洞建造，搭了一个戏台，今后戏唱得好不好就要看年轻人了。

20世纪90年代，国家鼓励老年院士继续工作。已进入古稀之年的俞鸿儒学术思想仍然活跃，但逐年缩小了自己的工作量。因为任务性东西相对较少，他更看重在心情舒畅的情况下，从国家经济社会发展的重大战略需求出发，自主选择和安排研究，做些真正感兴趣的创新性工作。不过他始终铭记当年郭永怀先生要甘做铺路石的教导，对国家前途和民族命运保持着高度关切，以一名力学家的高度责任感，坚持进行一些力所能及的科研工作。

那么，老年科研人员适合做什么样的工作呢？他对自己提出两条约束：一是，不要和年富力强者争做适合他们干的，以及他们特别愿意干的项目。他瞄准某个方向刻苦钻研，遇到技术难题时，会带着一个团队去攻克，等把主要的问题解决得差不多了，就干脆利落地转身，让下面的人往下做，给年轻人发挥的空间。在团队取得成就后，也不跟下面的人争功抢名誉，自己则找另外一个难题去攻克。JF-12激波风洞建成后，很快因独特的性能在国际上引起了轰动。截至2017年年底，这座被称为"东方巨龙"的超级风洞已经斩获了国内外多项大奖，可每次俞鸿儒都不愿意被列入获奖名单。直到迫不得已，他才会同意最多只能像发表论文一样列为最后一名。他经常说，我年老力衰，做不了多少工作，年轻人获奖，有助于开展工作。风洞获得声誉之后，都是后辈人出去讲学，他自己则退居二线。二是，尽量少占资源并选择风险较大的项目。晚年的俞鸿儒虽然进入耄耋之年，然而壮心未与年俱老，他组建了自己小而精的科研团队，刚开始是由他亲自担任课题组长，主要作用是引领方向，特别是为了国家重大战略需求探索高温气体动力学前沿问题，提出新概念、新方法和新技术，具体

图12-2 俞鸿儒和课题组研究员陈宏讨论问题（陈宏提供）

第十二章 枫林不晚 科研不息

工作由研究员陈宏带领课题组其他成员实施完成，后来课题组长也由陈宏承接。这个科研小组成员补充了新生力量后分工明确，搭配合理。在俞鸿儒传统学术思想的感召下，大家努力开拓进取，已经取得了一些重要的创新性成果。近年来，陈宏带领研究小组所从事的双爆轰驱动、催化复合增大冲压发动机推力的研究以及热流传感器的研制，都得益于俞鸿儒的很多创新性想法。

很多人不理解，作为空气动力学界的老前辈，早已经功成名就，为什么俞鸿儒八九十岁了还在坚持搞科研工作？这一切源于他为我国航空航天事业不懈追求和奋斗的信念。工作之余，他总不忘鼓舞士气，鼓励后辈们将工作不断推向一个新的台阶。

增大冲压发动机推力新途径研究

从20世纪后期开始的历次"高超"飞行试验，人们最关心的试验结果是模型平飞状态有没有加速度，即高超冲压发动机产生的推力是否能够满足需求，克服气动阻力。如何探求一种高效的增大高超冲压发动机推力新方法是俞鸿儒追求的一个重要目标。

飞行器飞行的马赫数如果在3倍音速以下，像现在飞机一样，用到的发动机是涡轮喷气发动机。当飞行器的飞行速度达到马赫数3以上，就需要一种高超声速冲压发动机。马赫数达到3以上，飞行时会在飞行器头上形成一个正激波，空气被压缩后温度和压力会陡然上升很多，然后把燃料喷进发动机里面，进行燃烧点火。但这种高超冲压发动机不会从地面起飞，而是要先把它带到空中去，当飞行马赫数达到3以后，这种发动机才会进行工作。对这种发动机而言，超声速气流经过几道斜激波进入发动机以后，气流的速度不会降低得那么快，温度就不会上升得过高，对发动机燃烧室也就不会产生非常严重的损坏。在理想状态下，当飞行的马赫数可以达到6倍甚至9倍时，只要用一两个小时的时间就可以到达全球的任意地方，对世界民用和国防领域都会发生重大变革。因此，世界各国也纷纷投入巨资研制这种发动机。

为了突破上述高超声速推进关键技术，2006年，已78岁高龄的俞鸿儒又提出采用催化复合的方法增大冲压发动机推力这一探索性的新概念和新方法。他这一颇有创意的想法得到了中国科学院院长路甬祥，以及国家自然科学基金委员会原主任张存浩的支持。俞鸿儒决定先从亚声速燃烧问题入手。经过一番深入的研究，他发现，大家都认为在亚声速燃烧发动机实验中，马赫数高于5以后，通过正激波压力，空气温度太高导致燃料离解了，化学能就释放不出来，从而导致亚声速燃烧发动机不能使用。他就考虑，能否采用催化的方式，向燃料中喷某种催化剂，使得气体温度下降，这样一来，就可能抑制燃料在高温中离解，或推动原来已变成离解、电离的气体复合，恢复到分子状态，复合过程中会发生放热反应，释放出化学能。

后来研究了两个多月，虽然取得了一些进展，俞鸿儒发现自己一个人也不能完全搞懂，需要和催化方面的专家一起研究，于是他就找了几个擅长化学的专家。路甬祥院长还亲自给俞鸿儒介绍了中国科学院院士、中国科学院大连化学物理研究所李灿院士[1]参加"吸气式高超声速推进新途径"探索研究。

在路甬祥院长的安排与支持下，他与李灿合作开展研究。利用中国科学院力学研究所独有的双爆轰驱动技术来产生氢与约3000度高温的空气燃烧形成的喷管加速流，喷入水或几种催化剂进行实验。实验结果显示：喷入5%水雾，推力增加20%~25%，预示这项工作具有科学意义和应用前景。

---

[1] 李灿，男，汉族，1960年1月出生于甘肃省。理学博士，研究员，博士生导师。2003年当选为中国科学院院士，2005年当选为第三世界科学院院士，2008年当选为欧洲人文和自然科学院外籍院士、英国皇家化学学会会士。任中国科学院大连化学物理研究所洁净能源国家实验室（筹）主任，中法催化联合实验室中方主任，英国石油公司与中国科学院大连化学物理研究所能源创新实验室主任，兼任中国科学技术大学材料与化学学院院长。

提出高铁摩阻测量新设想

俞鸿儒比较善于发现重要的科学问题。这几年来他比较关注高铁在隧道里运行的问题，在平原上修隧道问题不是很大，但是如果铁路修到新疆、西藏的话，过山区的时候就会有长隧道，这里面的空气动力学问题就不是常规的问题了。俞鸿儒和小组成员讨论了火车钻隧道会不会产生激波的问题，并讨论了用一个废弃的炮怎么做实验。他们通过一个很简化的模型，得出一个初步的公式，评估火车钻隧道中的一些气动问题。后来，这篇文章刊登在《气动物理》杂志上，上面刊登了他们的分析结果：

普通活塞在管道中运动，不论活塞速度高低都能驱动产生激波。空心活塞在管道中运动与普通活塞不同，当其运动马赫数低于壅塞马赫数，活塞前不会形成运动激波；只有活塞运动马赫数超出壅塞马赫数，才能驱动产生激波。壅塞马赫数由空心活塞中心孔直径、长度和内壁面摩擦系数，以及外直径横截面积决定。火车通过隧道，即类似空心活塞在管道中运动。将火车车厢与隧道间的空隙换算成有效水力直径后，可利用空心活塞在管道中的运动计算壅塞马赫数的方法，求出火车通过隧道出现激波的条件。[①]

俞鸿儒提出一种新颖的间接测量列车平均摩擦系数新方案，虽然研究仍需要进一步深化，但他的想法确实很值得深刻思考和借鉴。

研制高品质热流传感器

2009年汶川地震后，中国气动中心对风洞群进行恢复重建，风洞上安

[①] 俞鸿儒：空心活塞运动产生的激波。《气体物理》，2016年第1卷第1期，第1-4页。

装的同轴热电偶传感器非常缺乏。于是他们派人去德国买传感器产品，调查后发现德方的价格太贵。于是，中国气动中心就派朱涛前去北京，向俞鸿儒请教同轴热电偶传感器的研制与技术细节。

当朱涛向俞鸿儒请教传感器的技术难题时，俞鸿儒说道，做实验不光理论上要强，动手能力也要强。因为他在传感器方面跟德国人有很多合作，知道一些德国那边的情况。德国的传感器设计和制造技术还是20世纪80年代在对德国亚琛工业大学进行学术访问时跟他学的。时隔二十年后，怎么现在我们又跑去跟德国人学传感器技术了？

在朱涛拜访结束之后，俞鸿儒很快就跟他的学生、中国科学院力学研究所国家高温气体动力学重点实验室的陈宏、李进平等一起，下定决心一定要把传感器做得比德国还要好。小小的传感器能否做好，除了考验动手能力外，俞鸿儒还强调了一点，"我们做出来的传感器一定要精细，每个制作、标定的过程一定要把它做细致了，不能说做出来之后大概测一下好像差不多就行了，必须要把每一步搞清楚"。小小的传感器渗透着高深的理论。当时他们之所以将中间的缝隙确定为10微米，是有完整的传热数值计算作为支撑的，在理论上已经做过先期研究。陈宏还曾就同轴外面的材料和工艺问题专门跑到上海跟厂方进行细致的交流。可见要做好同轴热电偶并不是一件容易的事情。

现在，他们的同轴热电偶传感器在工艺、质量、测量的稳定性和重复性上都已经取得了非常大的进步。这与俞鸿儒扎实的理论基础和过硬的实验能力是分不开的。后来，他们也买过德国的同轴热电偶产品，与他们自己做的进行比较，发现德国中间那个缝隙做得确实要更好一些。不过，德国人来中国参观高超声速复现激波风洞JF-12时，将中国科学院力学研究所的传感器测量结果与他们的对比，发现两个传感器测出来的结果其实差不多，中国科学院力学研究所的价格却低很多，因此，德国人对俞鸿儒他们做出的传感器评价很高。[①]

后来中国气动中心也开始自己制作热流传感器，跟着中国科学院力学

---

① 中国气动中心科技人员座谈会，2016年3月29日，四川。资料存于采集工程数据库。上文引文为中国气动中心502室主任朱涛发言。

研究所高温气动团队学了一些东西。① 当对方遇到困难时，俞鸿儒总是鼓励他们："你们不要想得太复杂，直接去做，多试几次就可以了，肯定能做出来。"他们还与航天三院主管科技工程的基础研究项目部门共同合作，经常交流。

俞鸿儒还和年轻人一起推动了电阻测温量热计及其测量方法的改进。2013年，他们研制的一种电阻测温量热计及其测量方法被授予专利。这一专利包括绝热管、固定在绝热管一端的量热片，以及填充在绝热管内的高分子化合物。他们团队利用双爆轰驱动技术建成JF-14高温燃气风洞，并利用这一风洞所产生的高品质流场制作出了高精度瞬态同轴热电偶热流传感器。同时，又在俞鸿儒的指引下研发了多种新型热流传感器，多年来这种高频响热流传感器在国内一直处于领先水平。

建言空天安全基础研究

空天安全是国家安全的命脉。我国高超声速空气动力学研究从20世纪60年代以来，经过几十年的努力，进展巨大，发展了理论与数值计算、地面模拟试验和飞行试验，为我国战术战略导弹、运载火箭、载人飞船和其他航天器研制作出了重要贡献。自20世纪八九十年代以来，临近空间飞行器研究成为一个热门的新领域，临近空间的开发利用也引起了众多国家的重视，将其提高到国家安全的新高度来认识。临近空间高超声速飞行器的研制涉及多方面的科学和技术问题，包括总体设计、高超声速空气动力学、热防护的理论和技术、导航制导控制理论和技术、测控与试验技术等，是21世纪航空航天领域的制高点之一，体现了一个国家的科技实力和经济实力。

为了推动我国高超声速空气动力学事业的发展，俞鸿儒还积极和一些

---

① 中国气动中心科技人员座谈会，2016年3月29日，四川。资料存于采集工程数据库。上文引文为中国气动中心五所502室研究实习员李贤发言。

专业领域内的资深科技专家深入交流，从专业技术发展和国家安全问题的角度向国家建言。1999 年，在全国政协委员庄逢甘的倡议下，庄逢甘、俞鸿儒、周恒、张涵信 4 位院士就对有关国家空天安全重大基础科学问题提交了《推动未来航空航天技术发展的力学前沿问题的研究》的报告，为我国临近空间高速飞行器的发展奠定了重要基础。这一报告的目的在于明确未来航空航天技术的发展需要解决的力学关键课题，促进力学基础学科的进步，进而为航空航天科技的发展提供支撑。①

2002 年，庄逢甘、郑哲敏、张涵信、周恒、童秉纲、黄克智、白以龙、崔尔杰 8 位院士对我国航空航天相关单位进行了广泛深入的调研后，向国家提出了《21 世纪我国空天安全面临的严峻形势和当前应采取的对策》建议书。受此影响，国家成立了一些重大科技专项，推动了工程化发展。国家自然科学基金委员会于 2002 年和 2007 年启动了"空天飞行器的若干重大基础问题"和"近空间飞行器的关键基础科学问题"两个重大研究计划，这是我国在国家层面上针对空天飞行器技术领域系统部署的基础研究计划。②

湍流研究及计算流体力学应用是大型客机研制的关键问题，2009 年，庄逢甘、张涵信、周恒、崔尔杰、李家春、俞鸿儒等院士向国务院提交的《发展我国大型飞机计算流体力学（CFD）理论与应用研究》得到国务院的批示。2009 年 7 月，上海专门围绕这一文件召开研讨会，10 所大学和 8 个研究所积极参会，之后将会议论文结集为《大型客机计算流体力学应用与发展》一书出版。③

为了维护老年院士的身体健康，中国科学院在院士中实行资深院士制度，对年满 80 周岁的院士授予资深院士称号。从 2008 年起俞鸿儒就成为中国科学院资深院士。资深院士不再参加每两年一次的中国科学院院士增

---

① 谭邦治著，《中国航天院士传记丛书》总编委会组织编写：《庄逢甘院士传记》。北京：中国宇航出版社，2019 年，第 224 页。

② 叶友达，张涵信：《临近空间高超声速飞行器气动设计与湍流研究》。临近空间高超声速飞行器气动设计与湍流研究，2015 年第 10 卷第 4 期，第 29-30 页。

③ 《上海科技年鉴》编辑部：《上海科技年鉴 2010》。上海：上海科学普及出版社，2010 年，第 379 页。

选工作，但仍可开展其他活动。2005 年，在两院院士师昌绪的倡议下，中国科学院、中国工程院联合成立了中国科学院、中国工程院资深院士联谊会（以下简称联谊会），目的是加强两院联系，组织资深院士发挥余热，为国家为人民继续做贡献。[①] 俞鸿儒作为资深院士，积极参加联谊会组织的活动，围绕科技、经济和社会热点问题，为我国经济社会发展和科技进步建言献策，多次参加国家有关部门和地方组织的重大咨询活动，以及科学普及活动，弘扬科学精神和爱国主义。

图 12-3　2009 年中国科学院、中国工程院资深院士联谊会合影（前排左三戴元本，左八师昌绪，左九杨福愉，左十黄志镗，左十二俞鸿儒。俞鸿儒提供）

在 2009 年 5 月 19 日于成都召开的联谊会上，俞鸿儒和师昌绪、戴元本、黄志镗等院士针对当今青年的职业取向、院士选举、院士社会兼职与创新型国家建设需要等问题展开了热烈的讨论，并就如何更好地发挥两院资深院士联谊会的作用发表了自己的意见。[②]

[①] 刘凤，黄有国，龚惠玲：《情系生物膜　杨福愉传》。北京：中国科学技术出版社，2018 年，第 172 页。

[②] 两院资深院士联谊会在蓉召开，2009 年 5 月 20 日。中国科学院成都分院官网。

第十三章
呕心培育桃李

　　中国科学院力学研究所的空气动力学研究是我国老一代著名科学家钱学森、郭永怀、林同骥创建的。六十多年来，俞鸿儒不仅自己辛勤工作，在激波管和激波风洞研究领域作出了重要贡献，在他的培养和支持下，姜宗林、赵伟、陈宏等第三代力学科技工作者成为中国力学事业的中坚力量，一大批更年轻的科技新秀正在迅速成长起来。这支有着浓厚学术传统的科研团队，不仅在协助解决我国"两弹一星"研制等国防技术攻关问题上功不可没，还建立了高温空气动力学、物理力学和化学流体力学等配套的气动力学和气动物理研究体系，走出了一条艰苦、踏实、创新的气动研究之路。①

　　耄耋之年的俞鸿儒不仅科研成果卓著，多年来他培养了一批优秀的力学科技人才。他对研究生们不仅在业务上严格要求、指导有方，在思想上、生活上也关心照顾他们。他更善于指导学生打好数理基础，之后自己在科研领域打拼，他只是必要时指点一下，往往收到一点就通的效果。

---

　　① 1997-07-004，中国科学院力学研究所基础性研究科研基地试点方案（二）。存于中国科学院力学研究所。

悉心培养年轻人

除在中国科学院力学研究所指导研究生外,俞鸿儒还被浙江大学、南京理工大学、重庆大学、国防科技大学、中国科学技术大学等多所大学聘为兼职教授,联合培养硕士和博士研究生。他被中国人民解放军国防科技大学聘为兼职教授。2015 年,俞鸿儒被中国科学院大学聘为岗位教授。长期以来,他对培养和指导年轻人形成了自己独特的心得。

独特的人才观

俞鸿儒一直很重视人才。他认为,我国的科技能力要达到世界一流还要有个过程,其核心因素就是人才。因此,他对年轻人的成长倾注了无数心血和关爱,并且在人才培养方面有非同寻常的独立见解。

俞鸿儒认为,国家在人才培养方面的关键是不能急,要慢慢培养。他自己现在年纪大了,无法做具体的事情。因此他把更多的热情放在教育和培养研究生上,希望他的建议能对研究生有所帮助。他觉得,自己提出的想法也许年轻人暂时不会同意,或很难执行,但是年轻人总要慢慢长大,这些话现在听起来也许没用,将来总会有用的,因为对国家有用的转变是潜移默化的。

在科研攻关的同时,俞鸿儒还以老一辈科学家严谨治学的态度身体力行地影响着青年人的成长,他时常强调树立正确的人生目标和培养良好的科研兴趣的重要性。他认为做科学研究工作要有大志向,要为民族、为国家做贡献。而且,做研究应该有长远方向,要耐得住寂寞,不能这山看着那山高,老是赶时髦变来变去的,那成不了事。

另外,在谈到中国科学院的情况时,他说:"不能迷信海归,越来越多的海归回来工作是非常好的,但是不能在重视海归的同时,把自己培养的人才忽略了。"

俞鸿儒认为，人才培养，营养是必要的，但不能给太多了，就好比是水多了会把苗浇死。人应该在取得一定成果的基础上，给予一定的待遇和回报，不能过多。如果待遇和成就不匹配，反而不利于年轻人的成长。他还认为，顶尖的人才不是培养出来的，而是在合适的土壤中生长出来的，单位的责任就是给年轻人提供合适的土壤。

关于培养院士，他认为，首先要创造良好的环境，但是无法培养，需要他自己奋斗出来。其次，应该是哪个苗强选哪个，不能先挑人再培养。他的比喻很形象，不能把要下种的五个豆端到专家面前让专家去挑，因为人才在还没有成长起来之前是不能确定的，一定要在工作中挑选。

俞鸿儒还经常提及，要加强对本土青年科技人才的培养。关于人才的培养方式，他强调，初级人才是学校培养，中级人才是单位培养，高级人才就是在实际工作中培养。也就是说，应该把一些有一定高度的人才放到关键的难题上去，谁能解决谁就是人才。

对青年人启发诱导

俞鸿儒在对研究生和助手进行学术指导的过程中，喜欢对年轻同事和学生们放手，让他们自己去探索。其实，这种放手蕴含着一种学术传承，因为几十年前，郭永怀对他的指导就是启发式的、循序渐进的，重点强调让他们掌握科研的方法，提高科研本领；鼓励别人发表不同见解，放开胆子去探索，做出有新意的研究工作。一旦发现年轻人有好设想和好创意，他总是最大限度地给予支持。[1]

20 世纪五六十年代，郭永怀要求俞鸿儒开展激波管研究，也是完全让他自己去摸索。他一开始做常规的氢氧燃烧风洞，意外出现了爆轰。激波风洞后面的法兰被打出去，把厂房给炸了，还打穿了一栋墙，当时郭永怀并没有说什么，反而鼓励他们继续开展科研。这件事对俞鸿儒影响很深，他当导师后也经常鼓励学生们，做事有担当，只要你觉得对就尽管往下做

---

[1] 宋健：《"两弹一星"元勋传（下册）》．北京：清华大学出版社，2001 年，第 353-354 页。

就行了。①

1985年，俞鸿儒开始指导第一个硕士研究生于伟，其毕业论文题目为《提高旋转式热分离器制冷效率的因素研究》。于伟的师弟赵伟则是在一个偶然的机会成为俞鸿儒的研究生。1990年7月，赵伟已

图13-1 俞鸿儒参加1988届自然辩证法研究生论文答辩会
[前排左起：范岱年，俞鸿儒，沈元（北京航空航天大学名誉院长），史超礼，李佩珊（中国科学院自然科学史所副所长），谢础（《航空知识》主编）；后排右一李成智（北京航空航天大学自然辩证法专业研究生）。俞鸿儒提供]

完成研究生一年级的学习，可导师严复还一直在国外访问。他心里着急落实导师的问题，所内负责研究生教育的老师推荐他去找俞鸿儒，说俞鸿儒的学识和为人都特别出色，不妨去试试。赵伟兴冲冲地直奔俞鸿儒的办公室，说明来意后，俞鸿儒非常爽快地应允了。之后，赵伟就变更到了俞鸿儒门下。第二次见面的时候，俞鸿儒刚从德国亚琛工业大学归来，跟赵伟谈了很多爆轰驱动技术，深入浅出地把正在起步阶段的爆轰驱动激波管与激波风洞技术的原理、前沿态势与有价值的研究问题和盘托出。当时赵伟还不充分具备相关专业背景，也没有上过专业课，破天荒地乍听到"爆轰"这个词，顿时感到一头雾水，内心压力很大。他回到宿舍后，仔细请教了几个师兄关于爆轰驱动技术的一些情况。后来赵伟在俞鸿儒的宏观指导和两位师兄于伟和国相杰的具体指点下科研水平突飞猛进。他毕业后留在中国科学院力学研究所激波管组跟随导师俞鸿儒工作，陆续开展了爆轰驱动技术研究和应用，深入探索激波风洞技术原理，并为高超声速复现爆轰驱动激波风洞JF-12项目的顺利完成作出了贡献。②

俞鸿儒还非常注重对学生的辩证思维的引导。1988年，他曾参加了北京航空学院自然辩证法专业硕士研究生李成智的毕业论文答辩。李成智研

---

① 中国气动中心科技人员座谈会，2016年3月29日，四川。资料存于采集工程数据库。
② 赵伟访谈，2015年12月9日，北京。资料存于采集工程数据库。

究的恰恰是郭永怀先生的学术思想。俞鸿儒对这篇硕士论文给出了很好的评价，并提出了中肯的建议。

受钱学森先生讲话逻辑性强和作报告通俗易懂的风格的深刻影响，俞鸿儒对研究生作报告的要求也是如此，五分钟讲明白一件事的两个要点：究竟想解决什么问题，有什么新办法。科研人员有时候一不小心就走向反面，为了显示自己学问高，报告做的谁也听不懂，论文写的谁也看不懂。有些人作报告有个坏习惯，十分钟时间，他不是言简意赅、抓住要点，而是加快语速，讲些无关的东西，说话比开机关枪的速度还快，讲完谁也没听懂。俞鸿儒认为这种作报告不得要领的现象很值得大家警觉。

俞鸿儒经常告诫青年学生和科研人员做研究要专注。20多年前，30岁的董维中跟随张涵信院士攻读博士，主攻高温气体非平衡数值模拟理论，俞鸿儒是他的博士论文评阅人之一。董维中在答辩之前去俞鸿儒办公室征求对他博士论文的意见。俞鸿儒对董维中博士论文中关于风洞高温喷管流动的部分表示肯定，又语重心长地叮嘱他，一个人做科研工作要非常细致，要在一个方向上踏踏实实地做下去，做出很高水平的工作才有意义。如果各个领域都涉及，很难有所成就。听完后，董维中深受影响，毕业之后一直都在既有的方向上踏踏实实地深入。[①]

俞鸿儒还要求年轻人不断培养创新的精神，在实验室内部的学术讨论会上，他反复用自己切身的例子向年轻人验证一个道理：科学重视传统，而不囿于传统。这对于他是举重若轻的，因为他自己科研生涯中的许多代表性的成果，不是传统的气体动力学概念和实验方法所能包括的。他希望一代一代都有自己独特的学术思想。

在工作和学习之外，俞鸿儒特别喜欢和年轻人聊天。从日常生活到国家大事，他都跟大家谈得很投机。他喜欢从看似平淡无奇的讲话中，去引导他们掌握科研方法、树立正确的科研态度，形成积极进取、奉献的人生观，增强历史使命感与责任感。他一直都是很随和的样子，不紧不慢，把自己放在与学生们平等的位置上，倾听他们各种各样或稚嫩或深刻的见解，也

[①] 中国气动中心科技人员座谈会，2016年3月29日，四川。资料存于采集工程数据库。上文引文为总体技术部9室研究员董维中发言。

图 13-2　俞鸿儒被评为中国科学院优秀研究生导师（俞鸿儒提供）

谈谈自己的认识与体会，要么是过往的经历，要么结合身边的时事来引导他们辩证地看待问题，形成自己独立的见解。虽然他的观点跟很多年轻人不一样，他也只是希望自己独特的经历能给年轻人提供一个参考。

俞鸿儒非常关心青年人思想的成长。我国改革开放后，在青年学者中先后出现了"出国热""经商热"，他的学生也难免受到一定的影响。20世纪90年代起，项国英、董宇飞等学生陆续出国学习和从事科研工作。他不反对也不回避学生出国、经商，但经常提醒他们："要树立正确的人生观，不要被眼前利益和金钱利益迷住了自己的眼睛。一个人如果总是把钱放在第一位，那他就违背了自己当初读书求知的宗旨；一个人如果是为了出国而出国，那是盲目的。如果你先在国内好好工作，积累一些工作经验，有了一个好的基础后再出国学习，可以取得更大的学术成就，可以为民族为国家作出更大的贡献。""你们不要老与公司的人比收入，时间长了是会迷失方向的。"俞鸿儒的谆谆教诲，使他的学生们在思想上受益匪浅。受他教导过的青年学者，很少有不安心国内和实验室工作的。[①] 院里领导和专家们在评议中国科学院力学研究所这个气动开放实验室时惊异地发现，这批年轻人心中的事业，不是仅仅想着钱，而是想着课题、实验、计算、理论和分支学科。有的人是从市场经济中回到科研工作上来的。他们说，凭着多方面开展科学研究的本领，到社会上不会少挣钱，但是经过反复的权衡，更有吸引力的地方却在研究所。

正因为俞鸿儒对后备科技人才的培养热情和全身心付出，1990年9月10日，他被中国科学院教育局评为中国科学院优秀研究生导师。

[①] 张涵信：《近代高温气体动力学研讨会论文集——祝贺俞鸿儒院士八十华诞》。中国空气动力学会，2008年。

培养年轻人一丝不苟的精神

年轻的科研人员诚心诚意向俞鸿儒求教的,除了专业知识和思维方法,还包括人品素质和道德准则,以及他对科研一丝不苟的认真精神。

俞鸿儒的物理概念非常清晰,又注重实践。担任中国气动中心风洞项目负责人的廖达雄记得,他们中心当时撰写应用气波机研制新型低温风洞的总结报告时,需要精确计算气波机的效率。他们一开始把气波机的效率计算出来,每有误差,俞鸿儒都给他们一一指出来。他还告诉廖达雄效率分哪几种。对于这些概念的差别,哪怕仅仅是些细微差别,在俞鸿儒的头脑中都非常清楚,其基本功之扎实令人赞叹。

俞鸿儒对学生看似宽容,赋予学生们自主探索的权利和自由,在生活上比较随意,不讲求物质,但他在科研上相当严格。相对于青年科研人员,他对高级研究人员的标准更高。已在中国空气动力研究与发展中心工作的李贤 2015 年毕业于中国科学院力学研究所高温气动国家重点实验室,他记得在一次课题组进行学术讨论时,课题组组长陈宏围绕一个学术问题发表了自己的见解。俞鸿儒听完后,觉得陈宏说得不太对,当着众人面就反驳了回去。陈宏虽然是俞鸿儒的学生,且已是国内数一数二的气动实验专家,在学术讨论时也并没有得到恩师的"特殊照顾"。俞鸿儒这种对学术的严格态度和对基本概念一丝不苟的精神对研究生们的影响很大。①

俞鸿儒对待科研的认真负责是业内出了名的。他总是说,向前开拓当然要冲破重重难关,尤其需要科学精神、实事求是的科学态度,需要科研人员提高自身基本素质。在这方面他更是身教重于言教。他的学生们记得,每项研究的实验方法的确定、实验数据精度的核准、结论的字斟句酌,以及数据与理论、计算的反复对比,俞鸿儒都事必躬亲,尽量不找他人帮忙。

对于学生写的论文,从概念到文字俞鸿儒总是一字一句地看,从不马

---

① 中国气动中心科技人员座谈会,2016 年 3 月 29 日,四川。资料存于采集工程数据库。上述文字系中国气动中心 502 室研究实习员李贤发言。

虎。学生的论文都要经过三稿五稿修改，才能定稿。他常对学生说："发表论文对别人负责，更多的是对自己负责。"尤其对实验工作的论文，要求数据整理要有严肃性，要有科学的忠诚态度，并常以钱学森、郭永怀等老一辈科学家的治学态度来教导青年人。有位学生这样说过："在遇到难题时，只要俞老师的画龙点睛，我们一下子就豁然开朗了。"

俞鸿儒虽然做事相当细致和严谨，但是他为人极其谦和的态度也非常令人赞叹。在气动力学领域有很多院士级的专家，俞鸿儒可以说是最平易近人的那位。对于中青年科研人员，还有小他几个辈分的研究生们，他都是和颜悦色，没有一点院士的架子。对方的工作中如果存在什么问题，包括研究报告里有个标点符号之类的错误，他都会以非常温和、客气的方式指出来。有次在俞鸿儒当评委的一个评审会上，小他一两辈的董维中和同事们在会上汇报工作。俞鸿儒主持会议时亲切地对董维中说道："老董，你第一个作报告吧。"当时董维中也只是三四十岁的中青年科技专家。后来童秉刚院士问他，"你怎么叫他老董？"俞鸿儒回复说："我们比较熟了，大家都这么叫。"[①]

由于俞鸿儒为人随和，又是国内首屈一指的气动实验专家。当人们遇到问题时，经常想请教他，甚至去他家里。他总是爽快地答应，并和老伴一起热情招待，丝毫没有架子。作为鼎鼎大名的中国科学院院士，他几十年来一直住在中国科学院黄庄小区一栋70多平方米的房子里。他家里摆放的家具都是比较陈旧的，但是非常干净，满屋子一排排的全是书。他还经常主动跟来访者推荐不错的书，遇到感兴趣的就直接送给人家。[②]

分享如何做科研

对于如何做科研，俞鸿儒有自己独特的心得。他认为，判断一个人是

[①] 中国气动中心科技人员座谈会，2016年3月29日，四川。资料存于采集工程数据库。
[②] 廖达雄访谈，2016年3月30日，四川。资料存于采集工程数据库。

否是合格的科研人员，最重要的一点就是看他会不会选题。这有点儿像买彩票选号码，选错题了，再努力也没有用。

1997年3月19日，他受邀给中国科学院力学研究所博士后做了一场报告会，主题是"从问题到课题"。他强调，问题是开展研究工作的必要条件。问题遍地都是，有些是科学难题，比如陈景润做的哥德巴赫猜想，流体力学中的湍流，对于这些难题，人们还有很多没搞清楚的基本或重大问题，例如生命起源，非线性问题，超声速燃烧……但是确实有一些人的申请书中找不到问题，要不就是别人已经解决了的问题，要不就是把问题选大了，选难了，选空了，选不中要害。

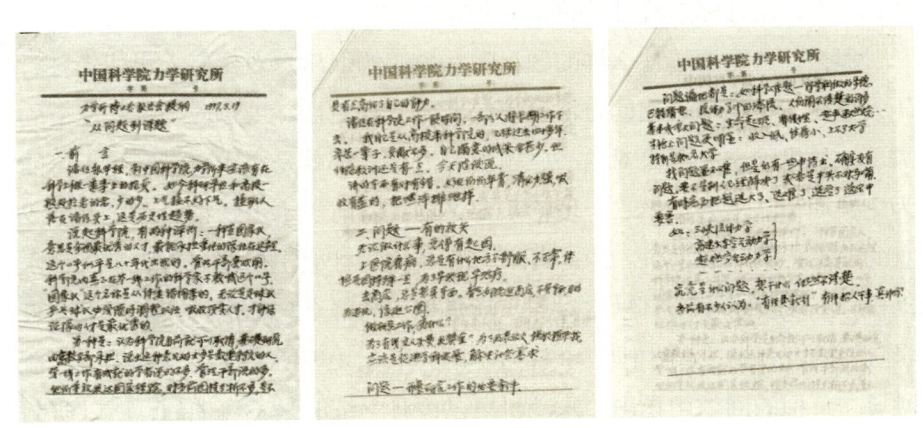

图 13-3　中国科学院力学研究所博士后报告会提纲"从问题到课题"（俞鸿儒提供）

俞鸿儒说，做研究必须要有自己选题的能力，并举了李政道向邓小平建议国内设立博士后制度的例子。1983年3月和1984年5月，李政道两次给国家领导人邓小平写信，建议在中国建立博士后科研流动站。[①] 1984年5月21日，邓小平专门安排与李政道见面，听取他关于博士后制度的建议。邓小平问李政道："什么是博士后？"李政道说："在大学里面，老师也给学生出题目，不过都是出有解的题目，就像咱们说的几何难题，虽然难，但都是别人解过的。而研究院里老师出的题自己也不知道答案，要学生自己去探索，要真正搞研究，这个锻炼的阶段即博士后。只要老师与同

---

① 中国高等科学技术中心：《李政道教授八十华诞文集》。上海：上海科学技术出版社，2009年，第35页。

行专家评议认定研究生的结果是对的，研究生就可以毕业拿到博士学位。博士后与博士不同，博士一般只是按照老师选定的博士论文课题进行研究，而博士后可以参与或承担重大科研项目的研究，同时也可以根据自己的专长和爱好自行选择研究课题。"① 俞鸿儒强调，不仅博士后要在合作导师的指导下学会选题，研究生也是如此。

在俞鸿儒看来，选题涉及很多方面，要学一辈子。他常跟人提起，选题是从提问题开始，科学研究也是从问题开始的。爱因斯坦也说过，提出一个问题比解决一个问题更重要，因为解决一个问题也许是一个数学上或实验上的技巧。提出新问题，要求从全新的角度看待旧问题，需要创造性的想象力，而且标志着科学的真正进步。

那么，选题要选什么样的题目呢？俞鸿儒很乐意对年轻人讲述年轻科研人员在力学领域选题的方法：第一，要有针对性，要顺应国家和社会的需求。如果国家和社会对这一问题没有需求，那就是空中楼阁，也不可能为之长期奋斗下去。第二，理论上要正确。以前学术上经常有理论上不成立的理论，例如永动机。20世纪五六十年代，社会上一些人热衷于研究永动机，上级要求中国科学院对与永动机相关的群众来信进行回复，中国科学院将这一任务交给中国科学院力学研究所和物理所。受钱学森委派，俞鸿儒在草拟的回信中指出，永动机早已被科学证明是不可能的，所以研制这项工作没有意义。第三，选题要值得长期去奋斗或攻克，要敢于做别人想做但做不了的事情，要选择一些正在发展的技术作为研究方向。他研究爆轰驱动技术就是很好的例子。俞鸿儒认为，现在很多人跟做别人已经做成功的研究，虽然这样很容易评上职称和拿到科研经费，但是光做这种项目是不行的，人活着总得有抱负，假如都不做前人没有成功的研究，对国家科技发展无益。②

---

① 李军凯，沈正华，周子桓：《格致桃李伴公卿：沈克琦传》。北京：科学普及出版社，2017年，第128页。

② 俞鸿儒给中国科学院大学研究生的报告，2016年12月20日，北京。资料存于采集工程数据库。

被邀请匿名推荐诺奖候选人

深入接触过俞鸿儒的人，无不为他的创新精神所折服。他认为，创新对我国科技事业的发展及国防力量的增强具有重大作用。技术革新收效快，应该提倡与广泛开展，然而如果不重视创造性创新，缺乏原创性成果，我国将难以从根本上改变落后面貌进入强国之列。①

很少有人知道的是，俞鸿儒还曾被邀请推荐诺贝尔奖人选。2000年10月20日，瑞典皇家科学院诺贝尔物理委员会给俞鸿儒写了一封高度机密的信件，Tord Claeson主席代表瑞典皇家科学院诺贝尔物理学奖评审委员会邀请他匿名推荐2001年诺贝尔物理学奖奖项的获奖人。② 根据诺贝尔基金会的规则，推荐人应提出获奖的发现或发明，以及推荐其获奖的理由。推荐人既不能泄露他的推荐，也不能告知被推荐人。能被选中作为诺贝尔奖人选的匿名推荐人，本身也证明了俞鸿儒的创新性成果获得了国际认同。

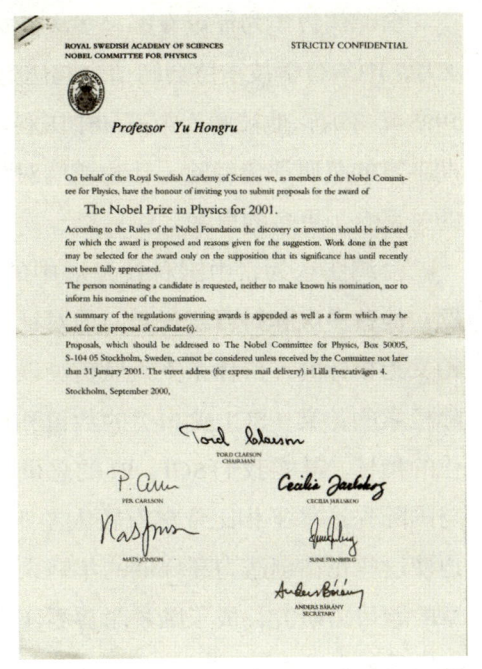

图13-4 诺贝尔物理学奖评审委员会致信俞鸿儒请其推荐获奖人（俞鸿儒提供）

---

① 俞鸿儒：《促进"创新"成效的看法》，2004年6月24日，北京。资料存于采集工程数据库。

② 俞鸿儒提供，瑞士皇家科学院诺贝尔物理学奖评审委员会请俞鸿儒提名候选人（A Strictly Confidential of Royal Swedish Academy of Sciences, Nobel Committee for Physics to Professor Yu Hongru, September）(October20, 2000)，未刊稿。

第十三章　呕心培育桃李　　*249*

建言改进科技奖项设立及评审

俞鸿儒曾作为评审专家,多次参加国家各类科技奖项的评选。1992年4月,中国科学技术协会聘请俞鸿儒为第三届青年科技奖评审委员会委员。1995年8月,他被聘为第三届中国科学院自然科学奖评审委员会委员。长期丰富的科研评价经验,让俞鸿儒对科技创新与科技奖项的评价体系之间的关系有了更多的思考。

俞鸿儒认为,中国科技发展中的一个根本性问题就是评价机制的问题。他曾多次和钟万勰说起,他对社会上流行的一套以跟踪国外为主,以论文为指标的评价体系不大欣赏。以往国内在学术评价时,大多强调被国际检索的论文(SCI 或 EI)的数量和期刊的影响因子(IF)等表观的、量化的指标。其实我们 SCI、EI 的总量已经排在世界前列,但实际创新能力与国际先进水平相比依然有较大差距。博士生没有两篇文章就不能毕业,迫使这些正在创造力高峰期的年轻人为了能按时毕业,总是尽量找好发文章的题目去研究,成了国外学界看不起的 Paper Machine(文章机器)。这样做是非常害人的。[①]

对于现有的科技领域评奖机制,俞鸿儒也有不同的看法。2007年,他与周恒、张涵信、崔尔杰在《科学新闻》上撰文指出,近来,不少人提出,我国的各种科学技术奖项太多,已经产生了若干负面影响,因此有必要考虑改进的办法。有人建议,干脆取消所有的国家级奖。事实上,许多在科学和技术上比我们先进的国家并没有国家级的奖。因此,建议有关部门认真进行调查研究,探讨取消所有的国家级奖是否可行。[②] 如果一时无法作出这样的决定,至少应该针对一些问题做必要的改进。

我国目前与科学和技术有关的国家级奖项包括自然科学奖、技术发明

[①] 钟万勰访谈,2016年7月17日,北京。资料存于采集工程数据库。

[②] 周恒,张涵信,俞鸿儒等:应改进科学技术奖项设立及评审。《气象软科学》,2007年第4期,第157页。

奖和科学技术进步奖三项。事实上，在市场经济国家，发明或以经济效益为目标的科技活动，都应由市场或应用部门去作出评价并给予回报。只有以探索科学规律为目标的科学活动，才需要由同行来做评价，当然，首先要经得起实践的检验。

在俞鸿儒等人看来，目前国家这三个奖项，奖励的都只应该是真正作出了有重要意义的创新成果的人，而集体或多人得奖恰好模糊了这一原则。集体或多人共同申报奖项，一般在两种情况下可能发生：一是在有很多单位或多人在同一个大项目下工作，例如自然科学基金委的重大项目、"863"项目、"973"项目等。二是在同一单位内有多人在同一领域内工作。由于人多，到了一定阶段，就会积累起从量上来说足够多的成果，也就有可能报奖。

但是不论项目有多大，参加的人有多少，创新成果都要通过具体的人才能作出来，而能取得重要创新成果的人总在少数。在共同提供成果的人中如果仔细分析，则大多数人只参加了其中某一部分工作，其成果恐怕谈不上重要的创新成果。还有一些人，只是担负了一定的行政领导工作。因此，如果每个人单独报奖，也许其中只有一两个人的确有重要的创新成果。如果捆绑在一起申报奖项，单独申报时不能得奖者被列入的可能性很大。实际上，过去已经颁发的奖项中就有这种现象。

至于有些重大工程项目，如载人航天发射、长江三峡工程等，在完成过程中多半会在科学技术上有重要创新。作为对国家经济发展、社会进步有重要意义的工程项目，可以设立国家级的集体奖。但是对于其中有重要创新成果的人，则应单独给予能反映其科学或技术成就的奖励（如上述三种奖项之一），而不应该仅仅列在一个笼统的大奖或特等奖的得奖名单中。科学和技术的成果奖只应该授予在科学或技术上有重要创新成果的人。只有这样，才能有利于我国的科技创新事业。[①]

---

① 周恒、张涵信、俞鸿儒、崔尔杰：应改进科学技术奖项设立及评审，《科学新闻》，2007年，第3期。

第十四章
家庭生活与友情

相伴漫漫人生路

亲情常在不经意间触动人内心深处最温暖的地方。晚年俞鸿儒把重心转移到爱人、子女和儿孙上，安安静静地享受一下天伦之乐。每每提及自己的家庭，俞鸿儒内心承载着对妻子太多的歉疚，总觉愧于丈夫之名，心酸父亲二字。

俞鸿儒总是愿意回忆往事，因为那里有他与爱人金生一辈子真挚的感情。俞鸿儒至今还清晰地记得他第一次见到爱人金生的场景。1958年春节，俞鸿儒到北京地质部大院与同学聚会，金生恰好也在这位同学家。他对这位温婉白皙、知书达理的北方女孩一见钟情。虽然彼此都对对方的情况不太了解，两人很快就情投意合，认定对方是自己一辈子的伴侣，经过一段时间的交往，于1958年8月3日拍摄了幸福的结婚照。

金生1937年出生于辽宁抚顺，父亲在地质部门工作，母亲是家庭妇女，家有三个哥哥和一个弟弟，全家后来长期在长春生活。大哥和二哥都是工程师,大哥在长春汽车制造厂工作,二哥则随岳父去了宣化。三哥曾参军,后来一度被打成"右派",随后开始自谋职业。当时她和弟弟年纪还小,因父亲调到北京的地质部当翻译,全家又迁移到北京。到北京后,她考入中央手工业管理局干部学校,学习企业管理,1956年毕业后分配到第二轻工业局下属的联社做劳动人事工作,后来又调到朝阳区工业局。不仅上班路途远,还要不时到基层单位的机器厂、塑料厂等地。

图 14–1 1958 年 8 月 3 日俞鸿儒与金生拍摄的结婚照(俞鸿儒提供)

俞鸿儒和金生结婚后,很长一段时间是住在岳父家中,岳父岳母对家中琐事多有帮衬。妻子金生是个很能干的人,做起事来干净爽快。由于当时保密要求非常严格,俞鸿儒在家很少提工作,妻子连他具体做什么工作都不知道,却对他非常信任和尊重。1959年8月30日长子俞镔出生后,妻子默默地扛起了家庭的重担。1963年11月26日,次子俞锦出生。由于俞鸿儒往往周末才回家,所以老大、老二小时候很少见到父亲,全家一起去公园的次数也是屈指可数。

到了20世纪80年代,航天部门总是邀请俞鸿儒去开会,妻子金生才发现丈夫原来是从事航天有关的工作。俞鸿儒有时和同事讨论工作时说话会急,金生就温声细语地劝他,要耐心一点。1991年俞鸿儒当选中国科学院院士,家里人也是公布后才知道这个消息。直到近些年,报纸、杂志上刊登了一些关于俞鸿儒的报道和文章,金生才大致了解了他的工作内容。高超声速复现激波风洞建成后,俞鸿儒还专门带金生去看了看。

金生没有见过钱学森和郭永怀,但对同住一个小区的林同骥较为熟悉,还跟着俞鸿儒去过他家。夫妻二人对孩子的教育较少直接沟通,却有着一种默契,都保持着一种顺其自然的平常心。俞鸿儒平时与孩子们的交流不是很多,孩子们功课上有不懂的地方问他,他便耐心地予以讲解。当父亲不在家时,妹妹碰到不懂的问题就去问二哥,二哥不懂的地方再去问

第十四章　家庭生活与友情　**253**

扎根大地 仰望苍穹 俞鸿儒传

图 14-2　1978 年俞鸿儒和家人在颐和园合影（左一俞鸿儒，左二次子俞锦，左三妻子金生，左四女儿俞铧，左五长子俞镔。俞鸿儒提供）

大哥。孩子们都遗传了母亲的运动细胞。大儿子获得过中关村小学的短跑冠军，在大学里也获得过运动会的冠军。女儿也是运动健将，擅长羽毛球等多种球类运动，还多次在学校参加游泳比赛。

在长子俞镔的眼里，父亲是一个真正有大师风范的科学家，对父亲充满了敬仰。次子俞锦认为父亲是一个开明的民主型家长，父亲奉行的自由、民主式的教育给了他极大的发展空间。女儿俞铧是 1972 年出生的，当时俞鸿儒已经 44 岁。这个小女儿深得父亲宠爱，由俞鸿儒亲自带大。在女儿眼里，

图 14-3　1999 年俞鸿儒和夫人金生同游颐和园（1999 年 2 月 21 日。俞鸿儒提供）

俞鸿儒是一个做事严谨的慈父。如今俞鸿儒和老伴金生已携手走过金婚，步入钻石婚。俞鸿儒已经"四世同堂"，不仅科研颇有成就，家族也非常兴旺。①

金生多才多艺，平时喜欢唱歌、跳舞，就连做饭和做家务时也都是边干活边唱歌。退休后，金生还经常去参加广场舞、交际舞、练剑等活动，生活丰富多彩。年轻时俞鸿儒工作繁忙，很少能顾家。退休后的他对老伴非常关心，对孩子们也特别好。金生最近几年患上了较为严重的咽炎、糖尿病和

图14-4　2001年8月俞鸿儒和夫人金生在山东青岛海边合影（俞鸿儒提供）

图14-5　俞鸿儒88岁寿辰家宴（前排左起：俞鸿儒夫人金生、朱妍西、俞鸿儒、俞璟腾；后排左一朱翰宇，左二女儿俞铧，左三许谨，左四次子俞锦，左五俞益钊，左七长子俞镔。2016年6月15日，北京。俞鸿儒提供）

高血压，很少外出活动，俞鸿儒就专心在家照顾她。金生需要打胰岛素，他便在家自备针管和酒精，帮老伴注射，并认真地帮她调血糖。老伴血压一高，他就特别担心，不时给量量血糖、血压。一旦发现情况有些异常，就想办法给降下去，经常给金生看病的医生常开玩笑说：俞先生就是你的

---

① 俞鸿儒家人访谈，2017年3月18日，北京。资料存于采集工程数据库。

第十四章　家庭生活与友情

大夫。老伴身体不好的时候，俞鸿儒什么都干，炒菜、收拾房间样样在行。小区里的人都很羡慕金生，说俞先生人真好。二人均感此生有对方相伴，不羡鸳鸯不羡仙。

浓浓师生校友情

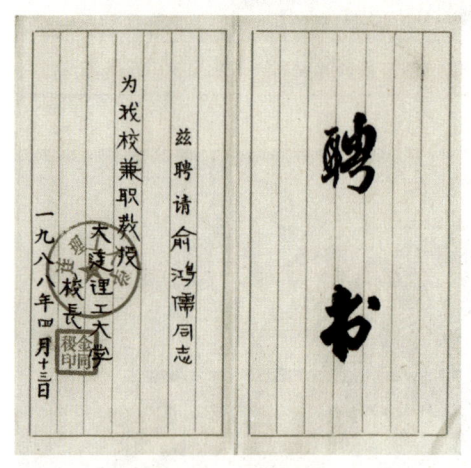

图 14-6　俞鸿儒被聘为大连理工大学兼职教授（俞鸿儒提供）

俞鸿儒作为大连工学院的首届毕业生，对母校怀有深厚的感情。20 世纪 80 年代起，已经是国内力学界知名人士的他，欣然接受母校邀请，担任兼职教授，协助指导研究生。① 他还偶尔参加在北京举办的同学聚会和一些活动。

1992 年 5 月 26 日，俞鸿儒访问母校上海同济大学，并与数学系的老同学相聚。20 世纪 90 年代，因为与大连理工大学方耀奇教授合作研制气波制冷机，俞鸿儒曾三次回到母校开展科研合作。1999 年 5 月，大连理工大学举办建校五十周年纪念活动，已是中国科学院院士的俞鸿儒，给同学们的印象仍然是老样子：睿智，亲切，不张扬。

2006 年年底，俞鸿儒收到了在上海居住的老同学张甡给他寄来的同学聚会的光盘，立马插入计算机中观看。在他给张甡的回信中提到，当看到同学都身体健康，心里特别高兴，特别是看到离校后从未见面的同学，他的心情十分愉快，也勾起了很多回忆。他还在信中讲述了自己毕业后的发

---

①　孙懋德主编；郭必康等编写：《大连理工大学校史（1949—1989）》。大连：大连理工大学出版社，1989 年，第 397 页。

图 14-7 俞鸿儒与大连理工大学校友聚会时的合影（左一方耀奇教授，左三俞鸿儒。俞鸿儒提供）

图 14-8 俞鸿儒（左一）受邀参加大连理工大学建校 50 周年招待会（俞鸿儒提供）

展，以及对恩师郭永怀先生的感激与怀念。① 有一年他和机械系的同学尉健行在聚会时碰面，一起畅聊了一上午。

多年来，俞鸿儒心中一直记挂着他敬重的初中老师俞观义。俞观义老师逝世后，他写了《缅怀恩师俞观义先生》一文，缅怀恩师对自己的教导。2009 年，在俞观义老师逝世后的第一个清明节，他和老同学祝哲生等不同届、不同地域的数十位校友为老师建纪念碑。2017 年，俞鸿儒还专门给俞观义老师的女儿俞端媛发去短信以表慰问②：

端媛：

观义先生一生作为，人们会留念。先生百年诞辰，写几句奉上，以纪念恩师俞观义先生百岁诞辰。

观义先生终生从事教育事业，教书育人，功莫大焉！观义先生是我的化学启蒙老师，他传授的化学成就和演示显示出的奇妙现象，激发我对科学的仰慕和兴趣。促使我追求科学研究的人生道路，终身受益。

值此临终的日子，特表感激之情！

你父亲的学生：俞鸿儒
2017 年 11 月 13 日

倾盖如故的至交

俞鸿儒与同辈的乐嘉陵院士、崔尔杰院士和张涵信院士，以及童秉纲院士、韩肇元教授等人的关系都非常密切。中国科学院院士张涵信是俞鸿儒在力学界的同行和最知心的好友。张涵信曾深情回忆了他和俞鸿儒一起

---

① 俞鸿儒：2007 年致张甦老同学书信，未刊稿。
② 俞端媛：上饶广丰的一个老师去世：俞鸿儒院士和数十校友为他建纪念碑。来自腾讯网哈姆林森浩企鹅号，2017-11-13。

在郭永怀门下当研究生的岁月,他认为俞鸿儒除了动手实验能力强,也有扎实的理论基础,且长期重视基础研究。张涵信在研究超声速燃烧问题时,就曾利用了俞鸿儒发明的各种爆轰方法。他和俞鸿儒之间多年的交往形成了彼此绝对信任的关系。①

同在郭永怀门下攻读过研究生的张涵信是俞鸿儒跨越半个世纪的老朋友。张涵信经常就超声速燃烧的产生机理问题与俞鸿儒展开深入讨论,后者每每会耐心地提出不少建设性意见,比如向发动机内喷射气体以及催化剂的方式和内在机理等问题。张涵信也经常和他口中的"老俞"讨论飞行气体的计算精度、实验精度等。②张涵信任《空气动力学学报》主编时,2007年俞鸿儒被聘为《空气动力学学报》第四届编辑委员会副主编,2011年他们二人又一起被聘为该学报第五届编委会顾问。后来他们还一起担任"973"专家委员会的专家,一起讨论问题。二人都曾经担任国防科学技术工业委员会专家委员会和航天部专家委员会的成员。③

中国科学院院士、中国科学院大学教授童秉纲与俞鸿儒同一年上大学,从相同的年代走来,与俞鸿儒保持了长期的合作关系。早在1970年,中国科学院力学研究所就曾将俞鸿儒主持研制的JF-4激波风洞赠送给中国科学技术大学,用于教学和科研工作。童秉纲院士以流体力学的理论研究为主,每次都邀请俞鸿儒到中国科学院大学担任他指导的毕业生的答辩委员会委员。后来在"近空间飞行器若干关键科学问题研究"重大研究计划的执行中,童秉纲又和俞鸿儒课题组进行了合作。④在童秉纲看来,俞鸿儒所做的创新性的工作并不是以发表文章为目的,而是根据国家的需要来发明创造新的东西。衡量俞鸿儒,不能看文章水平的高低,而是要看他的发明创造的价值。⑤

中国科学技术大学的韩肇元教授也是俞鸿儒多年的老友。1978年开始,韩肇元一直开展战略导弹再入大气层突防时的气动加热问题。当时他和同

---

① 张涵信访谈,2016年5月6日,北京。资料存于采集工程数据库。
② 同①。
③ 同①。
④ 童秉纲访谈,2016年4月25日,北京。资料存于采集工程数据库。
⑤ 同④。

事们在中国科学技术大学建造的激波风洞的最大气流马赫数可以达到14倍音速,但压力不是很高。后来有次见面时,俞鸿儒劝他:不要再继续做这个气动加热实验了,你看看我们中国科学院力学研究所在做,中国气动中心在做,北京空气动力研究所(701所)也在做,你再做就重复了,而且运用美国已有的办法,很难跳出固有的圈圈。后来,韩肇元听取了俞鸿儒的建议,放弃了美国人的老路,转而努力探索出了几种新颖的办法,美国人耗资1000万美元在弹道靶上做成的实验,他们只用了13万人民币就做成了。他们在激波风洞里做实验时,不光爆炸波没变形,还摸索出了模型的激波干扰的规律;不仅可拍摄出清晰的实验照片,还可以用传感器测出表面瞬态压力的分布状态。

  俞鸿儒虽然自己长期开展气动加热方面的研究,但对爆炸波和头激波的相互干扰方面没有做过太多的研究。他认为这一选题具有较重要的科学意义,就鼓励韩肇元去尝试进行探索。1979年,童秉纲代表中国科学技术大学出席了在四川安县召开的"910工程"会议,签署了承担"双波干扰"实验研究任务的合同。后来韩肇元主持了这一研究。① 在课题执行过程中,

图14-9 俞鸿儒到中国科学技术大学近代力学系交流(前排左一韩肇元,左三俞鸿儒,右四童秉纲,1980年。俞鸿儒提供)

---

① 童秉纲访谈,2016年4月25日,北京。资料存于采集工程数据库。

韩肇元经常和俞鸿儒进行讨论。1980年，韩肇元率领同事在激波管上成功进行了实验，并马上把实验的照片发给俞鸿儒和童秉纲看。两位先生看后对韩肇元和项目组给予了肯定，认为这一工作具有创新性。①

韩肇元对俞鸿儒既勇于大胆提出新思想和新方法、又十分谨慎地反复思考，善于发掘问题，并一一加以解决的科学辩证的思维方式领悟颇深，从此俞鸿儒成为他的良师益友。② 俞鸿儒还多次受韩肇元之邀到中国科学技术大学近代力学系授课和进行学术交流。

一路走来的力学同仁

俞鸿儒曾在中国科学院力学研究所十一室工作过很长一段时间，同事之间结下了深厚的友谊。时隔多年后，大家也会偶尔聚会。1998年10月10日，中国科学院力学研究所举办了"二十一世纪气动发展研讨会暨十一室组建四十周年庆祝联谊会"，老友再聚，不甚欢喜。大家共同回忆当初在林同骥的带领下一同如火如荼地开展空气动力学研究的日子，有苦也有甜，大家的感觉也更加亲切了。

以往，中国科学院力学研究所每年都会举办一次新春茶话会，俞鸿儒非常乐得与中国科学院力学研究所的郑哲敏、吴承康等相识相知多年的同事们聊聊天。毕竟大家平常都忙于科研，见面机会并不是很多。在年末时老同事们难得放松心情聚在一起，回顾一年来的工作进展，讨论一下在科研工作中遇到的问题，并互相提提建议。

俞鸿儒还参加了2005年10月16日举行的"第一届师生纪念清华大学工程力学研究班创办五十周年"纪念活动。俞鸿儒与第一届工程力学研究班的部分学员保持了比较密切的联系，比如张涵信和何友声。何友声曾于

---

① 韩肇元访谈，2016年4月25日，北京。资料存于采集工程数据库。

② 中国科学院力学研究所高温气体动力学国家重点实验室编：《俞鸿儒论文选》。2013年，未刊稿。

图 14-10　1998 年 10 月 10 日俞鸿儒参加中国科学院力学研究所十一室组建四十周年联谊会（前排左起：马家骥、王孝林、吕钧锋、王永德、吴承康、卞荫贵、罗思海、赵朴、俞鸿儒、魏叔如、王柏懿、杨顺孝、王殿儒、谢象春、肖林奎、王发民、张正信、吴观乐。俞鸿儒提供）

1957—1958 年在清华大学首届工程力学研究班担任学员兼辅导教师，并陆续在大连工学院、上海交通大学造船系教学，曾任上海交通大学校党委书记，1995 年当选中国工程院院士。在 2013 年 6 月 18 日，俞鸿儒写信给何友声，详细讲述了自己在路甬祥院长建议下从事超燃研究的由来，JF-12 爆轰驱动激波风洞的最新成

图 14-11　2003 年 1 月中国科学院力学研究所春节茶话会上俞鸿儒（左）与郑哲敏（右）合影（俞鸿儒提供）

图 14-12　俞鸿儒参加第一届师生纪念工程力学研究班创办五十周年聚会（前排左一张涵信，左四俞鸿儒。2005年10月16日，清华园二校门。俞鸿儒提供）

图 14-13　中国科学院力学研究所20世纪五六十年代的研究生聚会照（第一排左一李和娣，左二俞鸿儒，左三吴承康，左四郑哲敏；第三排左二戴世强；第四排左一白以龙，左三李家春。俞鸿儒提供）

第十四章　家庭生活与友情

果，以及为自己八十岁寿辰汇编的《俞鸿儒论文选》的一些情况。①

2006年正值中国科学院力学研究所成立50周年。俞鸿儒与郑哲敏、吴承康、戴世强等一些20世纪五六十年代进入中国科学院力学研究所工作或攻读研究生的老同事们聚会。大家一同回忆往昔，畅谈当年中国科学院力学研究所一起奋斗，参与开创新中国力学事业的那些"峥嵘岁月"。

时光飞逝，当年钱学森一手创建的中国科学院力学研究所迎来了甲子之年。2016年1月16日，中国科学院力学研究所举办了庆祝研究所成立60周年学术报告会，几代人欢聚一堂。自从1957年来到中国科学院力学研究所，俞鸿儒在这里学习和工作了59个年头。俞鸿儒深知，正是在中国科学院力学研究所钱学森、郭永怀、林同骥等老一辈科学家的支持下和中国科学院自由研究的氛围下，他才能为国家和社会作出贡献，因此他对中国科学院力学研究所怀有深厚的感情。近60年来，他也见证了中国科学院力学研究所和新中国力学的飞速发展。

---

① 俞鸿儒致友声同志书信。2013年6月18日，未刊稿。

结 语

近些年来,中国正在稳步地实施"创新驱动发展"战略,推动科技强国建设。在朝着这一目标迈进的过程中,特别需要一批有家国情怀、打破常规、具有开创精神的一流科技专家来发挥引领和示范作用。

按照库恩的范式理论与拉卡托斯的科学研究纲领方法论,科学如同其他社会领域,依托自身的社会结构而运行。科学家在其中扮演着研究者、教学人员、科研管理者和把关评估者多重角色。

作为"老科学家学术成长资料采集工程"项目之一的成果专著《扎根大地 仰望苍穹:俞鸿儒传》,在对气动实验专家、高温气动专家、中国科学院院士俞鸿儒的学术成长资料进行全面系统的收集整理以及分析研究的基础上,探索这些取得创新性、突破性成果的科学家在科学思维、科研方法、科学精神以及个体特质等方面的积累和沉淀,深入理解科学家本人的学术思想的发展历程。

经研究,我们发现了俞鸿儒学术成长的一些特点:

愿做独创性工作,笃定方向做深做透

如果有人问,俞鸿儒身上最显著的科学家特征是什么?那肯定就是他敢为天下先的独具一格的创新精神。他非常赞同钱学森的一句话:做科研就是要做国外没有解决的事情，或者国内还没有做过的事情。一般人倾向于选择路途相对平坦，学科比较成熟，可以较快发表论文的方向做研究，但是他偏爱做独创性的工作，喜欢选择难题去攻克。只要他觉得问题本身有科学意义，还能与国民经济需求相融合，就会矢志不渝地做下去。在与俞鸿儒的交流中，他有时会漫不经心地提到，他在20世纪七八十年代独辟蹊径地开展爆轰驱动激波驱动技术时，周围也不乏反对意见。好在他没有放弃，终于守得云开见月明。

俞鸿儒一直在思考中国科研界不容易作出重大创新性成果的原因。2022年1月15日，在本书的修改稿落笔之际，我曾跟俞鸿儒有过一次电话交流，他又一次语重心长地说：中国科研界急需培养出一种追求真理、不惧失败的氛围。国内社会经济发展快，当前相关部门或决策者更倾向于支持能在自己任期内搞出东西的项目，不乐意去支持那些新颖的想法或没有尝试过的新项目。相比之下，国外在某些层面，在支持对国家、社会乃至人类社会发展有重大影响的创新性研究方面更具胆识和包容性。凡事发展都有一个过程，中国科技创新还有一段艰难的路要走，熬过这段攻坚克难的阶段之后，道路就会宽敞很多……老人的一番话总能令听者感受到一种冷静、厚重与睿智。①

除了坚持创新，俞鸿儒的一大特点就是笃定一个方向几十载，坚持做深做透。同辈人里不少人在各种因素的影响下，经历过科研方向的转变，也取得了不同程度的成就，有的还成了相当杰出的科学家。俞鸿儒则是一个例外，几十年如一日，专一于激波管与激波风洞研究，攻坚克难，如同一条奔流的大河从不停歇，终于突破了激波管试验时间短的世界级难题。郑哲敏院士曾这样评价俞鸿儒："毫无疑问，他是激波管和激波风洞技术领域的权威专家。俞先生做事情、搞科研很实在，在业务上也比较专一，一直做激波管，并在一定程度上推动了激波管技术的发展，是位不折不扣的专家。"

俞鸿儒深知科研是要不断聚焦，才能更加精深。如他自己所言：科学研究工作的目标是认识未知世界的规律，解决前人未曾解决的难题。参加

---

① 内容来自张志会跟俞鸿儒院士的电话交流，2022年1月14日。

科研工作之初,他就深深地感到极其困难。在不利的环境(物质条件、学术交流、评价标准)中,特别是个人条件并不优越,难以获得重大成就。但是必须抵御住跟随、临摹的诱惑,尽全力做出有特色的工作。[①] 对于工程相关的研究,他将理论和实践两方面结合得非常好,不放过任何一个细微的现象或问题,并深钻下去。

当时中国科学院内不少领导和专家认为超燃冲压发动机研制的难题太大,跟踪模仿难以成功。2004 年,中国科学院原院长路甬祥提醒并督促 76 岁高龄的俞鸿儒,去探一下高超声速相关的超燃发动机的究竟。不同于和国内一般做法,俞鸿儒反其道而行之,从开展超燃相关地面实验的大型科研装备入手,探究美国超燃发动机研究为何未见起色。他的目标是在地面复现三四十千米的天空,并大幅度延长爆轰驱动激波风洞实验设备的试验时间。后来他们团队果然作出了震惊异域的"空天巨龙"——高超声速复现激波风洞,对超燃冲压发动机及其地面实验作出了开拓性贡献和跨越性技术进步。

这一"空天巨龙"也为中国科学院力学研究所高温气动团队和俞鸿儒本人带来了殊荣——国家技术发明奖二等奖,中国科学院 2016 年度杰出科技成就奖⋯⋯他本人也荣获 2015 年中国力学奖、中国力学学会第一届钱学森力学奖。鲐背之年,他本可以在家享清福,不料,他又重整旗鼓,继续挑战高超冲压发动机最棘手的难题——如何增大发动机的推力。他早已关注这一方向,并不断根据高温气体动力学的最前沿知识和技术手段调整科研路径。他认为,这一科研难题虽然做起来异常艰辛,可一旦攻破,将给高超声速研究带来划时代的变革,这才是真正有意义的工作。

越深入了解俞鸿儒院士的学术经历,越感叹他身上的这种坚守是当前略显浮躁的社会难得的财富。

坚持国家需求和学习前沿相结合、国防与民用相结合

作为一名中国科学院的研究人员,俞鸿儒心中始终有一种很强的使命

---

① 郑哲敏访谈,2016 年 1 月 18 日,北京。资料存于采集工程数据库。

感,一直从国家战略性、前瞻性的角度看问题。首先清楚国家需要什么,然后再以科学家的高度责任感去解决这些问题。在他看来,工程科学家的工作相当于"扫雷",使得一些看似不可能变为可能,之后工程部门的大部队就可以继续做下去。

1956年,钱学森以工程科学为建所思想,创立中国科学院力学研究所。工程科学的一大特点是介于基础研究与工程技术之间,充当着桥梁和纽带的作用。工程科学家则要求具备理工结合的知识背景与能力,可将基础理论与工程实践有效融合。中国科学院大学童秉纲院士曾评价俞鸿儒"早就志存高远的他连续读了两个大学,分别主修数学和机械工程,历时7年,由此打下了理工结合的坚实基础。1956年他又考取了中国科学院力学研究所郭永怀先生的研究生,因此他有机会得到钱学森、林同骥等大师的言传身教和文化熏陶,再加上他本人固有的素质与悟性,从此走上了开拓'激波现象及其应用'的实验研究之旅。"[1]

俞鸿儒创立激波风洞新的驱动原理便是一种"工程科学"的产物。他一直根据国家急需,追求低费用的实验新方法,舍弃走外国人的老路,使得这一理论能够产生高焓试验气流爆轰方法,被国际同行广泛推崇并纷纷按此改造他们的设备。

受到钱学森工程科学理念的影响,俞鸿儒也一直坚信工程技术装备研制与基础研究(含应用基础研究)之间可以相互促进,以任务带动学科发展。两用技术,虽然往往源于军用用途,但应更多促进军民融合,推动军用技术向民用技术转移。

俞鸿儒从事的激波管与激波风洞研究即属于工程科学的性质。由于中华人民共和国成立后特殊的政治经济环境,20世纪50年代到80年代,中国科学院力学研究所的激波管与激波风洞研究主要是为"两弹一星"研制提供脉冲型实验设备和瞬态测试技术,目的是研究导弹再入气动力、气动热和气动物理现象。另外,他和同事还一起研制了片状密集测点热流传感器、铜箔量热计和同轴热电偶等热流测量技术,为边界层分离流、灰尘气

---

[1] 童秉纲:《俞鸿儒论文选集》·序。2013年6月,未刊稿。

体流和高焓流气动传热的实验研究提供了技术基础和强有力的工具。20世纪八九十年代，他相继在航空航天领域推进，用激波管研究导弹再入现象，以及长征二号捆绑式大推力运载火箭级间分离和游机喷管辐射加热影响问题。

20世纪80年代，俞鸿儒集中精力研制了带有卸爆段的反向爆轰驱动技术，使激波管爆轰驱动更加稳定；还开展了与激波管相关的应用基础研究，如推动气固二相流与物面传热特性研究，搞清楚粒子云对飞行器的机理。他还建成国内首座竖直含灰气体激波管，提出了新颖的激波管爆炸波模拟器，并尝试将微细球形铝粉中试生产装置等。不过，由于多种因素的影响，激波管研究的民用化不尽如人意。

到了20世纪90年代，俞鸿儒更为注重激波风洞装备研制、应用基础研究与科技成果转化三者之间的结合，推动激波管技术在国民经济中的应用。开展了气动力学基础理论预研，创造性指出了热分离器内流分析与应用。与大连理工大学方耀奇教授合作，研制出了气波机理论，应用于油田气回收，效果良好。他还与中国气体动力研究与发展中心合作，建成国内首座原理型新颖低温风洞；还研制出高压校准激波管。随着他在"921工程"气动攻关中应用激波管与激波风洞成功分析出澳星事变原因，他在航空航天行业内的口碑越来越高。

为了响应国家对于高超声速研究的迫切需求，在几十年如一日的长期积累的基础上，俞鸿儒和团队成员在1998年建造了高焓高压的爆轰驱动激波风洞JF-10，2012年又建成高超声速复现爆轰驱动激波风洞JF-12。这些均与他和团队成员对钱学森的工程科学思想的深刻理解与执着追求，对基础研究、国防建设与民用工作的持之以恒的辛勤工作密不可分。

花小钱办大事　偏爱自由研究

郭永怀曾经教导俞鸿儒"应该学会用最省钱的方法解决困难问题的能力，那才是真本领"。正是在这一思想的指导下，俞鸿儒才选定了将国外因危险而已废弃不用的燃烧驱动方法作为研究对象。这些年来，他很庆幸自己能按照郭永怀的方向持久努力，使他有更多机会做自己喜欢的工作。发达国家的科学家可以利用很多优越的条件开展科研，我国科学家如果一味盲从和效仿，就难以有好结果。若能探求出简单而巧妙的方法，借此完成的工作必定独具特色。

科技水平领先全球的美国，从20世纪后期起，耗费巨额探索超燃发动机研制，半个世纪过去了，也没有弄出个所以然。2005年，获悉国家将在《国家中长期科学和技术发展规划纲要（2006—2020）》确定大型飞机等16个重大专项，其中包括超燃冲压发动机专项。俞鸿儒认为超燃冲压发动机研究技术上难以实现，除非出现新的思想。他不希望国家花钱去做无用之事，曾和张涵信、崔尔杰、庄逢甘持有共识的三位院士一道，联名上书反对国家斥巨资部署某项国家重大科技专项。正是由于四位院士的努力，这一重大专项的立项被推迟了整整一年，这一做法显现了一位科学家的社会责任。

享受安逸，是人类的本性。现在社会上很多大学老师和科研人员，一旦有了获取资源的平台，就摇身一变成为"包工头"，再也不愿战斗在科研第一线，因此也就不再能生产增益人类智慧的知识。中国科学院院士，作为一个有着太高光环的称号，在急功近利的社会大环境下，固然可以给院士本人及其科研团队带来很多资源。可是这位有个性的老人却偏爱自由研究，喜欢去做"别人没有做过的事情"。他与研究小组的陈宏、李进平、张仕忠等通过设计和生产同轴热电偶传感器，可以集中精力做自己感兴趣的科研。

淡泊谦和　通达乐观

作为大科学家和中国科学院院士，俞鸿儒并非高高在上，而是一位很慈祥、淡定的长辈，给人亲切感，气度从容。与他相处，人们总是感觉如沐春风，被他的博学、睿智、淡定、随和的大家风范所折服。

每位接触过俞鸿儒院士的人，都会不由地感慨：这位院士一点架子都没有，待人亲和，做事积极认真，视野高屋建瓴，往往能洞悉事物的本质。对待中青年科研人员，乃至青葱的研究生们，一直和颜悦色、待人客气。在张涵信院士看来,"老俞热爱国家,热爱集体,他认为那些创造性的科技成果不是他一个人作出来的,而是他领导一个团队协同攻关的结果,因此所有荣誉理应归国家和集体所有,而不是属于个人。"①

俞鸿儒气度恢宏,胸襟宽广。过往种种荣誉在他那里无不是过眼云烟,那些平常人不忍回忆的苦难与挫折,在他口中平心静气地讲出来,仿佛在说着别人的事情。再大的事情,他都能"万事淡然处,风雨眼前过"。对于郭永怀和李佩的去世,他看似处之淡然,其实来源于他对生命奥妙、自然法则的通达。毕竟一个长期"在地面上造天空"②的人早已心怀苍穹,超然于天地间。

中华人民共和国成立初期,政治运动此起彼伏,给科学事业的发展造成了极大的影响,俞鸿儒的家族和他本人也曾受到冲击。他不是一个只顾一味往前冲、有勇无谋的莽夫,也不是"既明且哲,以保其身"的隐者,而更像一位世事洞明的智者。他个性不喜锋芒毕露,往往不会在台面上直接讲出自己的观点,却一直保守着内心的治学和做人底线,不随意说好话,也不苛求他者。他有着惊人的批判性思维,即使在非常复杂的环境下,他对待事物都在内心葆有清晰的主见,会力所能及地帮助他人。

在同行里,俞鸿儒的学术素养和个人品质赢得了大家的尊重。俞鸿儒认真严谨的治学态度有口皆碑。作为一个国际知名的气动实验专家,即使在功成名就之后,他依然牢记郭永怀的谆谆教导:我们这一代人和你们这一代人,都是要做国家力学事业的铺路石的,青年人才是国家科技发展的生力军和未来希望。因此,他一直把自己定位于引路人和拓荒者。他常常在激波管与激波风洞研究的某一分支方向发展,得日渐成熟时及时退出,自己则开始新一轮攻坚克难,不与年轻人争功夺誉,让年轻人有合理而充分的发展空间。

科学无国界,国家之间只有打破地域、行业和机构之间利益的藩篱,才能有效推动知识流通和技术转移。俞鸿儒深以为然。他很乐意帮助我国最大的风洞研制基地中国空气动力研究与发展中心研制出一台大型高超声

---

① 张涵信访谈,2016 年 5 月 6 日,北京。资料存于采集工程数据库。
② 李舒亚:俞鸿儒:在地面造"天空"的人。《人民画报》,2012 年 12 月。

速复现激波风洞，最好有美国等欧美发达国家也来效仿。虽然短时间内本单位科研管理部门可能难以理解，长远来看却有利于国家科技显示度的提高。俞鸿儒的这种通达的将才思想因太"超前"而似乎有点不合时宜。

俞鸿儒的一生经历了民国晚期的战乱、中华人民共和国成立后的"清理阶级队伍""四清运动""文化大革命"等动荡时期，人生起起伏伏。面对事业的被迫中断，他从不怨天尤人，而是积极乐观地辩证对待。在他看来，每次挫折都是人生的历练。以他们激波管组在"文化大革命"时期被调到中国气动中心为例，正因如此，他才得以继续从事"两弹一星"研制，并在今后几十年的科研生涯中始终与国防军工部门保持着密切的联系，带来了新的人生际遇。

对于个人和团队科研发展中遇到的不公与短期瓶颈，俞鸿儒总是通达乐观地鼓励周围年轻人，要想办成大事，就要放眼天下，不可计较一城一池的得失，从长远来看凡事总是相对公平。更是由于对祖国和人民深切的热爱，他把所有时间和精力都花在科研探索和学生培养上。俞鸿儒，已成为高温气动人心中的一盏明灯！

九十多岁的俞鸿儒院士，在科学的道路上已经不懈地攀登了半个多世纪。中国科学院高温气体动力学开放研究实验室迎来了新的高峰及一系列大型学术活动，会议厅四周展示出一本本红底镶金的获奖证书，一面面色彩鲜艳的小红旗，散发出璀璨的光辉。在每一面小红旗的背后都隐藏着一段段动人的故事，诉说着俞鸿儒院士带领着这个探索者的群体征服一个个科学技术制高点的成功经历。俞鸿儒院士及其课题组多年来获得科技进步奖十几项，其中国家一、二等奖及成果6项。由他一手创建的"激波管与激波风洞实验室"获奖总数超过40项，占中国科学院力学研究所获奖总数的近15%。在他指引的方向上，经过奋勇拼搏成长为高级研究人员的中年人数超过15人，他亲自培养的博士、研究生超过10人。这些人及开放实验室方方面面的研究力量组成了富有战斗力的"军团"，在他的率领下，不断地把新的红旗插上科学的高峰。

人的记忆仿佛可以伴随时光机穿梭到过往，1958年2月郭永怀钦点俞鸿儒担任激波管组组长的场景还历历在目，郭永怀的音容笑貌动辄复现在俞鸿儒的面前，老前辈的嘱托如响耳边。如今，他已经是耄耋老人……蓦然回首，俞鸿儒和他的团队成员在激波与激波管研究的科学道路上一直坚定不移地前行了六十余年，身边的伙伴换了一茬又一茬，从李仲发、马家骥、竺乃宜、林建民，到赵伟、陈宏、姜宗林，再到新一代的年轻小将刘云峰、王春、胡宗民、李进平、张仕忠和张晓源等，他们从未停歇，在爆轰驱动的大型科研装备上做了充足的基础研究，抓住了千载难逢的历史机遇。老人一生历尽沧桑，早就洞察生命的真谛，晚年时光过得淡然安宁，而他内心最大的欣慰还是科研事业后继有人。

附录一 俞鸿儒年表

1928年
6月22日，出生于江西省上饶专区广丰县杉溪镇一个普通商人家庭，父亲俞殿臣做烟叶生意，母亲潘桂分在家照顾家庭。父母共生育四子，俞鸿儒排行老四。

1933年
秋，入读杉溪私立杉江小学（后改为杉江中学附属小学）。

1939年
夏，小学毕业，直接保送至杉江中学初中部。先读了半年私塾后入学。

1940年
春，入杉江中学初中部就读。

1943年
夏，初中毕业，升入私立三岩中学高中部。

1946年

夏，高中毕业，考取同济大学数学系。

1947年

大学二年级起在理学院数学系主攻数学。在数学系的 5 名学生中，俞鸿儒成绩最佳。

数学系老师的授课方式灵活，受数学分析课老师朱公瑾学风影响颇深。

1949年

7 月 7 日，光荣加入中国新民主主义青年团。

8 月，家道中落，学业难以为继，恰逢大连大学为学生提供全额供给，遂考入大连大学工学院（后改为大连工学院，现为大连理工大学）机械工程系。

年底，在入学后不久，学校组织国统区来的学生进行了 3 个月的集中政治学习。

应用物理系主任王大珩聘用大批助教指导学生做普通物理实验。他认为实验仪器只要够用就行，不要求先进，但对实验要求非常严格。

1952年

秋，大连工学院机械系党总支书记雷天岳与俞鸿儒等同学谈话，告诫他们要把事情做彻底。

大学学习期间，任班级团支委和机械造船系学生分会主席。关心国家大事和人民的生活，经常跟同学们一起分析社会问题。

1953年

5 月，以优异成绩本科毕业，留校任机械系助教。后担任留美回国的陈铁云教授流体力学课助教。在全国院系调整后，流体力学归造船系，又被派去担任杨长骥教授化工系泵与压气机课助教。

1954年

借调到土木水利系，协助苏联专家创建大连工学院水利实验室。先后设计水槽和港池的造波机在内的实验装置，并讲授"水轮机"。

1955年

重回机械系工作，指导机械零件课的设计。

1956年

春，中国科学院公开招收副博士研究生。在大连工学院雷天岳的支持下，报考中国科学院力学研究所流体力学研究生，并被录取。

1957年

2月，到中国科学院力学研究所和清华大学合办的清华大学工程力学研究班，担任郭永怀流体力学课助教。其间与其他助教一起随郭永怀到北京航空学院拜访陆士嘉教授，并参观实验室。

3月，到中国科学院力学研究所报到。

夏，开始阅读郭永怀回国时带回的激波管资料。

深秋，苏联第一颗人造卫星上天之际，郭永怀交给他几份康奈尔航空实验室近年出版的激波管文献，鼓励他自主探索将激波管应用于高超声速流动的研究。

1958年

年初，郭永怀将俞鸿儒和陈致英、范良藻三名研究生以及从北京大学分配来的张德华、何永年五人编为一组，共同开展激波管研究，并被郭永怀任命为激波管组组长。

"七一"献礼会上，代表激波管组表决心："奋战三昼夜，设计出激波管。"

7月，钱学森和副所长郭永怀、杨刚毅根据当时形势确定了中国科学院力学研究所以"上天、入地、下海、为国民经济服务"为研究方向。

8月1日，和小组的同志们一起研制成我国第一台激波管，随后着手设计激波风洞。

8月3日，与金生在北京结婚。

秋，力学研究所机构大改组，分为一部和二部。俞鸿儒仍留在激波管组，分到二部第一研究室（星际航行研究室），室主任为郭永怀。

国庆节前，激波管组完成试验段直径为800毫米的直通型激波风洞（JF-4）的设计，并送到上海和太原加工。

12月，中国科学院力学研究所二部承担第一设计院的气动力研究实验。为支援超声速风洞建造，俞鸿儒与激波管组所有人员一同被调到140部（即该所承担国防尖端任务的气动力研究实验部），担任风洞部测量组组长，从事超声速风洞测量仪器的配置与研制。

1959年

8月，大儿子俞镔出生。

12月，超声速风洞完成建造工作，后续工作划归空气动力学研究室超风速风洞组。中国科学院力学研究所将其与吴玉民等四人抽回，继续研制激波管工作，仍由郭永怀直接指导，激波管研究组划归十一室。

1960年

"三年困难"时期，中国科学院力学研究所许多项目被取消，激波管研究的课题被保留。

同年，作为钱学森所长的助手，对涡旋管制冷技术革新进行评定。

与崔季平一同跟随钱学森前往山西，解决山西研制的探空运载火箭是否会落回市内的问题。

年初，开始安装已加工好的JF-4直通型激波风洞。不久，崔季平等同志也被调入该组。随后崔季平等人被调入物理力学研究室，成立高温气体组。

12月7日，和钱学森、裴丽生、卫一清一起参加山西省"0300号产品"的探空运载火箭发射，钱学森在听取技术分系统情况汇报和进行现场检查技术细节后提醒火箭尾翼强度不够。后来飞行试验应验了这一判断。

1961年

下半年，中国科学院力学研究所十一室成立六个组，其中二组为激波管和激波风洞组，俞鸿儒任组长。

组建中国科学院力学研究所第十一研究室时，起初未在组长和副组长的名单之中。经钱学森和郭永怀协调，得以继续担任组长主持激波管的研究工作。

1962年

2—3月，钱学森在广州参加全国科学大会期间，与大连工学院的钱令希教授达成一项人才交流协议：将俞鸿儒和钟万勰进行人才交换，俞鸿儒到中国科学院力学研究所工作，钟万勰到大连工学院工作。9月，俞鸿儒调入中国科学院力学研究所。

广州召开全国科学大会前，中国科学院力学研究所为加强研究生管理，将分散在各研究室的研究生集中到一个研究室，但允许俞鸿儒继续留在原研究室工作，同时准备论文参加答辩，导师改为十一室主任林同骥。

通过采用氢氧燃烧驱动，其所在的十一室二组同志共同努力，建成JF-4直通型激波风洞。

1963年

3月，研究生毕业，毕业论文为《激波管风洞及其在传热实验研究方面的应用》，后留所任助理研究员。

因中国科学院力学研究所参与了国防部门的空中核爆工作，受郑哲敏之托，进行标定激波管的设计。用一个月时间完成设计任务，并协助郑哲敏建成激波管。

11月26日，二儿子俞锦出生。

1964年

下半年，由于直通型风洞的实验时间非常短（1毫秒左右），难以应用，又成功使用廉价的优质铸铁制造喷管，在新实验室设计安装了一座反射型激波风洞JF-4A，开展了完整燃烧驱动技术和改善试验气流品质的工作。

设计尺寸和其他性能参数均属国际水平的大型激波风洞（JF-8），并于同年9月交付沈阳重型机械厂制造。

在中国科学院光机所协助加工光学部件基础上，自制成直径240毫米抛物线镜面平行光闪光纹影仪。

1965年

4月底，JF-8激波管风洞全部完工，质量符合技术指标，加工费仅8万元。

秋，被派去山西省永济参加"四清"运动。

1966年

中国科学院力学研究所反浪费大检查，核查激波风洞实验室从建室至今，支付的仪器设备费、实验气体材料和非标准加工等费用总额不及30万元。

1967年

春节后，和李振华以及几位老师傅经过两个多月奋战将JF-8高性能激波风洞安装完毕。

"五一"前夕，JF-8大型激波风洞开始通风，并在以后几年中对设备性能进行了一系列改进和完善。

1968年

11月，被撤销激波管组组长职务，等待审查。

12月5日，郭永怀乘飞机返京途中因飞机失事而不幸遇难。

1969年

9月，因国防科研机构调整，中国科学院力学研究所的空气动力学研究室激波管组和物理力学研究室的高温气体组都划归空气动力研究院，成立超高速研究所504研究室。

1970年

与李振华等合作研制成半自动断割螺纹夹膜机，改善了夹膜可靠性，减轻了夹膜劳动，为大量型号传热和测力系统试验奠定了基础。

将JF-4激波风洞赠送给中国科学技术大学。

1971年

下放到河南罗山农场。

1972年

组织研制出的大型激波风洞开始为"尖兵一号"回地卫星提供气动加热和气动力数据。

年底，女儿俞铧出生。

1973年

针对JF-8激波风洞的性能测试和完善，和同事合作研制成热电模拟网络；还发展了一种快速反应的铜箔量热计。

1974年

下半年起，以俞鸿儒为首的激波风洞实验室为"东风"和"巨浪"系列航天器提供设计数据。

1975年

12月，曾被部队接管的人员共57人和设备返回中国科学院力学研究所，被编为八室（后来F2风洞组又划分出去，成立了十五室）。

1977年

全国科学大会前，中国科学院院部将郑哲敏提升为研究员，将俞鸿儒提升为副研究员。

1978年

在全国科学大会上，其作为负责人的"激波风洞应用研究"项目荣获全国科学大会奖和中国科学院重大成果奖。

中国力学学会成立激波管专业组，担任组长；并在合肥举办第一届全国激波管与激波学术讨论会。

担任中国科学院力学研究所第八研究室主任。

陪同吴仲华、林同骥等接待美国航天局代表团。

负责的"激波风洞及实验技术研究"课题研究成果获1979年国防科学技术工业委员会三等奖。

1979年

10月，应德国学术交流中心邀请在亚琛工业大学激波管与激波风洞实验室工作3个月。

在亚琛工业大学期间，结识路甬祥等中国学者。

1980年

6月10—14日，在上海参加中国空气动力学研究会成立大会。

20世纪80年代初，为了研究粒子云侵蚀问题，开始从事灰尘气体二相流的研究。建成了国内第一座竖直含灰气体激波管，完成扬灰装置、灰尘气流浓度、激波速度测量装置的研制，测得灰尘气体的激波结构，其中在国际上首次观察到理论预计存在的无间断前沿的耗散激波结构非常有意义。

20世纪80年代初,研制新颖的激波管爆炸波模拟器。该项成果为我国冲击伤试验提供了优良的装置,还为将来进行核爆破坏效应实验室研究作了技术储备。

1981年

德国亚琛工业大学激波实验室主任吕尼希访问中国科学院力学研究所激波管与激波风洞实验室。

JF-8氢氧爆轰驱动激波管投入使用。随后开始了氢氧爆轰驱动方法的系统研究,先后提出了反向爆轰驱动模式,发展了卸爆技术。

10月初,到浙江大学参加研究生答辩。之后回江西广丰老家探亲,和初中老师、高中同班同学、杉溪老家的亲戚相聚。

10月10日,当选中国空气动力学研究会高超声速专业第一届委员会委员。

1984年

1月,光荣加入中国共产党。

2月,任中国科学院力学研究所副所长(1984年2月—1987年12月)。

作为优秀中青年专家,参加中国科学院技术科学部扩大会议力学学科组讨论会。此次参会的优秀中青年力学家后来全部当选中国科学院院士。

4月5—6日,到昆明参加第三届全国激波管与激波学术讨论会,并作会议报告。

9月15日,被中国空气动力学研究会聘为第二届《空气动力学学报》编委会委员。

1985年

设计出新颖的激波管爆炸波模拟器,与第三军医大学王正国等人合作,通过三年时间逐步研制出用于冲击伤研究的生物激波管。

自本年度起,连续被聘为国际激波学术会议指导委员会委员。

作为国防科技大学的兼职导师，培养硕士生。

7月27日，到美国旧金山参加第15届国际激波与激波管会议。其间遇到德国亚琛工业大学吕尼希夫妇，以及在美国讲学的韩肇元。美国对中国人严禁开放航空航天高科技装备，但会后幸运地进入艾姆斯研究中心。

11月，加入钱学森建立的国防科学技术工业委员会气动专业组。

1986年

被国家学位委员会批准为博士生导师后，由中国科学院正式聘任为研究员。

与中国科学院力学研究所党委书记韩林等人参加中国科学院组织的考察团，到深圳调研高新技术企业的发展。

11月8日，中国科学院力学研究所完成的"第一代战略弹头再入气动力学和气动热力学研究"为解决航天器的研制中出现的疑难问题提供了依据和解决办法，并获得中国科学院科学技术进步奖一等奖，为获奖证书上的第一获奖人。

1987年

参加卞荫贵先生八十寿辰祝寿会。

4月21—24日，在华东工学院参加第四次全国激波管会议及审稿会。

7月，"激波风洞、炮风洞用于战略弹头气动力、气动热和再入通讯的研究"获得国家科学技术进步奖三等奖。

7月26—30日，在亚琛工业大学参加第16届国际激波管与激波学术讨论会。

1988年

在气动力学学会春节座谈会上，与卞荫贵和陆士嘉一同参会合影。

4月10—15日，在大连参加会议，并与大连理工大学校友聚会。

5月13—18日，参加广州粒子云侵蚀专题工作讨论会。

9—12月，作为联邦德国马普学会向中国科学院提名邀请的科学家，在亚琛激波实验室参加"高超声速、高焓流动"专题研究。回国前夕，参加了庆祝中德科技合作协议十周年招待会。

10月22日，中国航空学会空气动力学专业委员会聘请其担任副主任委员。

1989年

参加中国科学院学部力学组扩大会议，该力学组由中国科学院技术科学部和中国科学院数理学部共同成立。

"系列生物激波管的研制及其应用"研究成果获中国科学院科学技术进步奖二等奖。

7月15—29日，赴美国参加第17届国际激波与激波管学术会议。会上向吕尼希教授通报了实验结果。随后吕尼希据此申请到了150万马克开展爆轰驱动研究。

9月26—30日，受日本东北大学邀请，出席日本全国激波现象学术会议，并作特邀报告。随后应邀访问宇宙科学研究所、东北大学、东京大学、千叶大学、东京农工大学、名古屋大学、京都大学、大阪大学和九州大学等大学并作学术报告。

10月，参加"二十一世纪气动发展研讨会暨十一室组建四十周年庆祝联谊会"。

11月8—11日，赴西安参加由中国力学学会和中国空气动力学研究会联合主办的第五届全国激波管与激波学术会议。会上介绍了当年7月在美国召开的第17届国际激波与激波管学术会议和日本1989年激波学术年会的概况。

1990年

与第三军医大学王正国等人合作完成的"BST-Ⅱ型生物激波管及其应用"科研成果获得解放军总后勤部科技进步奖一等奖。

7月28日，在大连参加中国科学院军工史会议。

9月10日，被评为中国科学院优秀研究生导师。

1991年

主持高焓非平衡流研究等六项气动重大预研课题。

陪同林同骥接待威廉·希尔斯夫妇参观应用流体实验室。

4月，作为第一完成人的"BST-I型生物激波管"获得国家科学技术委员会颁发的"国家科技成果完成者证书"。

7月29日—8月6日，在日本粉体工程及城市垃圾焚烧处理等工业部门进行技术考察与参观访问，并参观日本横滨市环境事业局北部工厂。

10月1日，开始享受政府特殊津贴。

10月，参加的"微细球形铝粉中试生产装置及产品应用研究"获国家科学技术进步奖一等奖。

11月，当选为中国科学院技术科学部委员。

1992年

11月，凭借"系列生物激波管的研制及其应用"，获得国家科学技术进步奖一等奖。

和德国吕尼希教授合作的论文 *Gaseous detonation diver for a shock tunnel*（激波风洞的气体驱动装置）在 *Shock Waves* 上发表。

1—2月，澳星发射出现故障，临危受命开展"长征二号捆绑式运载火箭游机喷管辐射加热影响实验研究"。

5月26日，访问母校上海同济大学。

7月20日，乘飞机赴绵阳中国气动中心参加2.4米风洞方案设计评审会。

12月，到广西参加国防科学技术工业委员会气动专业组工作会议。

12月，中国人民解放军第29试验训练基地请俞鸿儒担任2.4米跨声速风洞设计技术顾问。

1993年

20世纪90年代初，与西安204所合作建成GXJ高压校准激波管。

承担《氢氧爆轰驱动新方法》基金项目。

2月15日，和德国亚琛工业大学激波实验室主任吕尼希教授签订了关于"激波动力学"合作研究协议，该协议的实施将促进国际交流和年轻科技人员的成长。

2月26日，参加了在五〇一部召开的"921-3气动研究大纲"讨论会，会上决定成立"921-3气动专业组"。

4月14日，在北京友谊宾馆接待日本东北大学高山和喜教授。

5月，俞鸿儒陪同吕尼希夫妇访问中国气动中心、重庆大学和南京理工大学。

5月，被国防科学技术工业委员会第一计量测试研究中心、航空航天工业部第304研究所聘为科学技术顾问。

10月12日，"921工程"气动协作与攻关指导小组和技术攻关协调专题组成立，俞鸿儒成为小组成员。

1994年

被选为中国力学学会第五届理事会常务理事。

经选举，钱学森、沈元为中国空气动力学会名誉理事长，庄逢甘为理事长，俞鸿儒等为副理事长。

主持重大科研任务"将JF-4b改建为爆轰驱动激波风洞"（1994—1997年）。

5月12日，担任中国科学院力学研究所高温气体动力学开放实验室学术委员会主任。

5月12日，由俞鸿儒、李振华、李仲发作为主要完成人的"GXJ-100S高压校准激波管系统研制"校准激波管研究成果，因性能优越、特色鲜明，获兵器工业总公司部级科技进步奖一等奖。

10—11月，出访德国亚琛工业大学。

1995年

1月，主持国家基金委重点项目《新颖的低温风洞冷冻方案研究》。

3月，出席日本全国激波学术会议，作关于"爆轰驱动激波风洞"方面的报告，之后到东北大学等机构进行十余天的学术访问。

4月21—23日，参加在洛阳召开的第七次全国激波会议，和张守保一同主持会议。

5月22—26日，赴新加坡参加第六届亚洲流体力学会议。

7月20日，到美国参加第20次国际激波管与激波学术会议。

11月，获得1995年度光华科技基金奖一等奖。

1996年

主持将JF-4B激波风洞/炮风洞改造成为JF-10爆轰驱动高焓激波风洞。

作为第一完成人的"GXJ-100S高压校准激波管系统研制"项目获得国家科学技术进步奖二等奖。

6月28日，被中国气动中心高速空气动力研究所（第四研究所）聘请为"新型空气低温跨声速原理性风洞研制"课题的高级顾问，对研究的开展进行技术指导。

1997年

1月，承担国家基金重点项目《用于裂解制造乙烯的气动加热方法》（1997—2000年）。

主持中国科学院重大项目《高温非平衡流动及其机理研究》（1997—2000）。

1998年

在中国科学院重大装备改造经费和"863-2"重点项目联合支持下（1994—1997年），成功将炮风洞JF-4B改建为氢氧爆轰驱动高焓激波风洞JF-10。

写信给在日本的姜宗林，促使姜宗林通过中国科学院的"百人计划"回国。

7月1日，被评为中国科学院（京区）优秀共产党员。

10月10日，参加中国科学院力学研究所十一室40年联谊会。

12月12日，参加纪念林同骥院士诞辰八十周年活动，并主编《虚怀若谷　宗师风范——林同骥先生诞辰九十周年纪念文集》。

12月20日，日本东北大学高山和喜教授调研中国科学院力学研究所JF-10激波风洞。

1999年

作为高温气体动力学开放实验室主任，推动中国科学院"百人计划"，引进姜宗林。

和中国气动中心设备设计所合作建成"空气低温原理性风洞"。

庄逢甘、俞鸿儒、周恒、张涵信4位院士围绕有关国家空天安全的重大基础科学问题，向国家建言，提交《推动未来航空航天技术发展的力学前沿问题的研究》的报告。

5月底，回大连理工大学参加建校五十周年纪念活动。

10月，其作为完成人的"借热分离器降低总温的低温风洞"获中国科学院发明奖一等奖。

12月，在四川安县参加中国气动中心"2.4米跨声速风洞性能评审会"，俞鸿儒担任评委会主任。

2000年

担任军队"学科拔尖人才培养对象"廖达雄和王勋年的指导老师。

担任高温气体动力学国家重点实验室学术委员会荣誉主任。

被评为中国科学院优秀党员。

5月4日，日本激波风洞专家高山和喜参观中国科学院力学研究所实验室。

6月，被授予中国科学院（京区）优秀共产党员。

10月20日，收到瑞典皇家科学院诺贝尔物理委员会的信件，请他匿名推荐2001年诺贝尔物理学奖的获奖人。

2001年

爆轰驱动高焓激波风洞方法研究被评为"863"计划 15 周年成果展览会 14 项高技术、新概念、新构思探索项目之一。

2002年

荣获何梁何利基金科学与技术进步奖数学力学奖。

2003年

研究双爆轰反向驱动方法以提高激波风洞的驱动能力的成果被中国空气动力学会评选为 2003 年空气动力学重大研究进展,并发表在学术期刊《中国科学》上。

2004年

7 月 11—16 日,第 24 届国际激波学术会议在北京友谊宾馆召开,俞鸿儒担任会议组委会名誉主席。

11 月 3 日,作为第一完成人的"反向射流混合加热裂解装置及生产乙烯的方法"获得发明专利,申请日为 2001 年 12 月 30 日。

2005年

2 月 6 日,写信给中国空气动力研究与发展中心超高速研究所,祝贺该所创建 40 周年。

10 月 16 日,参加清华大学工程力学研究班创办五十周年活动。

2006年

以国家高超声速科技工程为背景,以突破高超声速推进关键技术为目的,提出冲压发动机采用催化复合的方法提高发动机推力的新概念和新方法。

春,参加中国科学院力学研究所 20 世纪 60 年代毕业的研究生聚会。

6 月 1 日,写信给路甬祥院长,希望在决定新所长时,把"重视技术科学思想（将基础科学知识用于开拓工程新领域）和有关工作经验"作为考察的因素。

6月15日，被聘为总装备部电子信息基础部国家安全重大基础研究项目"导弹再入段目标光电特性机理研究"专家组组长。

10月，受中国科学院自然科学史研究所的邀请，给全所职工作关于科技创新的报告。

2007年

3月，被聘为中国气动中心专家顾问组专家。

5月11日，受邀担任中国科学院高超声速科技中心科技委员会副主任。

2008年

1月，"复现高超声速飞行条件激波风洞"获得立项，财政部予以资金支持。

6月，空气动力学会联合召开"近代高温气体动力学学术讨论会"与庆祝俞鸿儒院士八十华诞大会。

7月8日，受中国航空工业第一集团公司第304研究所邀请，担任动态测试与校准技术航空科技重点实验室学术委员会主任。

11月8日，参加中国科学院力学研究所组织召开的"林同骥院士九十诞辰纪念会"并发言。

2009年

8月6—9日，中国空气动力学会高超声速专业委员会在山东烟台召开第十五届全国高超声速气动力/热学术交流会，受邀作《克服"高超声障"的设想实现进展》的大会报告。

10月4日，参加中国科学院力学研究所"祝贺吴承康先生八十诞辰暨气动热化学学术报告会"，并发表讲话。

2011年

撰文感激钱学森对自己的关怀和指导，文章被收录《钱学森先生诞辰100周年纪念文集》（2012年出版）中。

8月22—24日，参加哈尔滨召开的"中国力学大会—2011暨钱学森诞辰100周年纪念大会"，作题为《发展高超吸气推进技术有关几个问题的探究》的邀请报告。

12月23日，被中国科学院力学研究所聘为高温气体动力学国家重点实验室第一届学术委员会主任。该实验室于10月13日正式获国家科技部批准建设。

2012年

在他的指导下，运用其独创的爆轰驱动技术，由姜宗林率领团队成员在北京怀柔建造的"JF-12激波风洞"顺利完工。

4月，国家自然科学基金委员会数学物理科学部党支部在钱学森工程科学实验基地举行党员活动，受邀作题为《领会钱学森所长晚年忧虑的问题》的报告。

6月，受计量与校准技术国防科技重点实验室的邀请，担任该实验室第一届学术委员会主任。

2013年

6月18日，写信给何友声，谈及JF-12激波风洞的由来与建造过程，以及高温气体动力学实验室编制的《俞鸿儒论文选》。

8月14日，高温气体动力学国家重点实验室建设通过科技部验收。

12月21日，参加中国气动中心承担的国家重大科技基础设施项目——多功能结冰风洞、声学风洞的初步验收，担任验收专家组组长。

2014年

为中国气动中心主办的《空气动力学学报》的发展提出三条建议。

2015年

1月，被聘为中国力学学会第十届理事会名誉理事，任期五年。

6月，担任结冰风洞、声学风洞国家项目的验收专家组组长。

8月16日，中国力学大会授予中国科学院力学研究所"复现高超声速飞行条件激波风洞"（JF-12）首届中国力学科学技术进步奖一等奖。

8月16日，中国力学大会授予俞鸿儒中国力学大会第一届钱学森力学奖，以表彰他在激波与激波管技术领域作出的创新性贡献。

10月28日，中国空气动力学会组织召开了"复现高超声速飞行条件激波风洞实验技术及其应用"成果鉴定会，肯定该复现风洞对于新世纪宇航技术发展具有开创性的影响。

12月18日，参加高温气体动力学国家重点实验室2015学术年会暨学术委员会会议，被任命为新一届学术委员会名誉主任。

2016年

3月14日，审议中国空气动力研究与发展中心科研实验"十三五"建设规划纲要，并对中心的发展提出要求。

3月27日，美国航空航天学会正式揭晓2016年度美国航空航天学会地面试验大奖，中国科学院高温气体动力学国家重点实验室主任、中国科学院力学研究所姜宗林研究员，作为"复现高超声速飞行条件激波风洞"的第一完成人荣获这一奖项。这一成果是在俞鸿儒爆轰驱动思想指导下完成的。

5月9日，收到第31届国际激波大会委员会主席佐佐明弘的邀请信，邀其2017年赴名古屋大学作大会邀请报告。后因年事高没有去成。

11月21日，中国科学院院长、党组书记白春礼一行到中国科学院力学研究所怀柔园区调研指导工作，参观复现高超声速飞行条件激波风洞，院传播局党支部与高温气体动力学党支部联合开展活动。

12月20日，受邀在中国科学院大学怀柔校区给工程科学学院研究生作报告，讲述如何在中国科学院做科研。

2017年

1月9日，在人民大会堂举行2016年度国家科学技术奖颁奖大会，中国科学院力学研究所"复现高超声速飞行条件激波风洞实验技术"获该年度国家技术发明奖二等奖，俞鸿儒作为发明人之一。

1月16日，中国科学院力学研究所"复现高超声速飞行条件激波风洞研究集体"荣获2016年度中国科学院杰出科技成就奖。

2月7日，中共中央政治局委员、国务院副总理刘延东等前往中国科学院力学研究所怀柔园区调研，参观了高超声速复现激波风洞。

4月5日，参加郭永怀、李佩合葬仪式，发表感言。

2018年

9月29日，参加中国科学院力学研究所召开的纪念郭永怀先生牺牲50周年系列学术思想研讨会第一场高速空气动力学专题研讨会，在报告中回忆了恩师郭永怀培养人才的理念和方法，建议科研人员和学生根据国家需求选择研究方向，培养在有限经费下解决重要科学问题的能力。

2019年

和姚克共同主编的《科学文化素养丛书 科学在身边》正式出版。

2020年

12月18日，作为参加高温气动国家重点实验室学术委员会的名誉主任，参加实验室2021年学术年会暨学术委员会会议，希望一线科研人员眼光长远，戒骄戒躁，真正作出能经得住历史考验的原创性成果。

2021年

4月10日，到北京航空航天大学参加陆士嘉先生诞辰110周年纪念大会暨第三届"美丽力学"学术研讨会，发言缅怀陆先生。

9月16日，国家国防科技工业局、直属机关党委二十余人到中国科学院力学研究所开展"学习人民科学家事迹，弘扬科学家精神"主题活动，受邀作了题为《传承科学精神　践行科技强国》的党课。

12月11日，中国力学学会举办了"纪念《力学学报》首任主编钱学森先生诞辰110周年"的纪念活动，应邀作了《向钱学森学习什么？》的讲座。

附录二 俞鸿儒主要论著目录

论文

[1] H. Yu. Recent Developments in Shock Tube Application. Proceeding of 1989 Japan National Symposium on Shock Wave Phenomena, 1-9, 1989.

[2] H. R. Yu, Y. Q. Fang, W.Yu. The Thermal Separator: A New Approach For Refrigeration Pressurized Gases. Current Topics in Shock Wave, 659-664, AIP, New York, 1990.

[3] H. R. Yu, J. H. Gu, Z. F. Li, Z. H. Li. Generation of blast wave by means of the normal shock tube. Takayama K eds. Shock Wave. 99.895-900, Springer-Verlag, 1992.

[4] H-R Yu, B. Esser, M.Lenartz, and H. Groenig. Gaseous detonation driver for a shock tunnel. Schock Waves, 29（4）: 245-254, 1992.

[5] Tang Guiming. Yu Hongru. Aerodynamic Heating in the Region of Shock and Turbulent Boundary Layer Interaction Induced By A Cylinder. Acta Mechanica Sinica, 8（3）: 924-930, 1992.

[6] Dong Yufei, Yu Hongru, Shan Xizhuang. On Nonequilibrium of Pyrolysis Process In the Manufacture of Ethene. Acta Mechanica Sinica, 15（1）:

23-31, 1999.

[7] Yu H, Liao D X. Novel Cooling Means For A Cryogenic Wind Tunnel. Acta Mechanica Sinica, 15（6）: 645-651, 1999.

[8] Hongru Yu. Oxv-hydrogen combustion and detonation driven shock tube. Acta Mechanica Sinica, 15（4）: 389-397, 1999.

[9] Herbert Olivier, Jiang Zonglin, Hongru Yu, Frank K. Lu. Detonation Driven Shock Tubes and Tunnels.In Frank K.Lu, Dan E. Marren eds. Advanced Hypersonic Test Facilities, pp.135-203, 2002.

[10] H. R. Yu, H. Chen, W. Zhao. Advances in detonation driving techniques for a schock tube/tunnel. Shock Waves, 15（6）: 399-405, 2006.

[11] J. Li, H.Chen, H. Yu. A Chemical Shock Tube Driven by Detonation. Shock Wave, 22（4）: 351-362, 2012.

[12] 俞鸿儒. 直通型激波管风洞的设计及性能测量. 研究与学习, 1964, 17（4）: 38.

[13] 俞鸿儒, 李仲发, 李静美等. 激波管风洞传热测量用的塞形铜箔量热计. 力学情报, 1976（4）: 117-126.

[14] 俞鸿儒, 李仲发. 热电模拟在表面热流测量中的应用. 力学与实践, 1980（1）: 49-51, 57.

[15] 俞鸿儒, 李仲发. 圆柱形突出物诱导的激波湍流边界层干扰区传热实验研究. 力学学报, 1981, 17（1）: 70-78, 111.

[16] 俞鸿儒, 林建民, 袁生学, 等. 含灰气体激波结构的实验观察. 力学学报, 1983, 19（6）: 531-537.

[17] 俞鸿儒. 热分离器内的流动. 大连理工大学学报, 1984, 23（4）: 1-8.

[18] 俞鸿儒, 林建民, 李仲发, 等. 扩张激波管流动波图观察. 空气动力学学报, 1984（3）: 88-91.

[19] 俞鸿儒. 含灰气流驻点加热增量机理研究. 载: 中国科学院力学研究所主编. "力学未来15年"国际学术讨论会论文集（第2卷）. 1988, 18-22.

[20] 俞鸿儒,崔季平. 非平衡流流体力学. 中国科学院院刊,1991(1): 30-32.

[21] 国相杰,李仲发,俞鸿儒. 泡沫塑料中的激波在固壁上的反射. 科学通报,1993,38(10):901-903.

[22] 于伟,俞鸿儒. 临界喷管充气混合装置. 气动实验与测量控制, 1994,8(3):25-28.

[23] 张欣玉,俞鸿儒,赵伟,李仲发. 氢氧爆轰直接起始的射流点火方法研究. 气动实验与测量控制,1996(2):63-68.

[24] 俞鸿儒. 产生风洞低温试验气流的新途径. 实验流体力学,1997, 11(1):1-5.

[25] 俞鸿儒. 利用热分离器产生低温试验气流. 自然科学进展:国家重点实验室通讯,1998,8(3):377-381.

[26] 俞鸿儒,廖达雄. 用于低温风洞的新颖制冷方法. 力学学报,1999, 31(6):645-651.

[27] 赵伟,俞鸿儒. 双过临界喷管充气混合装置. 空气动力学学报, 1999,17(3):279-284.

[28] 俞鸿儒,廖达雄. 用于低温风洞的新颖制冷方法. 力学学报,1999, 31(6):645-651.

[29] 俞鸿儒. 氢氧燃烧及爆轰驱动激波管. 力学学报,1999,31(4): 389-397.

[30] 廖达雄,俞鸿儒. 新型空气低温跨声速原理性风洞研制. 实验流体力学,2000,14(3):66-72.

[31] 俞鸿儒. 用于生产乙烯的气体动力学方法. 载:吴芝萍,詹世革, 杨亚政主编. 钱学森技术科学思想与力学论文集. 国防工业出版社, 2001,102-106.

[32] 俞鸿儒. 适用于裂解制造乙烯的气体动力学加热方法. 大连理工大学学报,2002,41(3):253-260.

[33] 陈宏,冯珩,俞鸿儒. 用于激波管/风洞的双爆轰驱动段. 中国科学:物理学 力学 天文学,2004,34(2):183-191.

[34] 俞鸿儒，单希壮. 用于激波控制反应器的原料气加速特性研究. 大连理工大学学报，2004，44（3）：362-365.

[35] 俞鸿儒，单希壮，陈宏，等. 探求高效裂解生产乙烯的新途径. 力学与实践，2005，27（4）：7-13.

[36] 杨宏伟，黄敦，俞鸿儒，等. 正向爆轰驱动变截面激波管特性的数值模拟. 力学学报，2005（4）：494-500.

[37] 俞鸿儒，李斌，陈宏. 激波管氢氧爆轰驱动技术的发展进程. 力学进展，2005，35（3）：315-322.

[38] 俞鸿儒，善希壮，陈宏，等. 探求高效裂解生产乙烯的新途径. 力学与实践，2005，27（4）：7-13.

[39] 俞鸿儒. 激波在气体中传播. 气体物理，2006，1（1）：1-5.

[40] 俞鸿儒，李斌，陈宏. 克服"高超声障"的途径. 力学进展，2007，37（3）：472-476.

[41] 吴松，陈宏，谷笳华，等. 一种压电压力传感器的防热方法. 科学通报，2007（08）：866-869.

[42] 李斌，李进平，俞鸿儒，等. 冲压发动机尾喷管实验新方法. 空气动力学学报，2010，28（6）：621-625.

[43] 俞鸿儒. 探索发展激波风洞爆轰驱动技术. 力学学报，2011，43（6）：978-983.

[44] 俞鸿儒. 用于增大跨声速试验雷诺数的低温技术. 气动物理，2011，6（4）：1-5.

[45] 俞鸿儒. 大幅度延长激波风洞试验时间. 中国科学：物理学 力学 天文学，2015，45（9）：94701.

[46] 俞鸿儒. 空心活塞运动产生的激波. 气体物理，2016，1（1）：1-4.

著作

[1] 俞鸿儒. 激波管风洞及其在传热实验研究方面的应用. 中国科学院研究生院研究生论文，1963.

［2］俞鸿儒. 近代空气动力学研讨会论文集：祝贺庄逢甘院士八十华诞. 北京：中国宇航出版社，2005.

专利

［1］俞鸿儒. 藉热分离器降低总温的低温风洞. 申请日：1993-09-20，公开（公告）日：1994-03-09，公开（公告）号：CN1083587A.

［2］俞鸿儒，林建民，陈宏. 反向射流混合加热裂解装置及生产乙烯的方法，申请日：2001-12-30，公开（公告）日：2003-07-16，公开（公告）号：CN1429798A.

［3］俞鸿儒，陈宏，陈兵. Method for reducing heat flow rate of local reverse overflow of aircraft: CN, CN 102795335 A. 2012.

［4］张仕忠，李进平，俞鸿儒. 一种电阻测温量热计及其测量方法. 2013-06-26，公开（公告）日：2013-09-18，公开（公告）号：CN103308205A.

［5］姜宗林，赵伟，陈宏，林建民，俞鸿儒. 一种激波风洞爆轰双驱动方法和装置，申请日：2011-08-15，公开（公告）日：2013-12-04，公开（公告）号：CN102407947A.

参考文献

[1] 佚名. 大连大学介绍[J]. 解放日报, 1949-7-28.

[2] 朱言均. 柯氏微积分学（上卷）[M]. 上海：中华书局, 1950.

[3] 朱言均. 柯氏微积分学（下卷）[M]. 上海：中华书局, 1952.

[4] Shapiro AH. The dynamics and thermodynamics of compressible fluid flow. V.1[M]. Ronald Press, New York, 1953.

[5] 郭永怀. 现代空气动力学的问题[J]. 科学通报, 1957（10）：289-295.

[6] 钱学森. 苏联发射人造地球卫星在科学技术上的意义——在首都科学界庆祝十月革命40周年大会上的报告[N]. 光明日报, 1957-11-3.

[7] Hertzberg A, Wittliff CE, Hall JG. Development of shock tunnel and its application to hypersonic flight[J]. In：Riddell FR（ed）, Progress in astronautics and rocketry. Vol 7, 1961.

[8] 俞鸿儒. 直通型激波管风洞的设计及性能测量[J]. 研究与学习, 1964,（4）17：38.

[9] 普朗特. 流体力学概论[M]. 郭永怀, 译. 北京：科学出版社, 1966.

[10] 俞鸿儒, 李仲发, 李静美等. 激波管风洞传热测量用的塞形铜箔量热计[J]. 力学情报. 1976,（4）：117-126.

[11] Knystautas R, Lee J.H., Moen I., Wagner H.GG. Direct initiation of spherical detonation by a hot turbulent gas jet[J]. Symposium（International）on

Combustion, Volume 17, Issue 1, 1979, Pages 1235-1245.

[12] 俞鸿儒, 李仲发. 热电模拟在表面热流测量中的应用[J]. 力学与实践, 1980（1）: 49-51, 57.

[13] 中国人民政治协商会议广丰县委员会文史资料研究委员会. 广丰县文史资料 第一辑[M]. 中国人民政治协商会议广丰县委员会文史资料研究委员会, 1985: 118.

[14] 陈芳允, 杨嘉墀. 我国航天技术发展与技术科学[J]. 中国科学院院刊, 1986（4）: 289-296.

[15] 翁智远. 同济大学史 第1卷 1907—1949[M]. 上海: 同济大学出版社, 1987: 83.

[16] 中国人民政治协商会议广丰县委员会文史资料研究委员会. 广丰县史资料 第三辑[M]. 中国人民政治协商会议广丰县文史资料研究委员会, 1989: 23-24.

[17] 孙懋德, 郭必康, 等. 大连理工大学校史 1949—1989[M]. 大连: 大连理工大学出版社, 1989.

[18] 郑哲敏. 郭永怀纪念文集[M]. 北京: 科学出版社, 1990.

[19] 俞鸿儒, 赵伟, 袁生学. 氢氧爆轰驱动激波风洞的性能[J]. 气动实验与测量控制, 1993（3）: 38-42.

[20] 中国科学技术协会. 中国科学技术专家传略 工程技术编[M]. 北京: 中国科学技术出版社, 1993: 405-406.

[21] 卢嘉锡. 中国现代科学家传记（第五集）[M]. 北京: 科学出版社, 1994: 7, 9.

[22] 于伟, 俞鸿儒. 临界喷管充气混合装置[J]. 气动实验与测量控制, 1994（3）: 25-28.

[23] 赵伟, 俞鸿儒. 双过临界喷管充气混合装置[J]. 空气动力学学报, 1999（3）: 284.

[24] 张欣玉, 俞鸿儒, 赵伟, 等. 氢氧爆轰直接起始的射流点火方法研究[J]. 气动实验与测量控制, 1996（2）: 63.

[25] 俞鸿儒. 使用拐杖的力学[J]. 力学与实践, 1998, 20（2）: 79.

[26] 赵硕, 李秀波, 陈琳琳. 海潮逐浪 镜水周回: 童秉纲口述人生[M]. 北京: 中国科学技术出版社, 2017: 83.

[27] 郑哲敏. 郭永怀先生诞辰九十周年纪念文集［M］. 北京：气象出版社，1999.

[28] 科技部. 我国建成首座新型空气低温跨声速原理型风洞［N］. 科技日报，1999-01-01.

[29] 罗荣兴，科学时报社. 请历史记住他们 中国科学家与"两弹一星"［M］. 广州：暨南大学出版社，1999.

[30] 俞鸿儒. 用于生产乙烯的气体动力学方法［C］// 钱学森技术科学思想与力学论文集［M］. 2001：92-96.

[31] 宋健. "两弹一星"元勋传（上册）［M］. 北京：清华大学出版社，2001.

[32] 钱学森. 钱学森手稿［M］. 太原：山西教育出版社，2001：440.

[33] 李琦. 新中国成立初期全国高等学校院系调整述评［J］. 党史文献，2002（6）：71-73.

[34] Holden MS, Parker RA.LENS Hypervelocity tunnels and application to vehicle testing at duplicated flight conditions, In: Marren Dan, Lu Frank eds: Advanced Hypersonic Test Facilities［M］. The American Institute of Aeronautics and Astronautics, Inc. 2002：73-110.

[35] 赵士学. 科苑有鸿儒——访中国科学院院士 著名气体流动学家俞鸿儒［J］. 老友，2002（6）：4-7.

[36] Herbert Olivier, Jiang Zonglin, Hongru Yu, et al. Detonation Driven Shock Tubes and Tunnels.In Frank K.Lu, Dan E. Marren eds.Advanced Hypersonic Test Facilities［M］. The American Institute of Aeronautics and Astronautics, Inc. 2002：135-203.

[37] 佚名. 姜宗林、俞鸿儒：高焓流动实验模拟技术取得重要进展［J］. 科学中国人，2003（10）：37.

[38]《同济大学志》编辑部. 同济大学志1907—2000［M］. 上海：同济大学出版社，2002：95.

[39] 吴东平. 华人的诺贝尔奖［M］. 武汉：湖北人民出版社，2004：71.

[40] 陈宏，冯珩，俞鸿儒. 用于激波管／风洞的双爆轰驱动段［J］. 中国科学 G辑，2004，34（2）：183-191.

[41] 戴世强，张文，冯秀芳. 古今力学思想与方法［M］. 上海：上海大学出版社，2005：45.

[42] 俞鸿儒, 李斌, 陈宏. 激波管氢氧爆轰驱动技术的发展进程[J]. 力学进展, 2005, 35（3）：315-312.

[43] 郑招迪. 民国广丰县私立中学办学实践及对现代私立中学的启示[D]. 江西师范大学, 2005.

[44] 中国科学院院士工作局. 科学的道路（下卷）[M]. 上海：上海教育出版社, 2005：1742.

[45] 广丰县地方志编纂委员会. 广丰县志[M]. 出版者不详, 2005：690.

[46] Yu HR, Chen H, Zhao W. Advances in detonation driving techniques for a shock tube/tunnel[J]. Shock Waves, 2006, 15（6）：399-405.

[47] 佚名. 俞鸿儒：中国科学院院士[N]. 广丰骄子. 2006-10-21.

[48] 俞鸿儒. 启发诱导, 言传身教——怀念导师郭永怀先生[J]. 科学时报, 2006年4月7日"我的导师"专栏.

[49] 隋红建, 管载麟. 推开另一扇窗——中国科学院研究生教育访谈录[M]. 北京：科学出版社, 2007.

[50] 周恒, 张涵信, 俞鸿儒, 等. 应改进科学技术奖项设立及评审[J]. 气象软科学, 2007（4）：157.

[51] 国防科学技术工业委员会. 中国航天50年回顾[M]. 北京：北京航空航天大学出版社, 2007：155-157.

[52] E Vöhringer-Martinez, B Hansmann, H Hernandez-Soto, et al. Water catalysis of a radical-molecule gas-phase reaction[J]. Science. 2007, 315（5811）：497-501.

[53] 郭传杰. 中国科学院科技创新案例[M]. 北京：科学出版社, 2008.

[54] 俞鸿儒. 虚怀若谷　宗师风范——林同骥先生诞辰九十周年纪念文集[M]. 出版者不详, 2008：104.

[55] 广丰县人民政府. 广丰人——俞鸿儒[M]. 广丰县人民政府, 2009.

[56] 郭永怀. 郭永怀文集（精）[M]. 北京：科学出版社, 2009.

[57] Yung-huai Kuo. On the Stability of Two-Dimensional Smooth Transonic Flows[J]. Journal of the Aeronautical Sciences, 1951, 18（1）, 1-2.

[58] 中国高等科学技术中心. 李政道教授八十华诞文集[M]. 上海：上海科学技术出版社, 2009：35.

[59] 佚名. 科学巨擘　民族英雄　科技界缅怀钱老[J]. 科技传播, 2009（8）.

［60］俞鸿儒. 郭永怀先生引导我做实验［J］. 力学与实践，2009，31（2）：97-99.

［61］俞鸿儒. 缅怀恩师俞观义先生［J］. 新广中报，2009-03-28.

［62］郑哲敏. 郭永怀先生的精神永存［J］. 力学与实践，2009，31（2）：96-97.

［63］中国科学院力学研究所. 郭永怀先生诞辰一百周年纪念文集［M］. 北京：中国科学院出版社，2009：88.

［64］《钱学森书信选》编辑组.《钱学森书信选》［M］. 北京：国防工业出版社，2009.

［65］俞鸿儒. 郭永怀先生引导我做实验［J］. 力学与实践. 2009（2）：98.

［66］张绪山. "钱学森之问"：一个不成问题的问题［J］. 炎黄春秋，2010（6）：70-73.

［67］《上海科技年鉴》编辑部. 上海科技年鉴2010［M］. 上海：上海科学普及出版社，2010.

［68］王扬宗，曹效业. 中国科学院院属单位简史（第一卷·上册）［M］. 北京：科学出版社，2010.

［69］李家春，樊菁. 钱学森——在创建力学所的日子里［M］. 北京：科学出版社，2011.

［70］霍有光. 钱学森年谱初编［M］. 西安：西安交通大学出版社，2011：177.

［71］王正道，季葆华，周济福，等. 中国力学大会——2011暨钱学森诞辰100周年纪念大会简介［J］. 力学进展，2011，41（6）：760-775.

［72］中国力学大会暨钱学森诞辰100周年纪念大会举办［J］. 科技传播，2011（19）：14.

［73］报社记者. 开启我国大型气动实验装备建设新纪元［J］. 科技日报，2012-09-03.

［74］石毓智. 为什么中国出不了大师：探讨钱学森之问［M］. 北京：科学出版社，2012.

［75］张涤生，等. 共和国院士回忆录（二）［M］. 北京：东方出版社，2012：21.

［76］中国科学院院士工作局. 钱学森先生诞辰100周年纪念文集［M］. 北京：科学出版社，2012：57.

［77］孙千军. 人不逐名，专心练剑 对话我国高温气体动力学家俞鸿儒院士［J］. 计测技术，2013（6）：1-10.

［78］张志成. 气动物理学［M］. 北京：国防工业出版社，2013.

[79] 张珩旭, 白欣, 赵玉杰. 激波管与激波风洞的研制——俞鸿儒院士访谈录 [J]. 力学与实践, 2014, 36（4）: 508-511.

[80] 刘冰楠, 代钦. 朱言钧的数学教育思想及其贡献 [J]. 数学通报, 2014, 53（2）: 1.

[81] 吕治国, 李国君, 赵荣娟, 等. 卡尔斯潘公司高超声速脉冲设备建设历程分析 [J]. 实验流体力学, 2014, 28（5）: 1-6.

[82] 张珩旭. 中国科学院力学研究所激波管与激波风洞的研制 [D]. 北京: 首都师范大学, 2015.

[83] 赵广立. 俞鸿儒: 跟随大师的脚步 [N]. 中国科学报, 2015-11-06.

[84] 张志会. 一九五七年中科院与高教部的"双聋夺珠" [N]. 中国科学报, 2015-05-15.

[85] 姜玉平. 钱学森与技术科学 [M]. 上海: 上海人民出版社, 2015: 167.

[86] 张现民. 钱学森年谱（下）[M]. 北京: 中央文献出版社, 2015: 539.

[87] 徐瑞哲. 中国力学大会在上海交大开幕 俞鸿儒获"钱学森力学奖" [N]. 解放日报, 2015-08-17.

[88] 本卷主编郑哲敏, 总主编钱伟长. 20世纪中国知名科学家学术成就概览 力学卷（第二分册）[M]. 北京: 科学出版社, 2015: 338.

[89] 本卷主编郑哲敏, 总主编钱伟长. 20世纪中国知名科学家学术成就概览 力学卷（第二分册）[M]. 北京: 科学出版社, 2015: 341.

[90] 俞鸿儒. 大幅度延长激波风洞试验时间 [J]. 中国科学: 物理学 力学 天文学, 2015, 45（9）: 6-11.

[91] 叶友达, 张涵信. 临近空间高超声速飞行器气动设计与湍流研究 [J]. 临近空间高超声速飞行器气动设计与湍流研究, 2015, 10（4）: 29-30.

[92] 中国空气动力学会. 姜宗林研究员赢得国际航空航天地面试验大奖 [J]. 空气动力学学报, 2016, 34（2）: 1.

[93] 张志会. 一场被动的人才交换促成一双中科院院士 [N]. 中国科学报, 2016-02-19.

[94] 李舒亚. 俞鸿儒: 在地面造"天空"的人 [M]. 合肥: 安徽人民出版社, 2017: 324.

[95] 李军凯, 沈正华, 周子桓. 格致桃李伴公卿: 沈克琦传 [M]. 北京: 科学普及出版社, 2017: 128.

[96] 刘延东考察北京科技创新中心建设情况时强调：争当建设世界科技强国的排头兵[N]. 人民日报, 2017-02-08.

[97] 崔雪芹. 三院士回忆李佩先生生前事[N]. 中国科学报, 2017-01-17.

[98] 姜宗林. 高超声速高焓风洞试验技术研究进展[J]. 空气动力学学报, 2019, 37（3）：352.

[99] 谭邦治. 庄逢甘院士传记[M]. 北京：中国宇航出版社, 2019：224.

[100] 高雅丽. 俞鸿儒院士："与众不同"的钱学森[N]. 中国科学报, 2021-12-31.

[101] 李性刚. 赤子　旅美杰出华人传略[M]. 贵阳：贵州人民出版社, 2017：209.

[102] 宋健. "两弹一星"元勋传（下册）[M]. 北京：清华大学出版社, 2001：353-354.

[103] 张志会. 俞鸿儒院士：激波管爆轰驱动新方法开创者[J]. 工程研究-跨学科视野中的工程, 2020, 12（5）：509-522.

[104] 俞鸿儒. 郭永怀先生引导我做实验[J]. 力学与实践, 2009, 31（2）：97-99.

[105] 朱强. 陆士嘉：中国的天空，一定要有自己的东西[N]. 中国妇女报, 2021-03-18.

[106] 杨宏伟, 黄敦, 俞鸿儒, 等. 正向爆轰驱动变截面激波管特性的数值模拟[J]. 力学学报, 2005（4）：494-500.

[107] 俞鸿儒, 李斌, 陈宏. 激波管氢氧爆轰驱动技术的发展进程[J]. 力学进展, 2005, 35（3）：315-322.

[108] 俞鸿儒. 激波管风洞及其在传热实验研究方面的应用[D]. 中国科学院研究生院, 1963.

[109] 俞鸿儒. 近代空气动力学研讨会论文集：祝贺庄逢甘院士八十华诞[M]. 北京：中国宇航出版社, 2005.

[110] 中国科学院力学研究所. 郭永怀先生诞辰一百周年纪念文集[M]. 北京：中国科学院出版社, 2009.

[111] 赵永新. 三代科学人[M]. 北京：科学普及出版社, 2019.

[112] 俞鸿儒, 李斌, 陈宏. 克服"高超声障"的途径[J]. 力学进展, 2007（3）：472-476.

[113]《庄逢甘院士纪念文集》编委会. 庄逢甘院士纪念文集[M]. 北京：中国

宇航出版社，2011：273.

[114] Zhihui Zhang, Bruce Seely.China's Detonation-driven Shock Tube Wind Tunnels: A Case Study of Transnational Science in Aeronautics during the Cold War [J]. East Asian Science, Technology and Society: An International Journal, 2021, 15（2）: 1-28.

后 记

2010年夏，我博士毕业后进入中国科学院自然科学史研究所工作，并幸运地成为中国科学院院史研究小组的成员，参与了王扬宗研究员和张藜研究员牵头的中国科学院军工史保密项目《中国科学院与"两弹一星"》项目，研究过程中了解到中国科学院力学研究所在"导弹"和"人造卫星"的气动力、气动热等基础理论与探索性问题上发挥了关键作用，也第一次知悉俞鸿儒院士与他领导研制的激波风洞。2015年春，在申请中国科协老科学家学术成长资料采集子课题之际，我首先想到的就是与自然科学史研究所隔路相望的中国科学院力学研究所的俞鸿儒院士。当我第一次打电话给俞鸿儒院士时，简单地说明了缘由，他欣然邀请我去他办公室交谈。和蔼可亲、睿智幽默的他并没有质疑我这个看似初出茅庐的姑娘，而是真诚鼓励我放手去干。我们双方自此开始了令人愉快的合作，也开启了一段忘年交。

在经历了较为艰难的探索和学习之后，现在我已经可以用简单几句话概括俞鸿儒院士及其领导的激波管团队的学术路径：他在国际上首创了爆轰驱动激波风洞运行方式，带领团队在全世界建成了第一座爆轰驱动激波风洞。他一开始发展的是反向爆轰驱动技术，后来在高压段增加一个卸爆段，之后又发展正向爆轰驱动技术。另外，在他的指导下，研究团队又在激波管技术的突破创新与应用方面取得了一系列丰硕的成果。值得一提的是，在他的指导下，中国科学院力学研究所高温气动团队建成了JF-12高超声速复现激波风洞……殊不知，刚开始接触俞鸿儒院士的激波管研究时，我简直是一头雾水。我甚至多次有中间想放弃的想法，因为对于一个文科生来说，高超声速冲压发动机、激波风洞爆轰驱动技术等繁杂的概念实在是难以理解，好在艰难的研究工作终于告一段落。

在研究报告即将落笔之际，我心头思潮翻涌。两年的项目执行过程中曾遇到了很多意想不到的困难。一开始没有固定的工作团队，临时请来的研究生几次更换，资料整理工作因缺乏连续性而几次反复，中间移动硬盘一度损坏，材料又没有做好备份，很多资料整理工作要从头做起。总之，一度做了太多无用功，大大增加了项目执行的时间成本，我的自信心也随之不断下降。我曾经一度不敢奢望项目能顺利完成。

幸运的是，这一路走来，已入耄耋之年的俞鸿儒院士始终信任和支持我，给我讲述了很多人生道理，允许我随时给他打电话请教问题。有时候我会因为对俞老的专业不熟悉而提出错误的问题。俞老从没有贸然打断我，而是先听我说完，再一点点用非常科普的方式给我讲解基本的概念。俞老慷慨地将他平生全部照片、手稿和证书交给我，这种极大的信任支撑着我一直向前。为了留存资料给他的家人，采集小组扫描了全部原版照片，并将照片打印出来，制作了全套精美的相册。我们还送还了一些关键的证书，一一留存了扫描件。

本传记的完成还得益于多位受访人颇有价值的口述访谈资料。作为俞老的故交，中国空气动力研究与发展中心的张涵信院士、中国科学院大学的童秉纲院士、中国科学技术大学的韩肇元教授，以及中国科学院力学研究所老所长郑哲敏院士、老党委书记韩林、老研究员崔季平、谈庆明和陈致英。在赴大连理工大学调研时，老校长雷天岳、大连理工大学的钟万勰院士和俞老当年的几位大学同学都耐心接受采集小组的采访，并提供了很多真诚的帮助。中国空气动力研究与发展中心原主任阮祥新、廖达雄少将、唐志共总师为采集小组提供了诸多支持，令我们见识了很多亚洲乃至全世界一流的风洞设备，也深切了解了俞老与该中心的深厚缘分。

中国科学院力学研究所高温气体动力学国家重点实验室的赵伟研究员、陈宏研究员和原主任姜宗林研究员耐心地接受了我的采访，并提供了多次到实验室考察学习与交流的机会。该实验室的副主任赵伟是俞鸿儒院士的嫡传弟子，他经常鼓励我，不吝其烦地随时耐心解答各种专业问题。陈宏老师也曾受教于俞鸿儒院士门下，并长期在俞老身边工作。他不仅对我理解俞鸿儒院士探索爆轰驱动技术的过往有着实质性的帮助，还慷慨地分派他的两名研究生协助我进行资料采集和整理。在采集小组一度人手严重不足的情况下，陈老师的支援实乃雪中送炭。李进平老师是当年俞鸿儒直接看中的青年才俊，担任本课题的总协调人。他多次给我讲解爆轰驱动的基本原理，在我与俞鸿儒院士和中国科学院力学研究所老师之间搭建了一条快捷、高效的桥梁。李进平、张仕忠和张晓源老师承担了多次口述访谈的摄像和照相。韩桂来老师爽快地提供了美国国防部、航空航天学会和知名国际学者对俞鸿儒院士的同行评议的重要中英文文献，至今我还保留着他给我讲解 JF-12 爆轰驱动激波风洞设计原理时的手绘草图。与汪球老师、孙英英老师、胡宗民老师、罗长童老师和王春老师及滕宏辉等人的相识也是愉快而美好的回忆。中国气动研究与发展中心的李贤工程师两次帮忙校对了书稿文字。

在资料查阅和积累方面，中国科学院档案馆、中国科学院力学研究所档案室、中国气动中心、大连理工大学校友会和档案馆、江西省广丰区党委宣传部和广丰区档案馆，以及俞观义先生的女儿俞端媛多有支持。正是在大家的热情帮助下，我才能顺利完成这本传记。课题中期和结题评估时，张藜研究员、张大庆教授、熊卫民教授、罗兴波教授、王传超老师等对研究报告的结构布局、大事年表的撰写规范和口述访谈整理等提出了宝贵建议。张佳静老师和赵超老师在课题执行中耐心提供了诸多咨询与帮助。没有大家的真诚支持与帮助，我们的研究就难以走到现在。

中国科学院大学黄勇老师多次陪同多外地调研、摄影摄像，中国科学院自然科学史研究所黄兴副研究员对本课题的技术问题提供了关键支持。中国科学院自然科学史研究所博士研究生谭新刚帮忙整理了资料长编，中国科学院力学研究所陈宏老师的研究生李贤（现任中国气动中心工程师）、孙瑞斌、王兴虎，首都师范大学尹晓冬教授的研究生王春燕、李振楠、班思雨，以及中国科学院大学研究生罗飞和中国科学院大学本科生高云聪、韩晨吉在资料整理方面也多有帮助，在此一并致谢。

由于各种原因，本传记未能如期出版，在2016年我结题答辩后，俞老对研究报告的修改只提了一个简单而明确的要求，那就是尽量写出一些新意，看后让人有所收获。俞老对我一直很关照，在结题之后从未催过我，也没有问过传记何时出版，相反，他几次自谦地说道"我这辈子没有干出什么大事业，水平有限，可写的事情不多……"还劝慰我说，此事不急，工作要劳逸结合，不要累着，你先忙要紧事……对于一个科技史研究的初学者，我当时对传记撰写还不得要领，对中国近现代科技史的理解还有待提高，又因时间和水平有限，初稿还有诸多不足，我一直陷入自卑与信心缺失的旋涡。后来忙于其他科研工作，传记出版就搁置了下来。

好在中间几年也出版了几篇关于俞老及其爆轰驱动技术的研究论文，发表在《工程研究——跨学科视野中的工程》，以及 *East Asia Science Technology, and Society: An International Journal* 等国际知名学术期刊上，取得了一定的学术反响。但这本传记的出版一直是我的一桩心事，总觉内心不安。待艰难地完成了《开拓者：赵九章学术轨迹研究》一书后，对科技人物的研究与传记撰写突然感觉开窍了。于是趁热打铁，对俞鸿儒院士传记的书稿进行了整体修订甚至重写。也非常感谢俞老不厌其烦地对文稿内容进行修改或提出修改建议，耐心地指出其中的小错误，并给我介绍一些历史背景。俞老的无私工作对于提高传记质量大有裨益。

无论如何，我希望这本传记能够如实、客观地记载和印证俞鸿儒院士这种以发明创新为主的科学家的学术水平，以及对中国科技发展的重要贡献。在采集小组成员今后的科研生涯中，将始终铭记这样一种令人敬佩的科学家，努力传承俞老的科学精神。

俞老今年已经九十四岁高龄，思维依旧非常敏捷，对往事如数家珍，对当今力学科技进展也了然于心，身体健康状况良好。这主要得益于他恢宏的气度和宽广的胸襟，他的修为和气度令我感叹和崇敬。

最后，衷心祝愿俞老身体健康，继续指导我国力学科技人才的成长。

张志会
2022 年 2 月

老科学家学术成长资料采集工程丛书
已出版（139种）

《卷舒开合任天真：何泽慧传》　　《此生情怀寄树草：张宏达传》
《从红壤到黄土：朱显谟传》　　　《梦里麦田是金黄：庄巧生传》
《山水人生：陈梦熊传》　　　　　《大音希声：应崇福传》
《做一辈子研究生：林为干传》　　《寻找地层深处的光：田在艺传》
《剑指苍穹：陈士橹传》　　　　　《举重若重：徐光宪传》

《情系山河：张光斗传》　　　　　《魂牵心系原子梦：钱三强传》
《金霉素·牛棚·生物固氮：沈善炯传》《往事皆烟：朱尊权传》
《胸怀大气：陶诗言传》　　　　　《智者乐水：林秉南传》
《本然化成：谢毓元传》　　　　　《远望情怀：许学彦传》
《一个共产党员的数学人生：谷超豪传》《没有盲区的天空：王越传》

《含章可贞：秦含章传》　　　　　《行有则　知无涯：罗沛霖传》
《精业济群：彭司勋传》　　　　　《为了孩子的明天：张金哲传》
《肝胆相照：吴孟超传》　　　　　《梦想成真：张树政传》
《新青胜蓝惟所盼：陆婉珍传》　　《情系梁菽：卢良恕传》
《核动力道路上的垦荒牛：彭士禄传》《笺草释木六十年：王文采传》

《探赜索隐　止于至善：蔡启瑞传》《妙手生花：张涤生传》
《碧空丹心：李敏华传》　　　　　《硅芯筑梦：王守武传》
《仁术宏愿：盛志勇传》　　　　　《云卷云舒：黄士松传》
《踏遍青山矿业新：裴荣富传》　　《让核技术接地气：陈子元传》
《求索军事医学之路：程天民传》　《论文写在大地上：徐锦堂传》

《一心向学：陈清如传》　　　　　《钤记：张兴钤传》
《许身为国最难忘：陈能宽传》　　《寻找沃土：赵其国传》

《钢锁苍龙　霸贯九州：方秦汉传》　《虚怀若谷：黄维垣传》
《一丝一世界：郁铭芳传》　《乐在图书山水间：常印佛传》
《宏才大略　科学人生：严东生传》　《碧水丹心：刘建康传》

《我的气象生涯：陈学溶百岁自述》　《我的教育人生：申泮文百岁自述》
《赤子丹心　中华之光：王大珩传》　《阡陌舞者：曾德超传》
《根深方叶茂：唐有祺传》　《妙手握奇珠：张丽珠传》
《大爱化作田间行：余松烈传》　《追求卓越：郭慕孙传》
《格致桃李半公卿：沈克琦传》　《走向奥维耶多：谢学锦传》
《躬行出真知：王守觉传》　《绚丽多彩的光谱人生：黄本立传》
《草原之子：李博传》

《此生只为麦穗忙：刘大钧传》　《探究河口　巡研海岸：陈吉余传》
《航空报国　杏坛追梦：范绪箕传》　《胰岛素探秘者：张友尚传》
《聚变情怀终不改：李正武传》　《一个人与一个系科：于同隐传》
《真善合美：蒋锡夔传》　《究脑穷源探细胞：陈宜张传》
《治水殆与禹同功：文伏波传》　《星剑光芒射斗牛：赵伊君传》
《用生命谱写蓝色梦想：张炳炎传》　《蓝天事业的垦荒人：屠基达传》
《远古生命的守望者：李星学传》

《善度事理的世纪师者：袁文伯传》　《化作春泥：吴浩青传》
《"齿"生无悔：王翰章传》　《低温工国拓荒人：洪朝生传》
《慢病毒疫苗的开拓者：沈荣显传》　《苍穹大业赤子心：梁思礼传》
《殚思求火种　深情寄木铎：黄祖洽传》　《仁者医心：陈灏珠传》
《合成之美：戴立信传》　《神乎其经：池志强传》
《誓言无声铸重器：黄旭华传》　《种质资源总是情：董玉琛传》
《水运人生：刘济舟传》　《当油气遇见光明：翟光明传》
《在断了A弦的琴上奏出多复变　《微纳世界中国芯：李志坚传》
　　最强音：陆启铿传》　《至纯至强之光：高伯龙传》

《弄潮儿向涛头立：张乾二传》
《一爆惊世建荣功：王方定传》
《轮轨丹心：沈志云传》
《继承与创新：五二三任务与青蒿素研发》

《淡泊致远　求真务实：郑维敏传》
《情系化学　返璞归真：徐晓白传》
《经纬乾坤：叶叔华传》
《山石磊落自成岩：王德滋传》
《但求深精新：陆熙炎传》
《聚焦星空：潘君骅传》

《逐梦"中国牌"心理学：周先庚传》
《情系花粉育株：胡含传》
《情系生态：孙儒泳传》
《此生惟愿济众生：韩济生传》
《谦以自牧：经福谦传》

《世事如棋　真心依旧：王世真传》
《大地情怀：刘更另传》
《一儒：石元春自传》
《玻璃丝通信终成真：赵梓森传》
《碧海青山：董海山传》

《追光：薛鸣球传》
《愿天下无甲肝：毛江森传》
《以澄净的心灵与远古对话：吴新智传》
《景行如人：徐如人传》

《材料人生：涂铭旌传》
《寻梦衣被天下：梅自强传》
《海潮逐浪　镜水周回：童秉纲口述人生》

《采数学之美为吾美：周毓麟传》
《神经药理学王国的"夸父"：金国章传》
《情系生物膜：杨福愉传》
《敬事而信：熊远著传》

《恬淡人生：夏培肃传》
《我的配角人生：钟世镇自述》
《大气人生：王文兴传》
《历尽磨难的闪光人生：傅依备传》
《思地虑粮六十载：朱兆良传》

《心瓣探微：康振黄传》
《寄情水际砂石间：李庆忠传》
《美玉如斯　沉积人生：刘宝珺传》
《铸核控核两相宜：宋家树传》
《驯火育英才　调土绿神州：徐旭常传》

《通信科教　乐在其中：李乐民传》
《力学笃行：钱令希传》
《与肿瘤相识　与衰老同行：童坦君传》

《没有勋章的功臣：杨承宗传》　　《科学人文总相宜：杨叔子传》